## 추천의 글

포스트 모던 시대를 살아가는 우리는 '진짜'(Real)와 '탁월함'(Fluency)에 갈급해 있습니다. 저는 '진짜이신 예수님을 닮기 원하는 우리가 탁월하게 복음을 말할 수 있다면 얼마나 좋을까'라는 생각을 한 적이 있습니다. 대표적인 '선교적 교회'(Missional Church)인 소마공동체를 이끌고 있는 제프 밴더스텔트 목사의 「복음의 언어」가 바로 이러한 갈급함을 채워줄 수 있는 책입니다. 복음은 기록된 성경으로도 알 수 있고, 많은 믿음의 선배들의 삶으로도 알 수 있는 것입니다. 하지만 정작 우리 삶 가운데 실천되지 않는다면 결코 배울 수 없는 것입니다. 이 책에는 삶에서 끊임없이 반복되는 문제들을 복음으로 생각하고, 복음으로 대화하고, 복음으로 정리한 실제 사건들이 등장합니다. 복음은 기록된 성경의 옛날이야기가 아닙니다. 이 책을 통해 복음을 실천함으로써 일어나는 기적을 목격하고 복음에 유창해지는 훈련을 시작하기를 권면합니다.

**김병삼** 만나교회 담임목사

---

새로운 언어를 배우는 것은 쉽지 않습니다. 단어를 외우고 문법을 조금 안다고 해서 그 언어가 유창해지는 것은 아닙니다. 그 언어가 내 생각과 삶의 방식에 깊이 침투되어야만 비로소 유창해질 수 있습니다. 이런 면에서 오늘날의 그리스도인들은 떠듬거리며 말하는 자들입니다. 복음을

부분 부분만 알고 있을 뿐 아니라 복음이 그들의 생각과 삶까지 파고들지 못하고 있기 때문입니다. 사정이 이러하니, 우리는 복음으로 유창하게 소통하지 못합니다. 소통하지 못하는 진리라면, 그것을 살아낼 가능성은 더욱 더 희박합니다. 당신에게 복음이 누군가에게 전해 들은 진리라면, 그마저 통합되어 있지 못하고 조각조각 나 있는 진리로 붙들고 살고 있는 것이라면, 이 책은 먼저 심각한 도전을, 그리고 이어서 실제적인 도움을 제공할 것입니다. 전도훈련을 계속하지만 교인이 늘지 않고 회심은 희귀한 현상이며 회심 이후 변화된 삶을 찾기 더더욱 어려운 교회나 공동체라면, 이 책을 통해 무엇을 놓쳤는지 발견할 수 있을 것입니다. 그래서 이론이 아닌 실제를 다루고 있는 이 책이 참으로 소중하게 다가옵니다. 우리 모두가 복음을 유창하게 말하게 될 그 날을 기대하며 기쁘게 추천합니다.

**김형국** 나들목교회 대표목사

---

문화명령과 복음전도는 '양자택일'의 방식으로, 극단적 방식으로 다뤄져 왔습니다. 진영에 따라 지나친 강조를 두어 서로를 비판하는 갈등의 모습을 보이기도 했습니다. 안타깝게도 한국교회 안에 양측 간 건설적인 논의는 요원한 모습입니다. 대학 캠퍼스 내 선교단체들은 '한 복음'이라는 깃발을 흔들지만 두 가지 추 사이에서 상당히 다른 철학과 비전을 실천해 왔습니다.

이 책은 먼저 성도가 복음에 능수능란해야 한다고 주장합니다. 저자는 이 성장을 어린아이가 언어를 습득해가는 과정으로 비유합니다. 그런데 저자의 인식 속에서 복음전도와 문화명령은 분리되는 개별 사안이 아닙니다. 오히려 성장의 과정 속에서 자연히 드러나는 일련의 흐름으로 자리합니다. 그렇기에 이 책은 마치 경직된 섬유에 필요한 유연제와도 같습니다. 분명한 것은 쟁점으로 점철되어 온 둘 사이에 화해와 통합을 시도해야 한다는 점입니다. 복음전도는 양보할 수 없는 예수님의 명령입니다. 그리고 거기로부터 시작된 한 성도의 여정은 전 삶의 구석구석에 묻어 있는 가치관의 확립으로 확대되어야 하는 책임입니다. 저자는 이 주제를 성도 한 사람 한 사람의 영적 의무와 성품으로까지 연결시켜 제안합니다.

이 책이 한국교회에 신선한 자극과 도전이 되길 바랍니다. 이제 복음의 능력이 '전함'과 '살아감' 모두에 강력히 실천되기를 기대합니다.

**송태근** 삼일교회 담임목사

---

이 책은 첫 장부터 목사인 제 자신이 불신자임을 고백하도록 만들었습니다. 저는 이 책을 통해 예수를 만나 전하고 가르치고 설교하는 목사라 할지라도 삶의 전 영역에서 총체적 신자가 아닐 수 있음을 깨닫게 되었습니다. 복음으로 사는 것이 진정 무엇인지 깨닫게 되었습니다. 우리는 왜 예수를 믿은 시간이 길어질수록 사회에서 동떨어지고, 복음을 전할 때 왜 그리도 머뭇거릴까요? 저자는 우리의 좁은 개념의 복음이 총체적 복음으로 변환되도록 도전함과 동시에 이론이 아닌 실제 경험과 예로 복음의 능력을 나타냅니다. 이 책을 통해 우리의 말과 삶이 복음으로 변화되기를, 그래서 새 희망을 볼 수 있게 되기를 바랍니다.

**이승제** MCnet 대표, 전 선교한국 조직위원장 저자는 우리 대부분이 복음을 선전 구호나 광고 카피처럼 말하는 '조각 복음 신자들'이라고 정의 내리면서 이제는 복음에 유창한, 진정한 그리스도인이 되어야 하지 않겠냐고 우리를 설득합니다. 그에 따르면 복음에 유창한 성도는 예수 그리스도와 그분이 하신 일을 통해 모든 것을 생각하고 느끼고 감지하는 사람들을 말합니다.

저자는 일상에서 복음의 능력을 구체적으로 적용했습니다. 그중에서 저는 Mission Monday, Teaching Tuesday, with Family Wednesday, Thanksgiving Thursday, Fun Friday, Serving Saturday라는 개념이 참으로 인상적으로 다가왔습니다. 이 개념이 구체적으로 서술되어 있어서 각자의 가정과 공동체에서 적용해보길 권하고 싶습니다.

그에 따르면 성화는 예수님을 믿지 못하는 삶에서 예수님을 일상 가운데 온전히 믿는 삶으로의 전환입니다. 그러기에 여전히 '불신자'로 남아 있는 우리 삶의 영역이 제거되기를 갈망하자는 것입니다. 즉, 삶의 전 영역에서 복음이 적용되고 구체적인 변화가 초래되도록 복음에 유창해지자는 것이 이 책의 도전입니다. 더 이상 '조각 복음 신자'가 아니라 유창하게 복음을 전하고, 살아내는 그리스도인이 되기를 소망한다면 이보다 더 탁월한 책은 없을 것입니다.

**이재훈** 온누리교회 담임목사

---

「복음의 언어」는 참으로 도전적인 책입니다. 저는 저자가 'Missional Community', 즉 교회가 성경공부나 교제모임을 넘어 동네와 지역사회의 특정한 사람들을 섬기고, 그들에게 복음을 전해 제자 삼는 것을 목표로 삼는 공동체를 꿈꾼다는 대목을 읽으면서 오래전 목회의 방향을

'Missional Church'로 정했던 때가 생각났습니다. 그때 성령님께서 내게 주셨던 그 도전들이 이 책을 읽으면서 다시금 되살아나는 것 같았습니다. 저자는 어떤 의미에서 우리 모두가 불신자라고 말합니다. 처음엔 놀랐지만 이내 공감이 되었습니다. 우리 삶의 특정한 부분에서 우리는 여전히 하나님을 믿지 못하고 살아가고 있기 때문입니다. 많은 그리스도인들이 여전히 복음을 영혼을 구원하는 능력으로만 믿고 있습니다. 복음이 삶을 변화시키는 능력임을 경험하지 못하고 살아가고 있습니다. 그래서 우리는 우리 삶의 전 영역에 복음이 필요하고, 복음에 유창한 사람이 되어야 합니다. 복음은 듣는 이의 현재의 삶에 적용되고, 실질적인 변화를 가져와야 진정한 '좋은 소식'이 될 수 있기 때문입니다. 처음부터 끝까지 복음의 능력에 집중하며 복음에 유창해지라고 도전하는 이 책을 기쁘게 추천합니다.

이찬수 분당우리교회 담임목사

---

사역자로 부르심을 받은 후 늘 복음과 예수의 사건에 대하여 능수능란한 사역자, 설교자가 되고 싶어 했습니다. 조국 교회를 생각할 때 그 부분이 가장 약하고 필요한 부분이라고 생각했기 때문입니다. 그런데 이 책에서 그런 나의 소원과 너무나 유사한 내용을 만나는 행복한 경험을 하게 됩니다. 제목부터 Gospel Fluency입니다. 저자는 성도들을 향하여 복음에 유창해지라고 조언합니다. 우리가 복음에 유창해질 때 삶의 모든 방면에서 복음을 적용시키는 삶을 살 수 있습니다. 이런 점에서 복음은 우리 삶의 모든 영역을 바꾸는 참되고 하나 밖에 없는 하나님의 능력이요, 지혜입니다. 다양한 이유들로 인해 조국 교회와 성도들이 사

회로부터 비난과 지탄을 받고 있는 오늘, 복음이 이처럼 조국 교회 성도들의 삶에 유창하게 되어 삶의 모든 영역에서 복음의 영광이 묻어나고, 성도들의 삶으로 복음이 살아지는 아름다움이 가득하게 되기를 기대해 봅니다. 그런 점에서 시의적절함을 가진 이 좋은 책을 주저 말고 읽기를 적극 권합니다.

화종부 남서울교회 담임목사

---

저는 제프를 십 년 넘게 알고 지내왔습니다. 그의 심장은 하나님의 교회가 그리스도 안에서 교회답게 세워지는 것을 위해 뛰고 있습니다. 제프는 단순한 아이디어맨이 아닙니다. 그는 두 발로 뛰며 사역하고 있고, 당신이 이 책에서 볼 수 있는 진리들을 살아내고 있습니다. 문화가 변하고 스타성에 의지하는 사역이 사라져 갈수록, 제프는 우리 모두에게 신실한 가이드가 되어 줄 것입니다.

매트 챈들러(Matt Chandler)
빌리지교회(The Village Church) 담임목사, Acts 29 네트워크 대표, 「완전한 복음」의 저자

---

제가 이 책을 사랑하는 이유는 제목 자체가 핵심을 말해주고 있기 때문입니다. 복음이 무엇인지 설명하고, 그것이 우리 삶에 어떻게 적용되고, 또 전파되는지를 설명하는 능력은 제가 지금까지 보지 못한 유일무이하고 강력한 조합입니다. 이 책은 복음주의를 새롭게 개혁하는 책이기에 오래도록 읽힐 것입니다.

밥 로버츠(Bob Roberts)
노스우드교회(Northwood Church) 담임목사, 「밥 로버츠의 리얼 제자도」, 「T-라이프」, 「사랑처럼 대담하게」(Bold as Love), 「동쪽에서의 교훈」(Lessons from the East)의 저자

우리는 복음이 정말 얼마나 좋은 소식인지 잊어버리기 쉽습니다. 이 실용적인 책은 당신이 그 좋은 소식을 듣고 곧바로 타인에게 전할 수 있도록 도울 것입니다.

러셀 D. 무어(Russell D. Moore)
남침례신학대학원 신학부 학장, 종교자유위원회 대표, 「왜 우리는 유혹을 이길 수 없는가」의 저자

---

이 책은 복음에 대한 올바른 이해를 보여 줍니다. 복음은 우리가 말해야 할 하나님의 메시지입니다. 우리가 전해야 할 복음은 그냥 정보를 퍼붓는 것 그 이상입니다. 그것은 우리가 복음을 알고 말하고 살아내는데 푹 빠진 '원어민'으로서 정확한 발음으로 전해야 할 메시지입니다. 제프는 강렬한 예화들과 성경적 기반을 통해 복음을 우리 삶의 모든 방면과 연결하고, 믿는 자들과 믿지 않는 자들에게 복음을 유창하게 말할 것을 권면하고 있습니다.

J. 맥 스타일즈(J. Mack Stiles)
걸프디지털솔루션즈(Gulf Digital Solutions) 대표, 아랍에미리트기독학생회(FOCUS) 총무, 「전도」, 「전하는 자의 흔적」(Marks of the Messenger)의 저자

---

제프 밴더스텔트는 복잡하고 헷갈리는 주제를 명확하고 간단하게 풀어내는 은사가 있습니다. 「복음의 언어」도 예외가 아닙니다. 이 책에서 제프는 신자, 불신자, 목사, 그리고 교회 리더들이 새로운 눈과 새로운 언어로 자신들의 믿음에 대해 생각하도록 합니다. 제프는 단순한 시스템이나 선전 구호나 유행이 아닌 우리 구세주이신 그리스도에 대한 새로운 비전과 그분이 주시는 생명으로 우리를 초대합니다.

마이크 코스퍼(Mike Cosper)
소전커뮤니티교회(Sojourn Community Church) 예배와 예술 담당목사

제프는 우리를 다시 복음으로 돌아오게 합니다. 그리스도인들 사이에 서만 사용되는 식상한 구호가 아니라 유창함으로 삶을 변화시키는 언어인, 바로 그 복음으로 우리를 돌아오게 합니다. 우리는 복음에 유창해지는 과정을 새로운 언어를 배우는 과정과 비교하면서 어떻게 일할 때, 먹을 때, 그리고 꿈꿀 때까지도 예수님의 좋은 소식 안에 빠져 있을 수 있는지, 그리고 그것이 어떻게 모든 것을 바꿀 수 있는지 볼 수 있게 되었습니다. 이 책은 매우 실제적으로 도움을 주는 책입니다!

웬디 알섭(Wendy Alsup)
교사, 블로거, 「성경이 여성에게 도움이 되는가?」(Is the Bible Good for Women?), 「여성을 위한 실용적 신학」(Practical Theology for Women)의 저자

---

그리스도인들이 복음에 대해 말할 때 그것은 모국어인 양 자연스러워야 합니다. 「복음의 언어」는 우리에게 우리가 사랑하는 이 복음을 유창하게 표현하고 삶으로 살아낼 수 있도록 도와줍니다. 우리가 왕 되신 예수 그리스도의 대사로 살아가려면 반드시 복음에 유창해져야 합니다. 우리는 복음을 연습하기 위해, 그리고 세상 문화에 휩쓸려가지 않기 위해 이 책이 꼭 필요합니다.

다니엘 몽고메리(Daniel Montgomery)
소전커뮤니티교회(Sojourn Community Church) 담임목사, 소전네트워크 창시자, 「믿음의 지도 그리기」(Faithmapping), 「증거」(PROOF), 「리더십 모자이크」(Leadership Mosaic)의 공동 저자

---

저는 제프가 이 주제로 책을 써주기를 참 오랫동안 기다려왔습니다. 이 시대에 진정 필요한 책입니다. 저는 시카고 인근의 여러 교회, 여러 그리스도인과 사역하면서 복음에 대한 올바른 이해의 부재가 어떻게 '건

강한' 교회들에게 영향을 끼치는지 보아 왔습니다. 그래서 이제 저는 이 책을 전도지처럼 직접 사람들에게 나누어 줄 것입니다.

**재키 힐 페리(Jackie Hill Perry)** 시인, 작가, 힙합 아티스트

Gospel Fluency:
Speaking the truths of Jesus into the Everyday stuff of Life

Copyright © 2017 by Jeff Vanderstelt
All rights reserved.

Korean translation copyright © 2017 by Togijangi Publishing House
2F, 71-1 Donggyo-ro. Mapogu, Seoul 04018, Korea

This Korean edition is published by the permission of Crossway
(1300 Crescent Street Wheaton, Illinois 60187) through the arrangement of
rMaeng2, Seoul, Korea.

본 저작물의 한국어판 저작권은 알맹2를 통해 Crossway와의 독점계약으로 한국어 판권을 '도서출판 토기장이'가 소유합니다. 저작권법에 의하여 한국 내에서 보호를 받는 저작물이므로 무단 복제를 금합니다.

특별한 표기가 없는 모든 성경 구절은 개역개정성경을 인용한 것입니다.

# 복음의 언어

제프 밴더스텔트 지음 · 장성은 옮김

**토기장이**

## 헌사

재이니, 나의 친구, 나의 신부, 인생의 동반자여.
당신의 믿음이 내게 영감을 줍니다. 당신의 지혜가 나를 돕습니다.
예수님에 대한 당신의 사랑이 나를 변화시킵니다.

해일리, 갈렙, 그리고 매기.
너희들은 나를 웃고, 울고, 기도하게 한단다.
너희들은 내가 예수를 더욱 닮아가게 한단다.
나는 너희들도 더욱 예수를 닮아가기를 기도한단다.

닥사 교회(Doxa Church).
저희 가족을 교회의 가족으로 받아들여 주셔서 감사드립니다.
저는 늘 하나님께 여러분에 대한 감사를 드립니다.
여러분은 제 마음 가운데 크게 자리 잡고 있습니다.

소마 교회들(The Soma Family of Churches).
여러분은 제가 꿈꾸었던 그 이상으로 자라왔고
여러분이 생각하는 그 이상으로 저를 격려하고 있습니다.
여러분은 진정한 제 가족입니다.
사랑합니다.

## 감사의 글

우선 이 책을 쓸 수 있도록 지속적으로 권면해준 저스틴 테일러(Justin Taylor)에게 감사의 마음을 전합니다. 그는 지난 수년간 복음에 유창해지는 것에 대한 내 설교와 강연 내용을 정리해 블로그와 트위터에 올리면서 언제 이 내용들을 책으로 엮을 것이냐고 내게 끊임없이 물었습니다. 결국 그는 이 일을 해냈고 이 책을 크로스웨이(Crossway)에서 출판할 수 있도록 해주었습니다. 그는 이 책이 많은 사람들에게 유익하다는 것을 믿었고 나도 그렇게 되기를 간절히 기도합니다.

조쉬 맥피어슨(Josh McPherson)과 웨나치와 워싱턴에 있는 그레이스커뮤니티교회(Grace Community Church, GCC) 식구들에게도 감사의 인사를 전합니다. 이미 수년 전에 그들은 이 책이 교회를 유익하게 할 것임을 확신하고 내가 집필에 집중할 수 있도록 공간을 마련해 주었습니다. 이 책을 탈고할 수 있도록 도와준 그들에게 다시 한 번 감사의 마음을 전합니다.

만약 나의 에이전트인 실리 예이츠(Sealy Yates)가 다른 두 명의 작가의 말을 듣고 나를 따라오지 않았더라면, 나는 이 책의 집필을 시작하지 못했을 것입니다. 이 책의 제안서를 출판사들에 보내도록 격려해주고 크로스웨이와 같은 좋은 출판사와 연결해준 것에 대해 감사의 인사를 전합니다.

나의 첫 저서인 「포화상태」(Saturate: Being Disciples of Jesus in the Everyday Stuff of Life, Wheaton, IL: Crossway, 2015)와 이 책을 잘 편집해준 그렉 배일리(Greg Bailey)에게도 감사의 마음을 전합니다. "당신으로 인해 제 작품들이 빛을 발합니다."

에이브 마엔버그(Abe Meyenburg)와 랜디 시츠(Randy Sheets)에게도 감사의 인사를 전합니다. 그들은 아내 재이니 다음으로 내게 신실한 친구입니다. 그들은 불신과 좌절 가운데 있는 내게 복음을 선포해줌으로써 나를 복음으로 세워주었습니다. 그들이 복음을 말해주었기에 나는 그리스도 안에서 성장할 수 있었습니다. "당신들은 진정한 나의 벗입니다."

또한 에이미 래스롭(Amy Lathrop), 레이첼 노르시(Rachel Northey), 사라 파커(Sara Parker)에게도 감사의 인사를 전합니다.

그들은 이 책이 만들어지기까지 수많은 수정본을 읽으며 유용한 피드백을 주었고, 내가 힘들어 할 때마다 계속 집필할 수 있도록 격려해주었습니다.

설교와 훈련, 또 글을 통해 내 삶에 가장 큰 영향을 끼친 팀 켈러(Tim Keller)에게도 깊은 감사의 마음을 전합니다. 나는 그에게 큰 빚을 졌습니다. 그에게서 이렇게 많이 배우지 않았더라면 나는 복음에 유창해지지 못했을 것입니다. 예수 그리스도를 제외하고 그 누구보다, 그 무엇보다 그의 삶과 사역이 이 책에 가장 큰 영향을 끼쳤습니다.

끝으로 나는 나의 구세주 예수 그리스도께 영원토록 빚진 사람입니다.

"예수님, 당신을 사랑합니다. 저는 영원히 당신의 영광을 선포하며 살겠습니다. 영원토록 당신을 노래하고 선포하겠습니다. 온 삶으로 당신을 드러내며 살겠습니다. 당신은 모든 찬송과 존귀와 영광을 받기에 합당하십니다. 나의 왕, 나의 구원자, 나의 주님, 그리고 나의 친구이신 예수님!"

제프 밴더스텔트

**들어가는 글**

지금 당신이 손에 쥐고 있는 이 책은 정말 중요한 책입니다. 그 이유는 당신의 삶을 구원해줄 수 있는 책이기 때문입니다.

세상의 모든 인간은 구원이 필요합니다. 우리는 다가올 진노에서뿐만 아니라 그리스도인 공동체 가운데 스며든 엉성한 신학에서도 구원을 받아야 합니다. 조금 지나치게 들릴 수도 있겠지만 본질적으로 맞는 말입니다. 안타깝게도 오늘날 복음은 부활주일 설교나 강대상에서만 들리는 것으로 전락해 가고 있습니다. 그리고 회중석에 앉아 있는 사람들의 내면은 죄와 좌절로 인해 만신창이가 되어 가고 있습니다.

복음이 무엇이냐고 물으면 대부분의 그리스도인이 예수 그리스도의 삶과 죽음, 장례와 부활에 대해 말합니다. 만약 이 정답을 말했다면 당연히 그에 따른 적용도 자신에게 있다고 착각할 수 있습니다. 다음의 추가 질문을 던지기 전까지는 말입니다.

"그렇다면 당신은 일상 가운데 복음을 어떻게 적용하나요?"

이 질문을 받은 사람들의 멍한 표정과 머뭇거리는 답변은 많은 그리스도인들이 복음을, 영혼을 구원하는 능력으로만 알고 우리 삶을 변화시키는 능력으로는 알지 못한다는 사실을 여실히 보여 줍니다.

저는 당신이 손에 쥐고 있는 이 책이 당신에게 이런 변화를 가져다줄 책이라고 믿습니다. 이 책의 내용은 신선한 아이디어들을 제공하지만, 그것들의 기반이 되는 진리들은 결코 새로운 것이 아닙니다. 이 책은 사도들의 발걸음을 따라 당신에게 가장 중요한 예수 그리스도의 좋은 소식을 전해줄 것입니다(고전 15:3 참조).

저는 제프 밴더스텔트의 복음 중심적인 사역에 의해 많은 변화를 경험했습니다. 그가 강조하는 복음의 유창함은 제 시와 음악, 그리고 한 살 된 딸을 양육하는 데까지 영향을 끼쳤습니다. 예를 들어, 딸이 잭슨 폴락(Jackson Pollack)인 양 부엌 바닥에 주스를 뿌릴 때면 저는 화를 내는 대신 '내가 이 상황에서 보여 주는 반응이 딸이 은혜와 복음을 이해하는데 기초를 쌓게 될 거야'라고 생각하게 되었습니다. 비록 딸이 이것을 이해하기에는 아직 어리지만, 그 원리는 적절하다고 생각합니다.

복음은 신학적으로뿐만 아니라 실질적으로도 우리 삶에 영향을 끼쳐야 합니다. 좋은 소식, 즉 복음은 우리의 설교부터 자녀 양육에 이르기까지 우리가 어떻게 예수 그리스도에게 영광을 돌리며 살아가야 하는지를 보여 주는 청사진입니다.

그래서 저는 '복음의 유창함'이 우리 사역 가운데 꽃 피우기 전에 먼저 우리 마음 가운데 뿌리내려야 한다고 믿습니다. 엄마로 살아가는 삶에서나 선교사로 섬기는 삶에서나 저는 제 생각이 복음에 유창하지 않으면 제가 전하는 말도 그렇지 못할 것이라는 사실을 깨달았습니다. 제 언어가 복음에 유창하지 않으면 제가 전도할 때나 제자를 양육할 때에도 복음에 유창하지 못할 것입니다.

저는 교회 안에서 수많은 거룩한 사람들이 성경을 공부하는 방법, 그리고 영성 훈련, 재정 문제, 관계 문제와 같은 것들을 이해하고 풀어가는 법을 가르치는 모습을 보아 왔습니다. 그러나 그러한 제자양육 관계의 사각지대는, 바로 예수 그리스도 없이도 이러한 문제를 풀어나가는 비법을 가르치고 있다는 것입니다.

우리 자신의 형상을 따라 복음 없이 윤리적인 삶을 살아가는 사람들을 만들어 내는 것은 참 쉽습니다. 만약 우리가 하나님이 우리에게 허락하신 사람들을 그리스도의 제자가 아닌 다른 것의 제자로 만들어 낸다면 우리는 그들에게 몹쓸 짓을 하고 있는 것입니다.

복음에 유창해지는 것은 우리가 살아가는 방식을 빚어갈 수밖에 없고, 우리가 세상과 소통하는 방법에 영향을 끼칠 수밖에 없습니다. 그래서 우리에게는 이 책이 반드시 필요합니다.

이 책은 우리를 기독교의 본질로 돌아가도록 만들 것입니다. 좋은 소식이 진정 다시 좋은 소식으로 다가오도록 만들 것입니다. 삶의 혼돈을 뚫고 우리가 하나님을 진정 사랑할 수 있도록 만들 것입니다. 복음이 여느 설교의 끝부분에만 등장하는 것이 아니라 모든 설교의 전부가 되도록 만들 것입니다. 우리는 복음이 우리를 구원할 뿐만 아니라 우리의 매일의 삶을 인도하는 것을 보게 될 것입니다.

**재키 힐 페리**(Jackie Hill Perry)_시인, 작가, 힙합 아티스트

차 례

추천의 글
헌사
감사의 글
들어가는 글

**제1부**
**복음의 유창성**

1장 우리는 모두 불신자이다     027
2장 예수는 수단이 아니라 답이다     037
3장 복음에 유창해져라     055

**제2부**
**그 복음**

4장 하나님의 이야기를 알아가다     071
5장 복음은 교리가 아닌
     구원하는 능력이다     093
6장 믿음이 구원과 무슨 상관이 있는가     111

### 제3부
### 내 안에 있는 복음

7장 복음이 진정 좋은 소식인가   135

8장 생각과 전쟁을 치르다   151

9장 삶의 열매로 뿌리를 추적하다   175

### 제4부
### 우리와 함께 하는 복음

10장 매 끼니마다 예수를 기억하라   199

11장 예수, 더 나은 모든 것이다   215

12장 우리 이야기의 영웅은 누구인가   235

### 제5부
### 타인에게 전하는 복음

13장 덜 말하고 더 듣고 배우라   257

14장 먼저 보여 주고 다음에 말하라   279

15장 사랑과 지혜를 키우라   297

나가는 글

역자 후기

주

제1부

GOSPEL FLUENCY

# 복음의 유창성
GOSPEL FLUENCY

# 1장

## 우리는 모두 불신자이다

나는 불신자이다. 당신도 불신자이다.

'잠깐, 불신자인 당신이 어떻게 예수 그리스도의 복음에 대한 책을 쓰지? 그리고 당신이 나에 대해서 뭘 알아? 내가 누군지 알아?'

어쩌면 당신은 지금 이렇게 생각하고 있을지도 모르겠다.

나는 자라면서 이 세상엔 두 종류의 사람이 있다고 생각했다. 예수 그리스도와 그분이 우리를 위하여 행하신 일을 믿는 사람과 믿지 않는 사람 이렇게 말이다. 우리 모두는 이 둘 중 하나라고 생각했다. 그런데 25년 이상을 목사로 살아온 지금, 나는 나를 포함한 우리 모두가 불신자임을 깨달았다. 적어도 우리 삶의 특정한 부분에 있어서는 말이다.

내 말을 오해하지 않기를 바란다. 나 또한 거듭난 하나님의 자녀들과 그렇지 않은 사람들이 있다고 믿는다. 예수 그리스도를 믿음으로 새 생명을 얻은 자들이 있다. 그들은 새로운 피조물이며 예수 그리스도와 그분이 행하신 일을 믿음으로 새로운 시작을 선물 받았다. 반면, 여전히 죄의 노예가 되어 그리스도 안에서 새 생명을 누리지 못하는 사람들도 있다(요 1:12-13 ; 고후 5:17 ; 엡 2:1-10 참조).

우리 모두가 불신자라는 말은, 우리 삶에 여전히 하나님을 믿지 못하는 부분들이 있다는 의미이다. 우리는 하나님의 말씀과 그분이 예수 그리스도를 통해 이루신 일이 내 과거와 현재와 미래를 책임지기에 충분하다는 사실을 온전히 믿지 못한다. 우리는 하나님의 말씀과 그분이 하신 일이 충분하다고 온전히 믿지 않는다.

우리는 믿지 않는다. 우리는 불신자이다. 나도 이러한 불신과 날마다 씨름한다. 아내와 대화할 때, 그녀가 내 부족한 점을 지적하면 내 머릿속에는 '실패자'라는 단어가 떠오른다. 저녁식사를 하며 성경 이야기를 나누려고 할 때, 아이들이 기대에 찬 초롱초롱한 눈빛 대신 지루해 하고 시큰둥한 반응을 보이면 내 머릿속에는 '나쁜 아버지'라는 단어가 떠오른다. 이웃의 사정을 잘 아는 좋은 이웃이 되라고 가르치면서 정작 그렇지 않은 나 자신을 볼 때면 '위선자'라는 단어가 떠오른다.

불신. 나도 하나님의 말씀과 그분의 아들을 통해 하신 일을 믿지 못하고 신뢰하지 못할 때가 많다. 예수님은 나를 새로운 피조물로 만드시기 위해 그분의 생명을 주셨다. 내 죄를 사하시고 내 정체성을 죄인에서 성도로, 실패자에서 믿음의 사람으로, 악함에서 선함으로, 더 나아가 거룩하고 의로운 사람으로 바꾸시기 위해 십자가에 달려 돌아가셨다. 하지만 나는 그분이 내게 하신 말씀을 잊고 살아간다. 그분이 나를 위해 하신 일을 잊고 살아간다. 아니, 때로는 잊는 것이 아니라 믿지 못한다. 알지만 믿지 않는 것이다.

나는 불신자이다. 물론 매 순간 그런 것은 아니다. 그러나 불신의 순간들이 있다. 아마 당신도 그럴 것이다. 나는 확신한다. 우리가 이렇게 불신과 씨름하는 이유는, 때때로 하나님이 어떤 분이신지를, 그리고 그분이 행하신 일을 믿기 어렵기 때문이다. 정말이지 하나님이 예수님을 통해 하신 일이 오늘 내 삶에 충분하다는 것을 믿기 어려울 때가 있다. 예수님에 대해 안다고 할지라도, 그분이 내 삶에 어떤 의미가 있는지 아직 믿지 않을 수도 있다. 아니면 믿기는 하는데 그 믿음이 매일의 삶과 일상을 변화시키지 못하고 있는 것일 수도 있다.

사도 바울은 갈라디아의 성도들에게 이렇게 말했다.

> "이제 내가 육체 가운데 사는 것은 나를 사랑하사 나를 위하여 자기 자신을 버리신 하나님의 아들을 [예수님을] 믿는 믿음 안에서 사는 것이라"(갈 2:20).

갈라디아의 성도들은 예수님에 대한 믿음으로 시작했지만 시간이 갈수록 의의 근원을 예수님이 아닌 다른 것에 믿음과 소망을 두기 시작했다. 그래서 바울은 그들에게 예수님에 대한 좋은 소식, 즉 복음이 삶의 모든 부분에서 좋은 소식이라는 점을 깨우쳐 주고 있다.

진정 살아 있는 삶은 예수님을 믿는 삶, 일상에서 예수님을 믿는 삶이다. 나는 지금도 그렇게 사는 법을 배우고 있다. 나는 아직도 삶의 많은 부분에서 불신자이다. 하지만 계속 이렇게 살고 싶지는 않다. 나는 내 삶의 모든 영역이 예수님에 대한 믿음의 흔적으로 채워지길 원한다.

하나님께서 예수님을 모든 것의 중심에 두신 이유는 모든 만물이 '예수님을 통하여' 창조되었고 또한 그것이 '예수 안에서' 지속되기 때문이다(엡 1:22-23 ; 골 1:15-20 참조).

하나님은 당신을 불신에서 구하셔서 성화시키기를 원하신다. 성화란 다른 것이 아니라 예수님을 믿음으로써 그분을 더욱 닮아가는 것이다. 사람은 자기가 믿는 것을 닮아간다. 그러므로 예수님을 닮아가려면 삶의 모든 부분에서 예수님을 믿어야 한다. 성화란 예수님을 믿지 못하는 삶에서 일상 가운데 예수님을 온전히 믿는 삶으로의 전환이다.

아직 그 정도 고지에 다다르지 못했다고 생각하는가? 나도 그렇다. 우리는 모두 더 많은 방면에서 예수님이 더 필요한 불신자들이다. 나는 이 책을 집필하면서 내가 얼마나 예수님이 필요한 사람인지 다시 한 번 깨달았다. 한때 내 글이 사람을 변화시킬 수 있을 것이라고 믿었던 적이 있다. 그러나 글이 잘 써지지 않는 날이면 부담감이 어깨를 짓누르곤 했다. 나는 내가 아니라 하나님이 사람을 변화시키신다는 사실을 다시 한 번 믿어야 했다.

물론 하나님은 우리를 통해 일하시지만 우리의 능력을 의존하지 않으신다. 하나님은 누구를 통해서든 무엇을 통해서든 말씀하실 수 있다. 실제로 하나님은 나귀를 통해서 말씀하시기도 했다(옛 성경에서는 나귀 대신 다른 단어를 사용하긴 했지만 말이다-민 22:28-30. 킹제임스 버전과 같은 옛 영문성경 번역판은 donkey 대신 ass라는 단어를 사용하고 있는데, ass는 donkey의 다른 말인 동시에 현대 사회에서는 '멍청이'를 뜻하는 속어로 사용되기도 한다 - 역주). 그러니 나 같은 사람을 통해서도 당연히 말씀하실 수 있는 것이다. 나는 이것을 기억하면서 불신에서 믿음으로 나아갔다. 그리고 나 자신에게 이렇게 말했다(내가 잊고 살아갈 때면 다른 이들이 내게 말해주었다).

"제프, 하나님의 일하심을 믿어, 네 행실을 믿지 말고. 하나님이 예수 그리스도를 통해 네 삶에 부어 주신 그 말씀을 믿어, 네 말을 믿지 말고."

이 사실을 상기시킨 후에야 나는 평안함 가운데 글을 쓸 수 있었다. 나에게 글쓰기란 예수님에 대한 믿음의 열매였다. 물론 글을 쓸 때에만 이것을 경험하는 것은 아니다. 아침 일찍 일어나 운동할 때나 납부해야 하는 각종 공과금을 모두 지불할 수 있을지 고민할 때, 또는 주차장인 양 꽉 막힌 405번 고속도로 위에 멈춘 채 꼭 가야 할 곳에 제때 도착하지 못할 때에도 나는 이 믿음의 확신이 필요하다.

나는 잊기 때문에 기억해야 한다. 나는 믿지 않기 때문에 믿어야 한다. 감사하게도 나는 홀로 이 길을 걷지 않는다. 나에게는 나와 마찬가지로 자신을 불신자로 인정하는 공동체와 지체들이 있다. 그들도 예수님을 믿지만 모든 면에서, 매 순간 믿지는 못한다. 적어도 아직은 그렇다. 우리는 매일 조금씩 불신에서 예수님에 대한 믿음으로 나아가는 여정을 함께 하고 있다. 때로는 그 길이 더디기도 하다. 내가 이 책을 쓰는 이유가 바로 여기에 있다. 나에게도 이 책이 필요하고 당신에게도 이 책이 필요하다.

우리는 모두 매일, 혹은 때때로 보이지 않는 적에게서 공격을 받는다. 우리는 거짓과 비난의 소리를 듣는다. 유혹에 흔들리고 속임수에 넘어간다. 어렸을 때 들었던 폭력적인 말이 마음 가운데 되풀이되면서 심령의 생명을 앗아간다. 우리는 현재의 삶을 바라보며 더 나은 삶을 갈망한다. 그리고 앞이 내다보이지 않는 미래를 바라보며 하나님 없이 불안과 염려, 두려움이 가득한 삶을 살아간다. 우리는 믿지 못하고, 소망을 갖지 못하고, 하나님의 말씀과 행하심을 믿지 못할 이유가 너무나 많다. 그래서 도움이 필요하다.

우리는 복음이 필요하고 복음에 유창한 사람이 되어야 한다. 우리는 복음을 믿고 복음의 진리들을 알아야 한다. 복음을 삶의 모든 방면에 적용시키는 방법을 알아야 한다. 다시 말해, 우리는 예수님에 대한 진리를 우리 삶의 어려움과 일상에 적용하는 법을 알아야 한다. 그것은 예수님께서 그분의 삶과 죽음과 부활을 통해 하신 일을 믿고, 그 일이 나를 어떤 존재로 변화시키는지를 믿는 것이다. 복음은 우리 삶 전체를 변화시킬 수 있는 능력을 갖고 있다.

나는 불신자들을 사랑하기 위해 이 책을 썼다. 하나님도 불신자들을 사랑하신다. 하나님은 당신을 사랑하시고 당신을 불신에서 구원하길 원하신다.

나는 우리의 유일한 소망이 예수 그리스도의 복음이라고 믿는다. 그리고 그 복음을 날마다 서로의 삶에 선포하는 공동체를 소망한다. 바로 복음에 유창한 공동체 말이다. 예수님은 우리에게 '제자 삼는 제자'를 세우라고 명하셨다(마 28:18-20 참조). 예수의 제자라면 복음을 알고 믿고 말할 수 있어야 한다. 또한 다른 이들도 복음을 알고 믿고 말할 수 있도록 이끌어야 한다.

내 바람은 우선 이 책을 읽는 당신이 복음을 삶에 적용함으로써 소망과 자유를 경험하는 것이다. 그리고 더 나아가 당신과 당신 주변 사람들도 복음에 유창해지는 것이다. 복음을 삶의 모든 방면에 적용하여 예수 안에서 소망과 도움을 찾을 수 있도록 당신이 그들을 인도해주길 바란다.

나는 확고히 믿는다. 복음을 믿지 못하면 죄인들은 영원한 형벌을 면치 못하고, 성도들은 예수 그리스도께 영광을 돌리는 삶을 살지 못할 것이라는 사실을! 내 소망은 더 많은 죄인들이 정죄함에서 구원받고, 더 많은 성도들이 자유를 얻어 매일의 삶 가운데 죄와 두려움과 불안을 이겨내는 것이다.

이 책이 당신을 불신에서 예수 그리스도의 복음을 믿는 믿음으로 변화시키기를 소망한다. 그리고 당신을 통해 많은 이들이 믿음으로 세워지기를, 그때 이 책이 당신에게 도움을 줄 수 있기를 소망한다.

## 2장

## 예수는 수단이 아니라 답이다

"그 사람 진짜 나쁜 사람이에요. 또 저러고 있어요"라고 알리사(Alisa)가 말했다. "뭘 또 하고 있어요?"라고 같은 소그룹 지체가 물었다.

"매번 그렇죠, 뭘. 이번 주말도 그이가 아이들을 돌볼 차례였어요. 그런데 꼭 마지막 순간에 시간이 안 된다고 그래요. 게다가 제가 아이들 양육에 대해 무슨 말만 하려고 하면 오히려 저를 겁주고 협박해요. 무서워요. 그래도 그이가 경제적으로 도와주지 않으면 아이들과의 생활에 문제가 생기니까 어쩔 수 없어요. 아이들이 그이랑 시간을 보내는 게 그렇게 싫다가도 아이들을 생각하면 아빠랑 만나는 게 어느 정도 필요한 것 같기도 하고 그래요. 사실 저는 그 사람 꼴도 보기 싫고 말도 섞고 싶지 않아요. 너무 위협적인 사람이에요. 계속 이렇게 살 순 없어요. 걱정만 쌓이고 잠도 안 와요."

알리사의 남편은 그녀의 절친한 친구와 바람을 피웠고 결국 그들 부부는 이 일로 이혼을 했다. 당시에는 두 사람 다 그리스도인이 아니었다. 엎친데 겹친 격으로 남편의 외도가 밝혀지고 얼마 후 알리사의 집에 불이 나 그녀는 모든 재산을 잃었다.

알리사는 예수님을 영접한 후에 우리의 미셔널 커뮤니티(Missional Community, 단순한 성경공부나 교제 모임을 넘어 동네와 지역 사회의 특정한 사람들을 섬기고 그들에게 복음을 전해 제자 삼는 것을 목표로 삼는 공동체이다. 상세한 정보는 「포화상태」와 saturatetheworld.com 사이트 참조하라-역주) 멤버인 클레이(Clay)와 크리스티(Kristie)로부터 우리 공동체를 소개받았다. 그들은 우리에게 그녀를 도와줄 것을 요청했다. 남편도, 집도 없었던 알리사에게는 하나님 가족의 도움이 절실했다.

우리 공동체는 돈을 모아 알리사를 위해 장을 봐주었고, 그녀가 옷과 생필품을 살 수 있도록 도왔다. 알리사와 그녀의 두 딸은 얼마 동안 클레이와 크리스티 가족과 함께 살았다. 알리사는 우리 미셔널 커뮤니티와 함께 시간을 보내며 점차 예수님에 대해 알아가기 시작했다.

한번은 공동체 모임에서 이런 대화가 오고갔다. "알리사, 걱정하지 마요. 저희가 알아서 할게요. 당신의 남편이 당신을 그렇게 대하지 못하도록 저희가 손을 쓰죠"라고 어느 형제가 말했다. 그러자 누군가가 맞장구를 쳤다.

"알리사, 당하고만 있을 수는 없어요! 맞서 싸워야죠. 당신이 그럴 수 없다면 저희라도 싸울게요. 당신이 이렇게 당하고만 있는 꼴을 보고 있을 수만은 없어요."

이런 식의 대화가 계속 오고 가자, 나는 비로소 무슨 일이 일어나고 있는지 알게 되었다.

"여러분, 잠시만요. 지금 알리사에게 필요한 것은 이런 대화가 아니에요. 이미 남편 때문에 충분히 힘들어 하고 있는데 우리까지 계속 그에 대해 말할 필요는 없는 것 같아요."

나는 알리사의 근본적인 문제가 남편의 과한 영향력이라는 점을 알고 있었다. 알리사의 남편은 그녀의 삶의 가장 중심에서 자신의 행동을 통해 그녀의 모든 감정을 조정하고 있었다. 어떻게 보면 그녀의 남편은 그녀에게 신(神)이었다.

나는 계속해서 말했다.

"우리는 계속 그녀의 남편이 문제의 원인이라는 점만 긍정하고 있어요. 우리의 관심이 '어떻게 하면 그가 변화될 수 있을까'에만 모두 쏠려 있어요. 물론 그의 행실은 잘못되었어요. 하지만 우리가 그에게만 초점을 맞춘다고 해서 이 문제가 해결될 것 같진 않아요. 그가 영영 변하지 않으면 어떡하죠? 우리는 그를 변화시킬 수 없어요. 알리사도 그 일을 하지 못해요. 오직 하나님만이 하실 수 있는 일이에요."

알리사가 진정 원한 것은 그녀가 하나님께 도움을 청할 수 있도록 우리가 이끌어 주는 것이었다. 알리사는 삶의 중심에 훨씬 더 좋은 것이 필요했다. 그녀를 진정 자유케 하고 내면을 변화시켜 줄 그 누군가가 필요했다.

"우리가 알리사에게 줄 수 있는 것은 그녀의 남편을 변화시킬 노력이 아니라 예수님이에요. 그녀의 남편에 대해 말하지 말자는 게 아니라, 그녀를 보호해주지 말자는 게 아니라, 먼저 예수님부터 시작하자는 거예요."

나는 알리사에게 말했다.

"당신의 두려움을 극복하기 위해서는 예수님이 필요해요. 당신의 안정감과 사랑의 근원 역시 오직 예수님이어야 해요. 그리고 당신의 전남편을 용서하기 위해서도 예수님이 필요해요."

나는 목회를 해오면서 이런 패턴을 종종 보아왔다. 물론 나도 종종 이런 실수를 해왔다. 누군가가 삶의 어려움을 나누면 사람들은 돕고 싶은 마음에 그 문제에 대한 해결책이 되어 주려고 한다. 우리는 모두 해답이 필요하고 도움이 필요하다. 하지만 우리가 그 순간에 예수님을 전하지 않는다면 진정한 도움을 줄 수 없다. 예수님만이 가장 좋은 해답이시고 가장 강력한 도움이시기 때문이다.

### 진리를 말하라

사도 바울은 에베소에 보내는 편지에서 이렇게 말하고 있다.

> "그가 어떤 사람은 사도로, 어떤 사람은 선지자로, 어떤 사람은 복음 전하는 자로, 어떤 사람은 목사와 교사로 삼으셨으니 이는 성도를 온전하게 하여 봉사의 일을 하게 하며 그리스도의 몸을 세우려 하심이라 우리가 다 하나님의 아들을 믿는 것과 아는 일에 하나가 되어 온전한 사람을 이루어 그리스도의 장성한 분량이 충만한 데까지 이르리니 이는 우리가 이제부터 어린아이가 되지 아니하여 사람의 속임수와 간사한 유혹에 빠져 온갖 교훈의 풍조에 밀려 요동하지 않게 하려 함이라 오직 사랑 안에서 참된 것을 하여 범사에 그에게까지 자랄지라 그는 머리니 곧 그리스도라"(엡 4:11-15).

하나님의 뜻은 예수 그리스도를 통해 그분과의 관계가 회복된 모든 자들이 점점 더 '성숙'해지는 것이다. 성숙이란 그리스도를 닮아가는 것이다. 완벽한 인간이셨던 예수님은 우리의 표상이시다. 성숙한 그리스도인이란 생각과 태도, 감정과 행실이 모두 예수님을 닮은 사람이다. 우리가 성숙해지는 가장 좋은 방법 중 하나는 사랑 안에서 서로에게 진리를 말하는 것이다.

흔히 사람들은 사랑 안에서 진리를 말하는 것이 듣기 힘든 말을 사랑하는 마음으로 하는 것이라고 착각한다. 예를 들어 "당신 입 냄새가 고약한데, 내가 당신을 사랑하니까 진실을 알려줘야 할 것 같아" 아니면 "네가 우리 그룹에 들어오면 좋겠는데, 사실 네가 싸가지가 없어서 사람들이 널 별로 좋아하진 않아. 난 그저 사랑 안에서 네게 진실을 말해줄 뿐이야" 같은 식으로 말이다. 그러나 바울이 본문에서 말하는 것은 이런 것이 아니다. 물론 사랑 안에서 서로에게 진실 되게 말하는 것도 맞지만, 바울은 한 단계 더 나아가 생각하고 있다.

바울이 무엇을 말하고 있는지 알려면 본문을 계속 읽어 나가야 한다. 21절에서 바울은 자신이 말하는 진리가 무엇인지 밝힌다. 그는 "진리는 예수 안에 있다"라고 말한다. 바울이 말한 '사랑 안에서 진리를 말하는 것'을 다른 말로 하면 서로에게 '예수님에 대한 진실을 말하는 것'이다. 즉, 서로에게 복음을 말하라는 것이다. 바울은 그리스도에 이르기까지 성장하려면 예수에 대한 진리, 즉 복음을 들어야 하고, 모든 삶에 그 진리를 적용하는 방법을 익혀야 한다는 것을 알았다.

내 친구인 스티브 티미스(Steve Timmis) 목사와 팀 체스터(Tim Chester) 목사는 이런 표현을 사용한다.

질문이 무엇입니까? 답은 예수입니다.
문제가 무엇입니까? 해답은 예수입니다.

우리는 너무 자주 사람들의 질문에 대한 답이나 문제에 대한 해결책으로 예수님이 아닌 다른 것을 주려고 한다. 경제적인 문제가 있으면 우리가 아는 가장 좋은 재정 관리 비법을 알려 준다. 관계적인 문제가 있으면 소통의 비법을 알려 준다. 의심에 대한 문제라면 그냥 믿으라고, 믿으면 다 괜찮아질 것이라고 말해준다. 그러나 우리가 그들에게 예수님을 주지 않는다면 실패한 것이다.

때로 우리는 그들에게 성경 읽기나 기도를 권하기도 한다. 물론 귀한 것들이다. 그러나 성경 읽기와 기도를 통해 예수님을 만나고 알아가는 법을 가르치지 않는다면, 오히려 이 유익한 것들을 통해 예수님과 멀어지게 될 수도 있다. 유익한 것을 '신적인' 것으로 만드는 것, 이것이 우상숭배의 핵심이다. 우리는 종종 하나님께로 인도하는 것들을 하나님보다 더 사랑하고 의지함으로써 그분께 나아가지 못하고 실패한다.

### 예수의 부재

예수님 시대의 종교지도자들은 최고의 성경학자들로 가장 종교적이고 가장 많이 기도하는 자들이었다. 그러나 그들은 예수님을 알아보지 못했다! 예수님은 그들에게 이렇게 말씀하셨다.

> "너희가 성경에서 영생을 얻는 줄 생각하고 성경을 연구하거니와 이 성경이 곧 내게 대하여 증언하는 것이니라 그러나 너희가 영생을 얻기 위하여 내게 오기를 원하지 아니하는도다"(요 5:39-40).

그들은 예수님을 드러내는 말씀은 사랑했다. 하지만 정작 예수님은 사랑하거나 의지하지 않았다. 그들은 핵심을 놓치고 말았다! 나는 성경은 사랑하지만 예수 그리스도와 인격적인 관계가 없는 사람들을 수없이 많이 만나왔다. 그들은 예수님을 진정 몰랐다. 그들은 예수님을 진정 경배하지 않았다. 대신 그들은 그들의 성경을 경배했다. 그들은 예수님을 바라보지 않았기에 아예 성장하지 않았다.

성경 공부, 참 좋다. 기도도 참 좋다. 경제적인 문제, 관계적인 문제 등 삶의 여러 영역을 지혜롭게 해결해나가는 것도 중요하고 필요하다. 그러나 우리가 서로에게 예수님을 전하지 않는다면, 우리는 서로를 그분에게서 멀어지게 하고 있는 것이다. 우리의 성경 지식은 늘어날지언정 예수님에 대한 사랑은 깊어지지 않을 것이다. 엄청난 기도의 용사라도 다른 신에게 기도할 수 있다. 경제적인 문제가 해결되더라도 중심이 바로 잡혀 있지 않는다면, 여전히 흔들릴 수밖에 없다. 우리가 대화와 갈등해소에 능통해지더라도 예수 그리스도를 통해 하나님과의 관계가 회복되지 않는다면, 우리의 관계들은 얕고 일시적인 것일 수밖에 없다.

다시 말해, 우리가 서로를 그리스도의 장성한 분량까지 자라게 도와주고 싶다면, 우리는 그리스도에 대한 진리를 우리 삶의 모든 방면에 적용하는 방법을 익혀야 한다. 우리가 직면하는 모든 문제, 모든 상황, 모든 것에 예수님에 대한 진리를 적용해야 한다.

우리의 재정적인 문제들을 어떻게 예수 그리스도의 복음

으로 가르칠 수 있겠는가? 우리의 관계적인 문제들을 어떻게 복음으로 해결할 수 있겠는가? 우리가 예수님에 대해 아는 것들이 우리의 불안과 두려움을 극복하는데 어떤 도움을 줄 수 있겠는가? 이 모든 상황 가운데 예수님에 대한 진리를 적용한다면 우리는 그리스도와 함께 모든 면에서 자라날 것이고, 모든 면에서 그리스도에게까지 자라날 것이다. 다시 말해, 그리스도를 닮아 가려면 우리는 그분에 대한 진리와 함께 자라나야 한다.

우리가 예수 그리스도에 대한 진리가 아닌 다른 것으로 서로를 권면하고 성장시키려 한다면 우리는 오히려 서로를 그리스도에게서 멀어지게 할 것이다. 수많은 사람들이 오직 죽음 이후의 삶을 위해서만 예수님을 찾는 이유가 바로 여기에 있다. 그들은 예수님에 대한 진리를 천국에 다다르기 위한 해답으로만 배워왔다. 그들은 예수님이 그들의 재정 문제, 성생활, 직장 문제, 그리고 가정 문제에 대한 진정한 해답이라는 사실을 모른다. 그들에게 예수님은 죽음 이후의 삶에 대해서만 좋은 소식일 뿐, 지금 직면하고 있는 일상의 삶 가운데서는 아무 영향력이 없다.

예수님은 진리이시다. 예수님은 모든 것을 완벽하게 행하셨으며 모든 것을 더 좋아지게 하실 수 있다. 그 진리가 우리 삶에 적용되는 것이 모든 것에 대한 해답이다. 예수 그리스도는 삶의 모든 것에 대한 좋은 소식이다.

## 예수와 섹스

예를 들어, 우리의 성생활을 잠시 살펴보자. 나는 자라면서 "섹스는 결혼할 때까지 하지 말고 기다려야 해. 기다렸다가 하면 더 좋으니까"라는 말을 많이 들었던 것 같다. 사실 그것이 완전히 옳은 말은 아니다. 유부남으로써 말하지만 섹스는 하면 할수록 좋아지는 것 같다. 그것이 사실이다.

실제로 나에게 결혼 상담을 받으러 오는 커플들에게 나는 첫날밤 섹스가 아마 최악의 경험일 것이라고, 하지만 점차 좋아질 것이라고 말해준다. 결혼 후 첫날밤 자체가 나쁜 것이라는 말은 아니다. 내가 평생을 함께 하기로 한 사람과의 성관계는 성스럽고 즐거운 경험이다. 성관계를 결혼으로 국한시킨 것은 하나님의 선하신 계획이다.

그러나 순결을 지켜야 하는 동기는 훗날 더 좋은 섹스를 하기 위한 것이 아니다. 사실 이런 동기는 정반대의 경험으로 이어진다. 왜 그럴까? 성관계를 갖는 주된 이유가 나 자신의 만족이라면, 당신은 성관계의 목적을 약화시키는 것이다. 성관계의 목적은 내 이기적인 욕구를 채우는 것이 아니다. 사실 부부 상담을 하다 보면 대부분의 갈등이 결혼을 자신의 욕구를 채우는 수단으로 여기는 잘못된 인식에서 비롯된다는 것을 보게 된다. 가장 행복한 결혼 생활을 하는 부부들은 배우자를 위해 자신을 희생하는 것이 하나님께 영광이고, 배우자를 만족시키는 길이고, 본인도 기쁨을 누리는 길임을 안다. 행복한 결혼 생활은 자기 잇속만 챙기는 것이 아니라 자기희생적인 것이다.

이 사실을 어떻게 알 수 있는가? 하나님이 섹스와 사랑을 창조하셨기 때문이다. 그리고 예수님이 자신의 삶과 죽음을 통해 사랑하는 법을 보여 주셨기 때문이다. 그렇다면 우리가 가르쳐야 할 혼전 순결의 이유와 동기는 무엇인가?

바로 예수님이다. 하나님이 그분의 백성을 위해 주신 '사랑의 그림'은 신부를 붙잡기 위해 뒤쫓는 신랑의 모습이다. 우리는 이것을 가르쳐야 한다. 하나님은 그분의 신부를 사랑하셔서 그녀를 수백 년 동안 신실하게 뒤쫓아 오셨다. 그리고 마침내 육신을 입으시고 이 땅에 오셔서 33년 동안 겸손하게 사셨다.

히브리서의 저자는 예수님이 우리의 연약함을 동정하실 수 있는 이유가 무엇인지 밝힌다.

> "우리의 연약함을 동정하지 못하실 이가 아니요 모든 일에 우리와 똑같이 시험을 받으신 이로되 죄는 없으시니라"(히 4:15).

예수님은 인간이셨기에 신부인 우리와 교회를 잘 아신다. 그래서 베드로가 남편들에게 권면한 것처럼 신부를 이해하실 수 있다(벧전 3:7). 예수님은 그분의 신부를 잘 아시기에 진정으로 동정하실 수 있다. 예수님은 그 누구보다도 신부를 잘 이해하신다!

예수님은 자신의 목숨을 바칠 만큼 신부를 사랑하셨다. 그러나 신부는 예수님께 신실하지 못했다. 신부는 자신을 타인들에게 내주었다. 신부는 그분을 기다리지 않았을 뿐 아니라 언약적 관계에 헌신되지 않은 자들에게 자신을 내주었다. 그러나 예수님은 그분의 생명으로 신부를 '불륜의 종살이'에서 구해내셨다. 예수님의 십자가 죽음이 신부의 죗값을 치렀고 신부를 정결하게 했다. 예수님은 신부를 위해 자신의 생명으로 순결한 웨딩드레스(?)를 사셨다. 사실 그 흰옷은 죄의 수치심을 가리는 '예수 그리스도의 의'이다. 예수님은 신부에게 자유와 순결, 그리고 한없는 사랑을 주시기 위해 십자가에 달려 돌아가셨다. 그리고 신부의 처소를 예비하시기 위해 다시 살아나셨다. 언젠가 그분은 이 땅에 다시 오셔서 신부가 영원히 거할 집으로 데려가실 것이다. 2천 년이 지난 지금도 그분은 신부를 신실하게 기다리고 계신다. 사랑하는 사람을 위해 이토록 신실하게 인내하는 이가 또 어디 있겠는가?

우리가 결혼 전에 순결을 지켜야 하는 이유는 우리를 향한 예수님의 신실하심 때문이다. 우리는 예수님의 신부이고 우리를 향한 그분의 사랑을 전하는 것이 삶의 목적이기에 그렇다.

예수님은 그분의 순결하고 순수하고 거룩하고 사심 없는 사랑을 보이시기 위해 자신의 피값으로 우리를 사셨다. 그러기에 우리는 만일 실패하더라도, 아니 실패할 때에라도 그 사랑을 기억하며 우리를 위해 죽으신 예수님에 대한 믿음을 가지고 십자가로 달려가야 한다. 우리는 예수님의 죽음이 우리의 모든 죗값을 치르고 모든 더러움에서 깨끗케 하셨음을 믿는다. 또한 우리는 우리가 변화되었다는 사실과 우리가 새로운 피조물이라는 사실, 그리고 예수 그리스도의 순전한 사랑으로 인해 하나님이 우리를 순전하다고 선포하셨다는 사실을 믿는다. 이 사실은 우리의 존재를 변화시키는 것으로 끝나지 않는다. 우리가 살아가는 방식까지 모두 변화시킨다.

우리는 성적 순결을 통해 예수님의 순결한 사랑의 이야기를 전해야 한다. 이기적인 이유가 아니라 이 거룩한 이유로 순결을 지켜야 한다. 성적 순결을 통해 우리가 세상에 선포해야 할 이야기가 바로 이것이다. 즉, 우리는 비록 예수님을 배신했지만 그분은 우리를 버리지 않으시고 자신의 생명으로 우리의 죗값을 대신 치르셨다는 이야기이다. 우리의 성적 순결을 통해 세상은 이 이야기를 볼 수 있어야 한다. 세상은 또한 하나님의 용서하심에 대해 들어야 한다. 우리가, 우리 모두가 죄를 지은 죄인이지만 죄를 짓지 않으신 그분을 통해 순결해질 수 있다는 사실을 들어야 한다. 예수의 순결이 우리의 순결이고 우리의 순결이 예수의 순결인 것이다!

우리는 성적 순결과 음란함에 대해 무엇을 말할 것인가? 우리는 예수님을 전해야 한다! 우리는 매일의 삶을 통해 예수의 진리를 전하는 예수의 사람들이다. 가정의 예산을 세울 때, 예수의 진리를 적용하라. 결혼을 앞두고 배우자를 구할 때도 예수의 진리를 적용하라. 직장 상사와 동료들을 대할 때도 예수의 진리를 적용하라. 자녀를 양육할 때도 예수의 진리를 적용하라. 모든 것에 예수의 진리를 적용하라.

알리사는 우리 모임 가운데 예수의 진리, 즉 복음이 필요했다. 나는 알리사에게 말했다.

"알리사, 당신을 유일하게 실망시키지 않을 남자는 예수님 한 분뿐이십니다. 다른 모든 남자는 당신을 실망시킬 테지만 그분은 영원히 그러지 않으실 것입니다. 하나님은 당신이 오직 예수님만이 주실 수 있는 것을 전남편이나 다른 남자에게서 찾는 것을 원하지 않으십니다. 그분은 예수님이 당신의 마음의 애착과 소망의 중심에 있기를 원하십니다. 예수님은 그분이 당신을 정말 사랑하신다는 사실과 당신의 궁극적인 보호자가 되신다는 사실을 당신이 알길 원하십니다."

그러자 그녀가 반문했다.

"예수님이 정말 나를 돌봐 주신다는 것을 어떻게 알 수 있나요?"

"하나님은 당신을 사랑하셔서 당신의 죄를 위해 그분의 하나뿐인 아들을 십자가에서 죽이셨습니다. 당신이 하나님을 대적할 때도 그분은 당신을 죽기까지 사랑하셨고 용서하셨습니다. 하나님께서 당신을 돌봐 주실 것을 확신하셔도 좋습니다. 당신을 위해 자신의 아들도 아끼지 않으신 분이기에 당신의 모든 필요를 채우실 것도 확신합니다."

나는 계속해서 말했다.

"하나님은 당신을 사랑하시고 모든 좋은 것을 베풀어 주시길 원합니다. 뿐만 아니라 당신을 과거로부터 자유케 하시기를 원합니다. 예수님은 당신 개인의 용서뿐 아니라 당신이 남을 용서하고 당신에게 행해진 죄로 인해 받은 상처를 치유하기 위해 고난을 받으셨습니다. 하나님은 예수 그리스도에 대한 믿음을 통해 당신이 하나님의 용서하심과 치유하심을 경험하길 원하십니다.

당신이 원한다면 우리가 당신의 전남편을 만나볼 수 있습니다. 하지만 더 중요한 것은 당신의 전남편이나 다른 무엇이 아닌 예수님이 당신 삶의 중심이 되는 것입니다. 하나님만이 용서하실 수 있고, 하나님만이 당신의 필요를 채우실 수 있고, 하나님만이 예수님이 하신 일을 통해 당신을 영원히 사랑하실 수 있습니다"(요 3:16 ; 롬 5:8, 8:32 참조).

이것은 우리가 알리사와 나눈 예수님에 대한 이야기의 시작일 뿐이었다. 예수의 진리를 모든 삶에 적용한다는 것은 이런 것이다. 우리의 내세를 위한 수단이 아닌, 우리의 매일의 삶 가운데 예수님을 알아가는 것이 바로 이런 것이다. 이것이 복음에 유창한 것이다.

그럼, 이제 어떻게 하면 복음에 유창해질 수 있는지 살펴보도록 하자.

# 3장

## 복음에 유창해져라

모국어를 사용하지 않는 낯선 곳으로 여행간 적이 있는가? 청소년 사역을 하던 시절에 나는 학생들과 함께 스페인어를 사용하는 곳으로 자주 단기선교를 가곤 했다. 나는 선교를 가기 전에 늘 통역사에게 스페인어 단기 속성 과외를 부탁했다. 우리 단기선교팀은 "내 이름은…", "배고파요", "화장실이 어디 있나요?"(정말 중요한 질문이다) 등의 표현들을 배웠다. 또한 그곳의 문화와 예절을 익히기 위해 기본적인 지식도 배웠다. 떠나기 수개월 전부터 스페인어를 모르는 사람들과 함께 수없이 연습했다(장님이 장님을 인도하는 격이니 그다지 효율적이지 않았겠지만).

나보다 예능감이 충만한 아내 재이니(Jayne)는 '스펭글리쉬'(스페인어와 영어를 무차별하게 섞어서 사용한다고 해서 Spanish와 English를 합친 단어이다 - 역주)를 배웠다. 그녀는 특유의 엉뚱함으로 스페인어 공부를 즐겼는데 단어 앞에 무작위로 '엘'(el)을 사용하거나 단어 끝마다 '오'(o)를 붙이며 스페인어를 구사했다. "Where-o is el bathroom-o?"(화장실이 어디 있나요?) "Me llamo is Jayne and I am very hungry-o"(제 이름은 재이니입니다. 나는 몹시 배가 고픕니다). 아니면 "My husband is very guapo and I want to kisso el Jefe!"(우리 남편은 아주 잘생겼어요. 나는 제프에게 입맞춤하길 원해요)라고 말이다. 우리는 그녀의 엉뚱함으로 인해 즐겁게 공부할 수 있었다.

선교의 현장에서 어떤 팀원은 천천히 말하면 현지인들이 더 잘 알아들을 것이라 여기고 영어로 아주 천천히 말했다. 그래도 못 알아들으면 그 이유가 그들이 영어를 알지 못해서가 아니라 말의 속도나 목소리 크기 때문이라 여기고 더 천천히, 더 크게 말하려고 했다. 다행히도 현지인들은 이런 모습을 예상이나 한 듯 우리의 어리석음에 관대했고 웃으며 넘겨주었다. 우리의 진짜 문제는 스페인어를 조금 흉내 낼 정도로만 알지 실제 대화할 정도는 아니었다는 것이다.

우리는 복음에 대한 훈련에도 자주 이런 실수를 범한다. 최근 들어 교회 안팎에서 '복음을 어떻게 말할 것이냐'에 대한 훈련에 관심을 갖는 것 같아 감사하게 생각한다. 하지만 그 효율성이 기대에 못 미치고 있다. 대부분의 훈련 프로그램들이 단기 선교팀의 언어 훈련의 접근성과 효율성을 그대로 닮아 있고, 그와 비슷한 경험을 하고 있다.

### 복음 비슷한(Gospelish) 복음

우리는 주일학교나 교회 훈련 프로그램을 통해 '대화 속에 복음을 듬성듬성 뿌리는 법'을 가르친다. 아니면 전도를 위해 기획된 대본이나 도표 혹은 그림 전도법을 가르친다. 만일 상대방이 그 대본이나 도표에 나오는 질문만 한다면 이것은 아주 유용하게 사용될 것이다. 하지만 이렇게 접근을 하면 대부분의 경우 상대방의 질문에 맞지 않는 답을 주거나 말하는 자나 듣는 자 모두 '모르는 언어'로 대화를 시도하려는 격이 되고 만다. 마치 어둠 속에서 서로를 지나치는 두 척의 배처럼 말이다.

우리는 토막 복음을 '설교'하면서 상대방에게 제대로 복음을 말하고 있다고 착각하지만, 그들이 듣는 것은 복음이 아니다. 물론 부분적인 복음적 요소들이 포함될 수는 있겠지만, 그들이 듣는 예수님에 대한 진리가 그들의 삶과 구체적인 상황에 적용되지 않는다면 그들이 듣는 것은 좋은 소식이 아니다. 결국 그들이 듣는 것은 그들의 삶의 맥락, 문화, 언어와는 동떨어진 구호일 뿐이다.

"왜 나를 위해 다른 사람이 죽어야 했나?" "피 흘림이 어떻게 죄를 사하는가?" "죄는 무엇인가?" "내 행위가 왜 그렇게 중요한가?" "2천 년 전에 살았던 한 남자가 나를 어떻게 도울 수 있나?"

복음에 대한 우리의 대화는 대부분이 내 아내의 스펭글리쉬와 같다. 나는 대부분의 그리스도인들이 복음이 왜 필요한지, 복음이 무엇인지, 왜 그것이 좋은 소식인지, 그리고 복음의 진짜 역할이 무엇인지 잘 모른다는 사실을 발견했다. 적어도 일상 가운데 적용할 정도로는 모른다. 그 이유는 복음을 몰라서가 아니라 복음에 유창한 사람이 되기 위해 제대로 훈련받지 않았기 때문이다.

대부분의 신자들이 복음을 선전 구호나 광고 카피처럼 말하는 '조각 복음 신자들'이다. 그들은 복음 비슷한 것을 말하지만 사람들이 듣고 믿을 수 있는 진품 복음을 말하지 않는다. 그래 놓고 "우리는 복음을 전했지만 그들이 거부했어. 그들의 마음이 완고하고 귀가 닫혔으니 어쩔 수 없지"라고 말한다.

어떤 신자들은 복음을 전하는 과정에서 우리 단기선교 팀원이 그랬던 것처럼 언성을 높이며 논쟁을 벌인다. 이는 복음에 대한 반감만 키울 뿐이다. 그런 상황에서 복음을 위해 고난 가운데서도 기뻐하라는 성경 구절을 읽어 보라. 상대방은 좋은 소식을 듣지 못했기 때문에 거부 반응을 일으키며 듣지 않을 수밖에 없다.

그렇다. 나도 성경이 말하는 대로 복음이 구원받는 자에게는 좋은 소식이고 멸망하는 자들에게는 미련한 것임을, 그래서 모든 이가 복음을 이해하고 받아들이지 않을 것임을 잘 안다. 또한 우리 스스로 복음을 믿게 할 수 없다는 사실도 잘 안다. 어떤 사람들은 듣지 않고 믿지 않을 것이다. 구원은 하나님이 하시는 일이다. 사람은 성령님의 도우심 없이는 예수 그리스도에 대한 좋은 소식을 듣고 이해할 수 없다(고전 1:18, 2:14 참조).

그렇다고 이것이 '좋은 소식'을 전하는 우리에게 핑계가 될 수는 없다. 우리가 듣는 이들의 이야기를 경청하지 않고, 그들을 이해하기 위해 노력하지 않고, 그 영혼의 상처와 간구하는 것에 복음을 적용하지 않는다면 복음은 결코 '좋은 소식'이 될 수 없다. 복음은 듣는 이의 현재 삶에 적용되고 변화를 가져와야 '좋은 소식'이 될 수 있다.

우리는 복음을 '좋은 소식'으로 전해야 한다. 이것이 스펭글리쉬에 국한된 문제라면 웃어넘길 수 있겠지만, 예수 그리스도의 복음과 하나님과 멀어진 사람들의 삶이 달린 문제이기에 결코 가볍게 넘길 수가 없다.

우리는 반드시 복음에 유창한 사람이 되어야 한다.

### 어떻게 유창함을 키울 수 있는가?

언어에 유창해지는 것은 단순히 모르는 언어를 아는 언어로 번역하는 것에서부터 그 언어로 삶의 모든 것을 해석하는 데까지 이르는 것이다. 그 언어로 생각하고 느끼고 자유로이 말할 수 있을 때에 비로소 유창해지는 것이다. 어떻게 보면 새로 익힌 언어가 내가 세상을 감지하고 남들이 내 세상과 그들의 세상을 감지할 수 있도록 하는 필터가 된다.

나는 대학교 3학년 2학기를 스페인에서 보냈다. 그곳으로 떠나기 전에 단기 속성 특강을 받고 기본적인 스페인어 문법과 어휘를 익혔다. 이는 우리 단기선교팀이 했던 훈련과 비슷했지만, 나는 영어가 가능한 대학생들을 섬기러 일주일간 짧게 가는 것이 아니었다. 나는 스페인의 어느 대학의 학생으로 가는 것이었고, 4개월 이상 오직 스페인어로만 의사소통을 해야 하는 상황이었다.

나는 영어를 전혀 하지 못하는 스페인의 어느 가정에서 홈스테이를 했다. 몇몇 교수님은 오직 스페인어만 했고, 내가 머무는 도시의 주민들은 대부분 영어를 한마디도 하지 못했다. 처음 한 달 동안은 매일 밤 기절하다시피 잠자리에 들었다. 의사소통 자체가 나를 지치게 했던 것이다. 빨리 말하는 스페인어를 귀 기울여 들은 다음, 들은 것을 머릿속에서 통역하고, 내가 하고 싶은 말을 영어로 먼저 생각한 후, 그것을 머릿속에서 스페인어로 통역해 한 단어 한 단어 조심스레 말하는 과정을 늘 반복했다. 정말 진이 빠졌다! 이 기간 동안 나는 말하는 것이 너무 피곤해서 아예 말을 줄이고 많이 듣기만 했다.

그렇게 나는 수개월간 쉬지 않고 스페인어에 둘러싸여 있었다. 어딜 가나 스페인어뿐이었다. 길거리 표지판에서 읽고 라디오와 텔레비전에서 듣다 보니 하루는 내가 스페인어로 꿈을 꾸고 있다는 사실을 발견했다. 무언가가 변한 것이다. 드디어 내가 무언가를 스페인어로 설명하는 것이 자유로워진 것이다.

스페인어로 생각을 하기 시작한 후부터 나는 머릿속에서 단어 하나하나씩 번역하는 과정을 거치지 않게 되었다. 심지어 미시간에 계신 부모님과 전화통화를 하면서 아무 생각 없이 스페인어로 말하기도 했다.

이렇게 나는 스페인어에 점점 더 유창해지고 있었다.

### 복음에 푹 빠져라

하나님은 그분의 백성들이 복음도 이러한 유창함을 통해 경험하기를 원하신다. 하나님은 우리가 우리 주변 세상과 우리 내면의 세계를 복음의 렌즈로, 예수 그리스도와 그분이 하신 일을 통해 드러난 하나님의 진리로 해석하기를 원하신다. 복음에 유창한 사람들은 예수 그리스도와 그분이 하신 일을 통해 모든 것을 생각하고, 느끼고, 감지하는 사람들이다.

그들은 세상을 다르게 바라본다. 그들은 남들과 다르게 생각한다. 그들은 남들과 다르게 느낀다. 그들은 다른 사람들의 이야기를 들을 때 이렇게 생각하며 듣는다.

'이 내용이 복음의 진리와 어떤 연관이 있을까?' '오늘 이 사람에게 예수와 그분이 행하신 일이 어떻게 좋은 소식이 될 수 있을까?' '지금 이 상황 가운데 어떻게 하면 복음의 소망을 전해서 그로 구원을 경험하게 하고, 예수님께 영광을 돌릴 수 있을까?'

그들은 영화를 보면서도 복음에 연관된 주제를 발견하고 거짓 복음을 전하려는 영화의 주제도 발견한다. 그들은 자신들을 에워싸는 문화의 흐름을 하나님이 그리스도 예수를 통해 이루신 구속사의 흐름에 빗대어 평가하기 시작한다. 그리고 하나님께서 어떻게 일하고 계시는지, 개인과 공동체의 마음 밭을 복음을 위해 어떻게 일구고 계시는지 감지하는 법을 익히게 된다.

더 중요한 것은 복음에 더욱 유창해져가는 사람들은 본인들도 지속적인 변화를 경험한다는 것이다. 복음의 진리가 그들의 생각, 신념, 감정, 그리고 행동에 적용됨에 따라 그들은 날마다 그리스도를 닮아가는 변화를 경험하게 된다. 그들은 삶의 모든 방면에 적용되는 예수 그리스도의 진리를 듣고 전하기 때문에 모든 방면에서 그리스도의 장성한 분량까지 자라난다.

곧 복음에 유창해져가는 것이다. 복음을 통해 다시 태어났기 때문에 복음이 모국어가 되어 가는 것이다. 그리스도의 장성한 분량까지 자라가는 자신을 발견하게 되는 것이다. 그리고 복음이 그들을 끝까지 이끌어 갈 것이고 그리스도의 형상으로 완성시킬 것이라는 확신을 갖게 되는 것이다.

신학적인 표현을 사용하자면 복음이 거듭남, 칭의, 그리고 하나님의 자녀 됨을 가져왔기 때문에 모국어가 되어 가는 것이다. 복음이 그들의 성화를 주관하고 있고 훗날의 영화도 가져올 것이다. 복음이 그리스도 안에서의 새 삶의 처음과 중간과 끝인 것이다.

복음은 그들에게 모든 것이다. 그러나 복음의 유창성은 교실에서나 주일 예배를 통해서만 익힐 수 있는 것이 아니다. 다시 말해, 사람은 훈련 프로그램이나 수동적으로 설교를 듣는 것으로, 또는 책을 읽는 것으로 복음에 유창해질 수 없다.

복음에 유창해질 수 있는 유일한 길은 복음을 말하는 문화 속에 완전히 빠지는 것이다. 물론 언어를 배울 때 기본적인 문법, 어휘, 문장 구조를 익혀야 하는 것처럼 복음의 기초도 체계적인 훈련을 통해 배워야 한다. 나는 이 책의 2부 '그 복음'에서 복음의 기초적인 원리들을 다룰 것이다. 복음에 유창해지기 위해서는 우선 복음의 기초를 알아야 한다.

그러나 체계적인 훈련만 가지고는 유창해질 수 없다. 유창해지기 위해서는 복음을 말하는 공동체에 속해 있어야 하고, 지속적인 연습을 해야 한다. 복음을 알아야 하고, 수시로 들어야 하고, 입으로 선포하는 것을 연습해야 한다. 그래서 이 책의 마지막 3부는 '내 안에 있는 복음', '우리와 함께 하는 복음', 그리고 '타인에게 전하는 복음'이다.

복음의 유창성은 당신 안에서 시작되고, 공동체 안에서 변화를 일으키며, 예수님에 대한 소식을 들어야 하는 세상을 향해 표현되는 것이다. 복음 안에서의 성장은 모일 때마다 복음을 선포하고 예수님에 대한 좋은 소식을 나누는 사람들이 있는 교회를 통해 일어난다. 복음의 유창성을 원한다면 예수 그리스도의 좋은 소식을 지속적으로 설교하는 교회를 찾길 간절히 바란다. 그뿐 아니라 주중에도 선교적 사명을 감당하는 복음적인 소그룹, 또는 미셔널 커뮤니티 모임에 참석해서 복음을 서로의 삶에, 그리고 아직 예수님을 모르는 사람들의 삶에 적용하는 사람들과 함께 해야 한다.

나는 미셔널 커뮤니티를 시작할 때, 사람들에게 인생사를 나누어 달라고 부탁한다. 그리고 듣는 이들에게는 '복음적인 귀'를 가지고 말하는 사람을 구원한 것이 무엇인지, 무엇이 그를 구원하고 있는지 들어보라고 부탁한다. 또한 각자의 이야기 속에 영웅이 누구인지, 또는 무엇인지 감별하며 들어보라고 한다(이 부분에 대해서는 12장 '우리 이야기의 영웅'에서 더 상세히 다룰 예정이다). 그리고 몇 주 동안 그룹 멤버들이 복음이 무엇인지, 복음이 하는 일이 무엇인지, 그리고 매일의 삶 가운데 예수의 진리를 어떻게 적용하는지 확실히 알 수 있도록 복음의 기초를 쌓는다. 내가 대학교 시절 어학연수를 떠나기 위해 스페인어 단기 속성 과정을 수강했던 것처럼 복음을 유창하게 말하는 사람들을 만들어 내려면 먼저 그들을 복음의 기초 위에 세워야 한다.

더불어 멤버들끼리 아무리 자주 모여도 서로의 삶과 상황에 예수의 진리를 말하고 적용하지 않는다면 모임 자체만으로 만족하지 말라고 권면하고 싶다. 그리스도가 우리의 생각과 대화 가운데 존재하지 않는다면, 그 모임은 좋은 그리스도인 공동체의 모임이 아니다. 우리는 모일 때마다 예수님에 대해 말해야 한다. 아니, 모일 때마다 예수님에 대해 말할 특권이 있다. 그리스도는 우리 존재의 모든 이유이기 때문이다.

언어를 익히려면 그 언어를 끊임없이 사용하는 공동체에 속해 있어야 하듯, 복음에 유창해지려면 어디서 무엇을 하든지 어떤 상황 가운데 있든지 예수 그리스도와 그분에 대한 진리를 끊임없이 말하는, 복음에 포화된(저자의 사역과 목회 비전은 모든 남녀노소가 그리스도인의 언행을 통해 매일 예수를 경험하는 것이고, 이것을 그는 '복음의 포화상태'-gospel saturation-라고 말한다. 소금이 물에 녹고 녹아 한 방울 남김없이 짠맛을 내듯, 그리스도의 복음이 그리스도의 교회를 통해 사회 전면에 스며들어 모든 이들이 복음의 능력을 경험하는 비전이 곧 gospel saturation의 비전이다-역주) 사람들 가운데 속해 있어야 한다.

### 늘 예수 이야기만 하더라

수년 전 여름, 어느 젊은 여성이 대학교 인턴 요건을 충족시키기 위해 우리 교회에서 인턴으로 일하게 되었다. 인턴 기간이 끝날 무렵, 우리 리더십 팀은 그녀를 위해 축하파티를 열었다. 그때 우리는 그녀에게 인턴을 하면서 어땠는지 소감을 부탁했고, 리더 중 한 명은 혹 기대와 달랐던 점은 무엇이었냐고 물었다. 그녀는 잠시 생각한 후에 이렇게 말했다.

"조금 이상하게 들릴 수 있겠지만 여러분이 예수님 이야기를 하는 게 가장 놀라웠어요. 물론 우리 모두는 그리스도인이고 예수님이 중심이 되신다는 것을 알아요. 그런데 여기 계신 분들은 하나같이 예수님 이야기만 하셨어요. 매일, 회의 때마다, 모든 상황마다 늘 예수님 이야기만 하셨어요!

처음에는 다들 이상한 사람인 줄 알았어요. 그러다가 혹시 내가 이상한 것은 아닌지, 내가 정말 예수님을 알고 사랑하는지 차차 돌아보게 되었어요. 제가 다니는 교회가 예수님에 대해 이야기하지 않는다는 말은 아니에요. 주로 새생명축제 같은 전도주일에만 하지만요. 대부분의 설교 말씀은 우리가 무엇을 하고 어떻게 변해야 하는지에 대한 가르침이에요. 효율적인 시간 활용을 위한 유용한 세 가지 팁이나 교회를 섬기기 위한 다섯 가지 원칙들… 주로 그래요. 매주 강단에서 예수님의 이야기를 듣지는 못해요. 물론 교회 사람들도 예수님 이야기를 잘 하지 않아요.

솔직하게 말하면 여러분과 사역하는 동안 제가 정말 구원을 받았나 의심했어요. 정확히 어떻게 표현해야 할지 모르겠지만, 이번 여름을 이곳에서 보내며 처음으로 예수님을 제대로 알고 사랑하게 된 것 같아요. 여러분과 함께 있는 동안에는 예수님에 대해 듣지 않을 수가 없었으니까요."

 그녀의 고백이 우리에게 얼마나 큰 위로가 되었는지 모른다!

 복음의 유창함은 예수로 포화된 공동체에 속하면서 자연스럽게 자라나기 시작한다. 예수로 포화된 공동체는 복음을 정확히 알고, 그 복음을 삶의 모든 상황에 적용함으로써 삶의 모든 영역이 예수 그리스도께 복종함으로 변화되고, 우리의 모든 것 되시는 예수님에게까지 자라나게 한다(엡 1:22-23, 4:15 ; 골 1:15-20 참조).

 복음의 유창함은 이렇게 이루어진다. 그러면 먼저 복음이 무엇인지 살펴보자.

 복음이란 무엇인가?

## 제2부

GOSPEL FLUENCY

# 그 복음
THE GOSPEL

4장

# 하나님의 이야기를 알아가다

 새로운 언어를 공부할 때, 우리는 어휘(단어들과 그 단어들의 뜻), 문법(단어를 조리 있는 문장으로 만드는 법), 그리고 문화(단어들이 문맥 안에서 어떤 의미를 가지고 있는지)를 공부한다. 어린아이들이 언어를 배울 때는 그들이 속해 있는 문화적 환경이 그 언어를 이해하고 말하는데 중요한 역할을 한다. 사실 많은 경우에 단어의 사전적 의미가 특정한 문화적 맥락 안에서 전혀 다른 의미로 사용되는 경우를 볼 수 있다.
 예를 들어, 어느 사전은 고양이(cat)를 '작고 길들여진 육식 동물로 부드러운 털과 짧은 주둥이, 오그릴 수 있는 발톱을 가

지고 있다. 애완동물로 많이 길러지며 쥐를 잡는데도 유용하며 여러 종이 발달되었다"[1]라고 정의한다. 반면에 어릴 적 나에게 고양이란, 어린아이들의 생명을 위협하는 사탄적인 존재였으며 알레르기 현상으로 내 호흡을 방해하는 존재였다. 물론 어린 나는 알레르기를 통해 하나님이 악한 고양이들로부터 나를 보호하신다고 믿었다!

조금 과장된 예이지만 나의 의도를 파악했으리라 믿는다. 더 재미난 것은 흑인 친구들과 어울리면서 고양이(cat)라는 단어의 다른 의미를 배웠는데, 그것은 음악, 낭독, 운동이나 설교와 같은 특정 기술에 숙련된 남성을 가리킨다.

"저 고양이(cat) 좀 봐! 완전 짱인데!"

언어는 이렇게 문화에 의해 빚어진다. 마찬가지로 언어도 문화를 빚어 간다. 문화를 변화시키고 싶은가? 먼저 언어를 변화시키고 재정립하라. 언어는 이야기를 통해 재정립된다. 새로운 언어로 소통하고 싶다면 새로운 이야기를 전해야 한다. 이야기는 언어에 의미를 부여한다. 우리가 아는 모든 단어는 그 단어에 대한 정의가 내려진 이야기를 통해 의미를 가진다.

내가 "아슬란"하고 말하면 어떤 사람은 그리스도와 같은 사자 왕을 연상할 것이다. 또 어떤 사람은 '사자 왕'이라는 표현에서 "라이온 킹"(The Lion King)의 주인공 심바(Simba)를 떠올리며 "난 하루빨리 왕이 될 거야"(I just can't wait to be king)라는 노래를 흥얼거릴 것이다. 반면 어떤 사람은 C.S. 루이스의 「사자, 마녀 그리고 옷장」이나 겁 많은 아기 사자가 정글의 왕으로 등극하는 만화영화를 몰라서 위의 문장을 도통 이해하지 못할 것이다. 이뿐 아니라 위 문장을 읽으며 전혀 다른 테마를 찾는 사람도 있을 것이다.

우리의 인생 이야기는 우리가 언어를 이해하고 해석하는데 큰 영향을 미친다. '아버지'라는 단어가 어떤 이에게는 사랑, 돌봄, 그리고 베푸심과 보호하심 같은 감정을, 다른 어떤 이에게는 버림받음, 감정적인 거리감, 거절감, 그리고 두려움 같은 감정을 떠오르게 할 수 있다.

문화가 언어를 빚어 간다. 또한 언어도 문화를 빚어 간다. 그리고 이야기는 기존의 언어를 재정립하거나 새로운 언어를 창조하는 힘이 있다. 우리의 언어는 그 언어가 속해 있는 이야기로 인해 의미 있는 것이다. 그리고 우리는 우리가 속해 있는 이야기로 인해 우리가 사용하는 언어의 의미를 찾아가게 된다.

그러면 우리가 어떻게 복음에 유창한 사람들이 가득한 복음 중심적인 문화를 만들어 갈 수 있을까? 우리에게는 복음 이야기로 빚어진 복음적인 이야기가 필요하다.

우리는 모두 우리 인생을 지배하는 이야기 안에서 살아간다. 우리가 알고 믿는 이야기들을 통해 우리가 속한 세상과 인간관계를 감지한다. 대부분의 사람들에게 지배적인 이야기는 우리 근원에 대한 이야기, 가족에 대한 이야기이다. 하지만 이 이야기 역시 더 큰 이야기 속의 작은 이야기일 뿐이다. 그래서 하나님과 나, 타인과 세상에 대한 잘못된 인식을 심어줄 가능성이 크다. 때로 우리는 명백한 거짓말을 믿기도 한다.

그러나 참된 이야기가 있다. 그것은 성경이 말하는 하나님의 이야기이다. 참된 이야기 속의 작은 이야기들을 구제하고 치유하고 완성하는 하나님의 이야기 말이다.

복음의 구성(어휘와 같은)과 그것이 우리 삶에 어떤 의미가 있는지(문법과 같은)에 대해 나누기 전에, 우리는 다른 모든 이야기를 지배하는 이야기, 즉 복음의 의미를 말해주는 참된 이야기를 제대로 이해해야 한다.

이 참된 이야기를 설명하기 위해 책 한 권을 집필한 저자들도 있고[2] 관련된 유용한 자료들도 많이 있다.[3] 나는 이 참된 이야기를 네 가지 악장-창조, 타락, 구원, 새 창조-을 통해 설명하려고 한다.

# 창조

"태초에 하나님이…"(창 1:1).

이야기의 시작은 하나님이다. 하나님은 창세전부터 영원토록 성부, 성자, 성령 이렇게 한 분, 하나의 공동체로 존재하셨다. 완벽한 하나 됨의 삼위일체 하나님으로 존재하셨다. 다른 것은 아무것도 존재하지 않았다. 태초에 하나님께서 '말씀'으로 창조하셨다. 아무것도 없는 무(無)의 상태에서 땅과 하늘을 창조하셨다. 하나님이 말씀하시자 그 모든 것이 존재하게 되었다. 즉, 하나님의 말씀을 통해 하나님의 일이 이루어졌다.

하나님은 인간이 살아갈 수 있도록 모든 것을 갖춘 아름다운 세상을 디자인하셨다(창 1-2장 참조). 그리고 그분의 형상을 따라 남자와 여자를 만드셨다. 보이지 않는 하나님께서 그분의 모습을 드러내는 하나의 그림으로 인간을 창조하셨다. 하나님은 창조하신 인간을 바라보시며 "심히 좋다"라고 말씀하신 후에 안식하셨다. 창조를 마치시고 그분 스스로에게 "참 잘했어! 나는 내가 한 일에 대해 만족해. 이건 의로워"라고 말씀하신 것이다. 하나님은 그분이 창조하신 남자와 여자가, 창조주인 그분이 그들을 보시고 "심히 좋았다"라고 선포하셨다는 사실을 알길 바라셨다. 하나님은 그들을 의롭다고 선포하셨다.

하나님의 말씀은 진리이고 능력 있다. 하나님의 일하심은 선하다. 우리는 그 진리 안에 안식해야 한다. 이것이 왜 그렇게 중요한가? 모든 것이 하나님의 말씀으로 존재하게 되었다면, 그리고 하나님의 말씀으로 창조된 모든 것이 선하다면, 하나님의 말씀과 일하심은 완전한 신뢰와 믿음의 기반이 될 수 있기 때문이다. 우리의 존재 자체가 하나님의 말씀과 일하심을 통해 이루어졌다. 그러므로 우리의 정체성, 목적, 그리고 우리의 존재에 대한 진실이 모두 하나님의 말씀과 일하심 속에 있다.

태초에만 그랬던 것이 아니라 영원히 그렇다.

우리는 "나는 누구인가", "나는 여기에 왜 있는가"라는 질문들을 하나님이 하시는 말씀과 행하시는 일들 밖에서 답하려 하면 안 된다. 거기서 더 나아가기 전에 스스로에게 이렇게 질문해보라.

"나는 내 존재 가치를 위해 누구를, 무엇을 신뢰하고 의지하는가?"

하나님은 또 사람이 돌볼 동산을 지으셨다. 그리고 명하셨다.

*"동산 각종 나무의 열매는 네가 임의로 먹되 선악을 알게 하는 나무의 열매는 먹지 말라 네가 먹는 날에는 반드시 죽으*

리라"(창 2:16-17).

하나님은 인간이 오직 하나님으로부터 그 정체성을 찾길 원하셨다. 그래서 자신의 일이나 다른 창조물이 아닌 그분으로부터 삶의 목적과 진리를 찾을 수 있도록 인간을 부르셨다. 그분을 신뢰하고 순종하도록 인간을 부르셨다. 따라서 선악과를 따 먹는 행위는 하나님이 아닌 다른 것에서 자신의 정체성과 목적과 진리를 찾으려는 행위였다.

"내가 너에 대해 하는 말을 믿어라. 내가 너를 창조하기 위해 한 일을 신뢰하여라. 그리고 내가 명한 대로 행하여라."

이 시점까지 남자는 혼자였다. 아직 남자에게는 돕는 배필이 없었다. 친구도, 동역자도, 짝도 없고 오직 하나님이 만드신 동물들만 있었다. 그때 하나님은 남자가 혼자 있는 것이 좋지 않다고 말씀하셨다.

그래서 하나님은 남자에게 꼭 맞는 배필을 만드셨다. 하나님은 남자를 깊이 잠들게 하신 후, 그의 몸에서 갈비뼈 하나를 빼내셨다. 인류 최초의 수술이 남자에게서 나온 여자의 창조로 이어졌다. 남자는 깊은 잠에서 깨어 자신 앞에 있는 여자의 아름다움을 보고 "이는 내 뼈 중의 뼈요 살 중의 살이라 이것을 남자에게서 취하였은즉 여자라 부르리라"고 감탄했다(창 2:23).

여자는 남자로부터 나왔다. 두 사람은 하나님의 연합과 교제를 드러내는 한 폭의 그림과도 같았다. 하나님은 그들에게 "생육하고 번성하여 땅에 충만하라, 땅을 정복하라"고 명하셨다(창 1:28). 그들은 하나님께 순복하고, 하나님을 대신해 온 세상을 다스리고, 하나님의 형상을 갖고 살아가는 후손들로 세상을 채우라고 부름을 받았다.

하나님을 드러내기 위해 모든 만물을 사랑하고 통치하라고 주어진 권한, 선하고 아름다운 동산, 조화롭고 순수한 사랑을 나누며 벌거벗었지만 부끄러움을 모른 채 매일 서로의 존재를 즐기며 일하고 다스리는 한 쌍의 남녀, 함께 하시는 하나님과 교제하며 살아가는 그들. 모든 것이 완벽했다!

그러나 그것도 잠시였다.

## 타락

그들은 믿지 않았다. 그들은 하나님의 말씀과 그분이 하신 일을 믿지 않았다. 문제는 '불신'이었다. 그에 따른 행동은 죄였고 그 결과는 죽음이었다. 사탄은 여자에게 뱀의 모습으로 다가가 하나님의 말씀은 거짓이고 그분이 하신 일은 결코 선하지 않다고 속였다.

"하나님은 네가 최상의 피조물이 아니라는 사실을 알고 있어. 그분은 네가 네 손으로 모든 것을 조정하면 더 나아질 것이라는 사실도 알고 있지. 그분이 먹지 말라고 한 열매를 먹으면 너도 하나님처럼 될 수 있어"(창 3장 참조).

여자는 사탄의 거짓말을 믿고 그 열매를 따먹었다. 그리고 남자에게도 그 열매를 주었다.

하나님은 분명 그들에게 보기에 심히 좋았다고, 그분의 형상대로 지음을 받은 존재라고 말씀하셨다. 그러나 그들은 하나님을 믿지 않았다. 대신 거짓의 대가인 사탄을 믿었다. 하나님은 분명 그들에게 선악과를 따먹으면 정녕 죽으리라고 말씀하셨다. 그러나 그들은 하나님을 믿지 않았다. 대신 먹어도 결코 죽지 않을 것이라고 속삭인 사탄의 거짓말을 믿었다. 그들의 반역으로 인해 죄와 파멸이 세상으로 들어왔다.

우리 미셔널 커뮤니티 지체들과 로마서 6장 23절을 나눌 때, 어느 새신자가 이런 질문을 했다.

"하나님이 아담과 하와에게 선악과를 먹으면 정녕 죽으리라고 말씀하셨는데, 왜 그들은 죽지 않았나요? 죄의 삯은 사망이잖아요."

나는 대답했다.

"사실 그들은 죽었어요."

"아니, 그들이 왜 바로 죽지 않았냐고요?"

아담과 하와의 반역의 심각성을 인지한 그녀는 왜 하나님이 그들을 바로 죽이지 않으셨는지에 대해 의문을 가졌다. 나는 그녀에게 대답했다.

"하나님이 언급하신 죽음은 단순한 육체적인 죽음만이 아니었어요. 영적, 관계적, 육체적 죽음을 통틀어 말씀하셨던 거예요. 하나님이 그 자리에서 그들을 죽이셨다면 인류 역사도 끝이 났겠죠. 하나님은 인류를 멸망시키고 싶지 않으셨어요. 하나님은 그들을 사랑하셨고 구원하고 싶으셨어요. 하나님은 그들을 그들의 죄의 대가에서 구하고 싶으셨어요."

계속해서 나는 영적, 관계적, 육체적 죽음에 대해 설명했다.

아담과 하와는 하나님이 아닌 다른 것에서 그들의 정체성, 목적, 그리고 진리를 찾으려 함으로써 하나님께 반역했다. 생명을 주시고 삶을 주관하시는 그분을 등지고 삶의 파괴자를 향해 돌아섰다(예수님은 "도둑[사탄]이 오는 것은 도둑질하고 죽이고 멸망시키려는 것뿐이요 내가 온 것은 양으로 생명을 얻게 하고 더 풍성히 얻게 하려는 것이라"(요 10:10)고 말씀하셨다). 이 행위는 하나님과의 관계를 단절시키는 영적 죽음을 초래했다. 그들은 하나님께 순복하고 그분을 믿는 것 대신 사탄을 믿고 그에게 순복하는 것을 택했다.

바로 그 순간 아담과 하와는 하나님께서 그들에게 부여하신 세상을 다스리는 권세를 사탄에게 넘겨주고 말았다. 하나님을 대신해서 세상을 다스려야 했던 인간이 그 권한을 사탄에게 넘김으로써 사탄이 '세상의 신'이 되어버린 것이다(고후 4:4 ; 요 12:31 참조).

우리는 영적 죽음의 결과를 그들이 즉각적으로 느낀 수치심과 무화과나무 잎으로 자신을 가리려 했던 모습을 통해 볼 수 있다. 그들은 하나님이 그들을 향해 오시는 소리를 듣고 바로 몸을 숨겼다. 만약 그들이 하나님의 말씀과 행하신 일을 믿었더라면 죄책감과 수치심을 느끼지 않았을 것이다. 하나님으로부터 자신들을 숨기지도 않았을 것이다. 그들은 두려워할 이유가 전혀 없었을 것이다.

두 번째 죽음은 관계적 죽음이었다. 우리와 하나님과의 관계는 우리의 다른 모든 관계에 영향을 미친다. 반역 이전에 아담과 하와는 벗고 있었지만 수치를 모르는 완벽한 연합체로 살았다. 그러나 죄를 지은 후, 그들은 서로를 공격하며 탓하기 시작했다. 다른 누군가가 자신이 저지른 죄의 대가를 치르기를 원했다. 이것이 바로 죄의 값을 치르는 '속죄'라는 것이다. 그러나 그들은 둘 다 죄를 범했으므로 서로의 죗값을 치르기에 합당치 않았다. 속죄는 오직 죄 없는 자만이 할 수 있는 일이었다.

둘 다 유죄였다. 둘 다 자신의 죗값을 스스로 치러야 했다. 우리는 죄를 지으면 수치심을 느끼고 남을 탓하려고 한다. 누군가는 값을 치러야 한다. 우리는 모두 이것을 직감적으로 알고 느낀다. 인간은 하나님의 형상대로 지음을 받았기 때문에 이것을 느낀다. 우리는 하나님의 완벽한 사랑의 정의를 반영한다. 우리는 잘못된 것을 바로잡기 원하는 존재들이다.

어떤 이들은 자신이 죄를 지어놓고 다른 사람을 탓한다. 또한 벌어진 일에 대한 대가를 타인이 치러야 한다고 생각하며 분노와 원망을 드러낸다. 어떤 이들은 자기 자신을 원망, 자책, 자학하며 종교나 선한 행실을 통해 죄의 값을 스스로 치르려고 한다. 아담과 하와는 두 가지를 다 했다.

우리 죄에 대한 책임은 우리에게 있다. 우리는 유죄이기 때문에 우리의 죗값을 치러줄 다른 누군가가 필요하다. 아담과 하와에게도 이런 사람이 필요했다. 이와 관련해서 세 번째 죽음인 육체적 죽음에 대해 이야기해보자.

하나님은 남자와 여자를 위해 가죽옷을 지어 입히셨다(창 3:21). 그들의 수치를 가리기 위해 무죄한 짐승이 죽은 것이다. 이것이 우리가 하나님의 이야기에서 처음으로 접하는 죄를 위한 '속제물'이다. 결국에는 '무죄한 인간'이 우리의 죄를 속죄하기 위해, 우리의 죄책감을 벗기고 수치를 가리기 위해 자진해서 십자가에 달려 죽어야만 했다. 그분이 예수 그리스도이다.

그 십자가의 죽음 이전까지 죄를 위한 속죄제사는 계속 드려졌다. 하지만 그 제사는 진정으로 죄를 사하기에, 사람을 새롭게 변화시키기에 부족했다. 사람들은 계속 죄를 지으며 살아갔고, 죄는 계속해서 모든 것을 파괴했다. 사람들은 태어나고, 상처받고, 죽어가는 양식을 반복했고, 이 양식은 세대에서 세대로 이어져 내려갔다.

우리는 아담과 하와를 괴롭게 한 관계적 불화가 그들의 자녀들에게도 물려지는 것을 볼 수 있다(창 4장 참조). 가인은 하나님께서 동생 아벨의 제사를 받으시는 것을 보고 질투심에 동생을 죽였다. 그의 부모가 그랬던 것처럼 가인도 하나님의 말씀에 주의하고 싶지 않았다. 가인은 자신의 행실에 소망을 두었다. 하지만 그의 행실은 실패했고 다른 누군가가 그 죄에 대한 값을 치렀다.

죄는 죽음을 낳는다. 원수들은 서로를 죽인다. 질투하는 형제들도 마찬가지다. 결국 모든 인생은 죽는다. 육체적 죽음은 인류에게만 영향을 미치는 것이 아니다. 온 창조세계가 인류의 죄로 인해 영향을 받아 아수라장이 되었다. 우리는 지구 곳곳에 죽음과 파멸을 불러오는 죄의 실존적인 결과를 볼 수 있다. 우리는 우리의 이기심과 욕심으로 지구를 죽이고 있다.

죄의 삯은 분명히 사망이고 영적, 관계적, 육체적 사망이다. 하나님에 대한 반항은 상함과 고통과 죽음을 초래한다. 그것은 곧 생명의 주관자에 대한 반항이기 때문이다. 이 반항은 하나님의 말씀의 진실성과 그분의 행하심의 완전성을 믿지 않는 사람들 때문에 시작되었고 오늘도 계속 이어지고 있다.

## 구원

감사하게도 하나님의 이야기는 파멸과 죽음으로 끝나지 않았다. 하나님은 죄를 범한 남자와 여자에게 죄의 저주와 결과가 그들의 삶과 관계에 미칠 영향을 말씀하시면서 사탄과 그가 시작한 반항을 끝내실 것이라고 약속하셨다. 결국 사탄은 여자의 후손을 통해 상하게 될 것이라고 약속하셨다(창 3:15).

최후의 승리는 하나님께 있다. 하나님이 우리를 죄에서 구원하셨다. 하나님이 우리를 사탄의 손아귀에서 구원하셨다. 하나님은 죽음의 권세를 이기셨다. 하나님의 말씀은 진리이고 그분이 행하신 일은 완전하다.

이야기가 계속 진행될수록 인류의 상황은 점점 악화되었다. 그러나 하나님은 그들을 그대로 내버려두지 않으셨다. 하나님은 죄로 인해 인류가 스스로 파멸에 이르지 않도록 죄의 진전을

막으셨다. 대홍수가 이것을 잘 보여 준다(창 6-8장 참조). 인류가 죄 가운데 살자, 결국 그들의 마음과 생각의 모든 계획이 악한 상황에 이르렀다. 정말 최악의 상황에 다다른 것이다! 그때 하나님은 사람을 지으신 것을 한탄하셨다. 그럼에도 불구하고 하나님은 그들을 구원하셨다. 대홍수를 통해 세상의 악을 씻으셨고, 한 사람을 통해 인류에게 새로운 시작을 허락하셨다.

노아가 바로 그 한 사람이었다. 노아는 하나님께 은혜를 입은 사람이었다. 홍수가 그치고 노아와 그 가족이 방주에서 나왔을 때, 하나님은 그들에게 명하셨다.

"생육하고 번성하여 땅에 충만하라"(창 9:1).

또한 하나님은 그들에게 생명의 원천이 피에 있고 사람은 하나님의 형상대로 지음 받았기에 생명을 앗아가면 반드시 피로 그 값을 치러야 할 것이라고 말씀하셨다(창 9:4-6). 이로써 하나님은 죄 사함을 위해서는 반드시 피값이 치러져야 한다는 개념을 심어 주셨다. 모든 죄는 생명의 주관자이신 하나님에 대한 반항이기 때문에 피로 그 죗값을 치러야 한다(레 17:11 ; 히 9:22).

노아의 가족은 하나님의 말씀대로 생육하고 번성했다. 그러나 죄는 여전히 존재했고 사람들은 끊임없이 하나님께 반항했다. 결국 하나님은 아브람이라는 한 사람을 부르셔서 그를 통해 하나님의 목적을 이룰 민족을 세우기로 작정하셨다(창 12-18,21장 참조). 하나님은 아브람을 통해 큰 민족을 이루겠다고, 그를 축복하고, 그의 이름을 창대하게 하겠다고 약속하셨다. 이는 세상 모든 민족이 복을 받게 하기 위함이었다.

그런데 이 약속을 받은 아브람과 아내 사래는 자식이 없었다. 아니, 자식을 낳기엔 나이가 너무 많았다. 그럼에도 불구하고 아브람은 그 약속을 믿고 하나님의 일하심을 신뢰했다. 하나님은 그런 그의 믿음을 보시고 그를 의롭게 여기셨다. 후에 하나님은 아브람의 이름을 아브라함으로 바꾸어 주셨다. 그 이름은 '열방의 아버지'라는 뜻으로 하나님께서 아브라함을 통해 하실 일을 상징하고 있다.

아브라함과 그의 아내는 이삭이라는 아들을 낳았다. 그리고 이삭은 야곱을, 야곱은 훗날 이스라엘 열두 지파의 조상이 되는 열두 아들을 낳았다. 그 열두 지파 중 하나가 유대 지파이고, 그 지파를 통해 예수 그리스도가 이 땅에 오셨다.

하나님은 애굽을 통해 이스라엘이 될 야곱의 가족을 기근에서 구하셨다(창 37-50장 참조). 이스라엘 백성은 애굽에서 바로의 노예로 살면서 그 수가 불어났다. 하나님은 모세를 바로에게 보내어 당신의 백성을 보내라고 요구하게 하셨다. 그러나 바로는 하나님이 내리시는 여러 재앙에도 불구하고 순종하지 않았다. 하나님은 마지막 재앙으로 애굽의 모든 장자의 생명을 거두셨다. 그제야 바로는 하나님의 백성들을 보내주었다(출 1-14장 참조).

마침내 이스라엘 백성은 노예살이에서 해방되어 하나님이 약속하신 땅으로 향했다. 약속의 땅은 에덴동산을 연상시킬 만큼 아름다운 곳이었다. 하나님의 백성이 그분의 공급하심 안에서 안식을 얻고, 하나님과 함께 하는 풍요의 땅이었다.

하나님은 지속적으로 그분의 백성들을 부르셔서 그분만을 신뢰하고, 그분이 하신 일을 기억하고, 믿음으로 순종하라고 말씀하셨다. 그 구원이 하나님 이야기의 주제이다. 그러나 이스라엘 백성들은 하나님을 기억하지 않았고 믿고 순종하지도 않았다. 그럼에도 불구하고 하나님은 그들을 노예생활에서 구하셨다. 여기서 노예생활이란 육적 노예생활뿐만 아니라 영적 노예생활도 포함된다. 이스라엘 백성은 죄의 노예로 전락한 영적 노예생활의 실태를 우리에게 잘 보여 주고 있다.

하나님은 이스라엘을 선택하여 부르고 창조하셨다. 그리고 그들이 열방의 복이 될 수 있도록 축복하셨다. 하나님은 그들을 거룩한 백성으로 구별하셨다. 그들은 하나님을 신뢰하고 그분께 순종하기 위해 부름을 받았다. 하나님의 하나님 되심을 열방에 드러내기 위해 부름을 받았다.

아들이 아버지의 모습을 드러내듯 이스라엘은 하나님의 아들로서 하나님의 모습을 드러내야 했다. 그러나 이스라엘은 실패했다. 그렇다면 하나님의 계획이 실패했는가? 그렇지 않다. 하나님은 그분의 말씀을 이루셨다. 불순종하는 백성의 후손을 통해 열방이 복을 받게 하셨다. 또 다른 아들, 진정한 하나님의 아들이 이 일을 해내었다.

그가 바로 예수님이다. 예수님은 완전한 둘째 아담으로, 완전한 아브라함으로, 완전한 이스라엘로 이 땅에 오셨다. 우리를 죄와 사탄의 노예생활에서 구하시기 위해 이 땅에 오셨다. 예수님이 하나님의 최종 구원 계획이었다. 예수님만이 창세전부터 있었던 진정한 구원 계획이었다.

예수님은 성령으로 잉태되어 동정녀에게서 나셨고, 죄가 없으셨다. 하나님 아버지를 온전히 신뢰하셨고 그분께 순복하셨다. 사탄의 유혹을 물리치셨다. 왕 중의 왕이신 그분이 우리를 섬기셨다. 우리를 대신해 자신의 삶을 내려놓으셨다. 우리의 속죄물로 죽으셨다. 우리 죄를 위해 십자가에서 피 흘리심으로 우리 죄를 제거하셨다. 우리의 수치를 가려 주셨다. 장사 된지 사흘 만에 다시 살아나셔서 새로운 창조의 첫 열매로 사탄과 죄와 죽음을 이기셨다.

이제 참된 이야기의 마지막을 이야기할 차례이다.

## 새 창조

예수님은 영화로운 몸으로 부활하셨다. 그분은 십자가에서 우리의 죗값을 자신의 피로 치르시고 죄의 능력을 파괴하셨다. 죽음의 권세를 이기셨다. 사탄이나 죄, 죽음이 넘보지 못할 영화로운 몸으로 부활하셨다. 부활하신 그분께 하늘과 땅의 모든 권세가 주어졌다. 예수님은 새롭고 완전한 창조세계의 새롭고 완전한 아담이시다.

하나님은 그분의 교회를 세우셨다. 교회는 예수의 신부이다. 우리는 하나님의 새로운 피조물이다(고후 5:17). 예수님의 삶과 죽음, 부활을 믿는 모든 사람의 삶의 원천과 권한은 이제 아담이 아닌 완전한 아담이신 예수님께로 옮겨졌다. 아담은 죄를 범했고, 그로 인해 모든 인류는 원죄를 가지고 태어났다. 예수님만 제외하고 말이다.

성령으로 잉태되신 예수님은 죄가 없으신 하나님의 의 그 자체였다. 그러므로 성령으로 거듭날 때 우리 역시 완전한 아담이신 예수님의 팔 안에 들어가는 것이다. 그분이 우리의 새 생명의 원천이시며 우리의 권위, 곧 머리이신 것이다. 예수님이 새 창조의 시작이 되시는 것이다. 교회는 예수의 신부이고(요 3:29 ; 엡 5:22-33 ; 계 19:7, 21:2,9) 하나님의 가족이다(막 3:33-35 ; 요

1:12-13 ; 롬 8:14-17 ; 엡 1:3-6).

우리는 사탄이 다스리는 어둠의 나라에서 예수님이 다스리시는 빛의 나라로 옮겨졌다(골 1:13-14). 우리는 죄 가운데 영적으로 죽은 상태에서 그리스도 안에서 살아 있는 상태가 되었다. 그리스도를 통해 새로운 삶을 살아갈 수 있게 되었다(엡 2:1-10). 우리는 죄인에서 성도로, 하나님의 대적에서 하나님이 극진히 사랑하시는 자녀로, 죄를 이길 수 없는 무능한 존재에서 성령의 능력으로 죄를 이길 수 있는 존재로 변화되었다.

예수님은 하늘과 땅의 모든 권세를 받으셨다. 그래서 이제 그분께 속한 자들은 그분이 명하신 지상명령을 수행하기 위해 그 권세에 동참하게 된다. 예수님은 우리에게 그 권세로 모든 민족으로 제자를 삼으라고, 그들을 그리스도 안에 있는 새로운 정체성 안에(세례를 받을 때 이 정체성이 선포된다. 예수님은 제자들에게 삼위일체 하나님의 '이름으로' 세례를 주라고 말씀하셨다. 마 28:19 참조) 세우라고, 그리고 자신이 가르치신 것들을 순종하도록 가르치라고 명하신다. 하나님께서 아담과 하와에게 생육하고 번성하고 땅에 충만하여 땅을 정복하라고 명하신 것처럼, 우리는 예수에 의해, 예수와 함께 제자 만드는 사명을 받았다(마 28:20 참조). 지상명령은 우리의 머리이신 예수 아래에 있는 모든 창조물에게 주어진 새 창조의 명령인 것이다.

모든 것이 변화되었다. 우리의 정체성과 목적, 그리고 하나님의 진리에 대한 우리의 이해도 완전히 변화되었다. 또 우리는 미래에 대한 소망이 있다. 새로운 창조는 개인적인 것을 넘어 우주적인 것이다. 하나님은 우리가 영원히 거할 새 하늘과 새 땅을 주실 것이다. 하나님의 진정한 형상이신 예수님이 그분의 영광으로 그곳을 비추실 것이다. 우리도 우리의 부활한 새 몸을 입고 구원받은 자들로서, 그리스도의 영광을 통해 새롭게 창조된 부활한 자들로서 하나님께 영광을 돌리게 될 것이다.

우리는 고통이나 괴로움, 죄나 슬픔, 상함이나 절망, 질병이나 죽음이 없는 곳에서 영원히 거할 것이다. 모든 하나님의 대적은 붙잡혀 파멸될 것이고 잘못된 모든 것이 바로 잡힐 것이다 (계 21-22장 참조).

예수님을 알고 사랑하는 우리는 그 날을 고대한다. 그 미래가 지금 우리가 살아가는 오늘에 영향을 미친다. 우리는 장차 다가올 미래의 소망을 통해 매일 접하는 우리 주변의 무너짐에 반응한다. 우리는 그리스도 안에서 이미 새로운 피조물이기에 미래의 소망을 현재의 삶으로 불러들이는 것이다. 우리는 예수의 사람으로서 다가올 더 좋은 날을 미리 보여 주는 하나님의 예고편인 것이다.

당연히 우리는 영화 전체를 보여 줄 수 없다. 그것은 오직 예수 그리스도만이 보여 주실 수 있다. 그분이 마지막에 그렇게 하실 것이다. 그렇지만 동시에 예수님은 우리 안에 거하시고 우리를 통해 하나님의 하나님 되심을 세상에 드러내신다. 예수님이 우리 삶을 통해 "주님의 선하심을 맛보라!"고 말씀하시는 것이다. 새로운 창조는 이미 예수님으로 인해 우리 안에서 시작되었고 언젠가 온전히 이루어질 것이다.

그날이 올 때까지 우리는 하나님의 구원받은 백성으로서 매일 예수님을 더욱더 닮아가야 한다. 많은 사람들이 우리의 입술과 삶의 간증을 통해 예수님께 돌아오도록 살아가야 한다.

이것이 우리의 이야기이다. 이것이 바로 그 이야기이다. 이것이 바로 다른 모든 이야기를 구원하고 새롭게 바꿀 수 있는 진정한, 더 나은 이야기이다.

문화를 바꾸고 싶은가? 사람들에게 새로운 이야기를 전하라. 언어는 그 후에 따르게 되어 있다.

5장

# 복음은 교리가 아닌 구원하는 능력이다

사람들이 구원 받았다고 말할 때, 그 진짜 의미는 무엇일까?

누군가가 "나는 열 살 때 구원 받았다"고 말했다고 치자. 도대체 무엇으로부터 구원을 받았다는 말인가? 나는 솔직히 말해서 교회에서 자란 많은 사람들이 이런 말을 할 때 그 의미를 모르고 말하는 것 같아 염려가 된다. 많은 이들이 구원에 대해 상당히 단순한 견해를 가지고 있다.

"나는 영접기도를 따라 했으니까 죽더라도 지옥에 가지 않을 거야."

나 역시 수년간 이런 생각을 가지고 살았다. 당시 나는 하나님의 구원이 내가 따라한 기도문에 있지 않다는 것을 알지 못했다. 구원이 내세에만 영향을 미치는 것이 아니라(물론 내세에도 영향을 미친다) 강력하고 총체적인 것임을 알지 못했다.

우리는 스스로를 구원할 능력이 없다. 우리는 죄 가운데 죽었고, 하나님의 대적이었으며 본래 진노의 자식이었다. 우리는 무력하고 소망 없는 죄와 사탄의 종이었다. 우리는 사탄과 죽음의 권세로부터 구원 받아야 했다. 죄에 대한 하나님의 진노로부터 구원 받아야 했다. 분명히 말하지만 우리는 스스로를 구원할 수 없다. 구원에 한해서 우리가 할 수 있는 일은 단 하나도 없다. 하나님이 모든 것을 하신다.

우리가 말하는 복음은 그냥 적어서 낭독하는 교리가 아니다. 우리가 말하는 복음은 창조하고 구원하는 역동적인 하나님의 능력이다. 이 능력은 세상을 창조한 능력이다. 흙에 생기를 불어넣어 사람을 창조하신 바로 그 능력이다. 이 능력이 홍해를 가르고 이스라엘 민족이 마른 땅을 건널 수 있게 했다. 우리가 복음 안에서 선포하는 능력은 시내산 위에 불로 임했던 능력과 동일한 능력이다. 이스라엘이 대적들을 정복한 능력과 동일한 능력이다. 다윗이 골리앗을 물맷돌로 한방에 이기게 한 능력과 동일한 능력이다. 복음의 능력은 예수님이 시험을 이기시고, 권능으로 말씀을 전하시고, 귀신을 쫓아내시고, 병든 자를 고치시고, 죽은 자를 살리시고, 죽음에서 부활하신 바로 그 능력이다.

복음은 우리가 믿는 교리이기도 하지만 단순히 신조만이 아니다. 역사적이기도 하지만 단순히 역사만도 아니다. 과거에 일어난 일이기도 하지만 단순히 과거만도 아니다. 복음은 우리를 위해 생명을 주신 하나님의 아들을 통해 우리에게 주어지는 하나님의 능력으로 성령을 통해 믿는 자들 안에서 일한다. 그 능력은 과거에도 행사되었고, 지금도 역사하고 있으며 세상 끝 날까지 우리를 지켜줄 것이다. 복음은 우리 삶 전체를 구원할 하나님의 능력이다.

첫 저서인 「포화상태」에서 나는 우리를 과거에도, 현재에도, 미래에도 구원하고 구원하실 하나님의 능력에 대해 이야기했다. 우리는 죄의 형벌에서 구원 받았고, 지금도 죄의 능력에서 구원 받고 있으며, 장차 죄 자체에서 구원 받을 것이다. 나는 이 장에서 하나님의 구원의 능력에 대해 구체적으로 이야기하려고 한다.

이 장을 '어휘 레슨'이라고 생각해도 좋겠다. 어느 언어나 유창해지려면 먼저 어휘를 잘 알아야 한다. 그런 의미에서 지금부터 예수님과 그분이 행하신 일을 통해 드러나는 복음의 측면들을 깊이 있게 탐구해보자.

복음을 믿는다는 것은 과거의 삶과 사후의 삶을 위한 일회적인 결정이나 확신이 아니다. 복음을 믿는다는 것은 '지속적으로' 예수님이 필요하다는 '지속적인' 고백이다. 복음 안에 굳게 선다는 말은 우리가 우리의 과거와 현재와 미래에 대한 믿음을 예수 그리스도 안에 둔다는 말이다.

바울이 고린도의 성도들을 위해 첫 편지를 기록할 때, 고린도 교회의 상황은 절망적이었다. 그들의 삶은 하나님과 복음에 대한 그들의 불신을 그대로 보여 주는 전시장이었다. 처음에는 그들도 복음을 믿었다. 그런데 점차 그들의 삶은 복음의 진리 위에 굳게 서지 못했다. 그래서 바울은 고린도전서 15장 1-6절에서 복음의 기초를 다시 설명하고 있다.

"형제들아 내가 너희에게 전한 복음을 너희에게 알게 하노니 이는 너희가 받은 것이요 또 그 가운데 선 것이라 너희가 만일 내가 전한 그 말을 굳게 지키고 헛되이 믿지 아니하였으면 그로 말미암아 구원을 받으리라 내가 받은 것을 먼저 너희에게 전하였노니 이는 성경대로 그리스도께서 우리 죄를 위하여 죽으시고 장사 지낸 바 되셨다가 성경대로 사흘 만에 다시 살아나사 게바에게 보이시고 후에 열두 제자에게와 그 후에 오백여 형제에게 일시에 보이셨나니 그 중에 지금까지 대다수는 살아 있고 어떤 사람은 잠들었으며…."

복음은 모든 믿는 자에게 구원을 주시는 하나님의 능력이다 (롬 1:16). 그렇다면 우리가 믿는 것은 무엇인가? 우리는 우리의 믿음을 어디에 두고 있는가?

## 예수의 삶

예수의 '삶'을 살펴보자.

'잠깐, 바울은 예수의 죽음에 대한 이야기로 시작하던데? 복음은 예수의 죽음에 대한 이야기 아닌가?'라고 생각할 수도 있겠다. 하지만 죽음 전에 반드시 삶이 있다. 바울이 "그리스도가 죽으셨다"고 한 말에는 이러한 추정이 내재되어 있었다.

많은 사람들이 그리스도의 십자가는 이야기하면서 그리스도의 삶은 이야기하지 않는다. 그러나 예수의 삶이 없다면 우리는 예수의 죽으심에 우리의 믿음을 둘 수 없다. 복음에 나타난 하나님의 의(롬 1:17)는 예수의 완벽한 순종을 요구하고 있다. 예수의 삶은 성육신하신 하나님의 의와 인류를 대신한 의의 기준의 완벽한 성취를 묘사한다. 하나님의 의가 어떤지 알고 싶다면 예수의 삶을 보면 되고, 하나님에게 의롭다는 칭함을 받고 싶다면 예수가 어떻게 죽었는지 뿐만 아니라 나를 대신해서 어떻게 살아났는지에 대한 믿음이 있어야 한다.

우리는 모두 죄로 인해 하나님께 합당한 의로운 삶을 살 능력을 상실했다. 우리의 최선의 노력도 비참할 만큼 역부족이었다. 우리의 이야기를 기억하라.

아담과 하와는 건방진 오만함과 이기적인 야망으로 하나님께 불순종했다. 그들은 하나님의 형상으로 지음을 받았지만 죄를 지음으로 인해 하나님의 영광에 미치지 못했다. 그들은 하나님을 신뢰하지 않았고, 그분께 순종하지 않았다. 그래서 결과적으로 그들의 생각과 동기와 행동을 통해 하나님이 어떤 분이신지에 대한 진리를 보여 주는데 실패했다. 성경은 이것을 '죄'라고 한다. 아담 이후의 모든 인류는 죄 가운데 태어나게 되었고, 삶을 통해 그들이 죄인임을 입증하며 살아가게 되었다.

> "모든 사람이 죄를 범하였으매 하나님의 영광에 이르지 못하더니"(롬 3:23).

하나님을 신뢰하고 그분께 순종하는 사람은 하나도 없었다. 그 결과, 우리는 모두 우리의 생각과 동기와 행실을 통해 하나님이 어떤 분이신지를 드러내며 사는 데 실패했다. 우리는 새로운 인류를 낳을 새로운 인간이 필요했다. 완벽한 사람, 하나님의 진정한 형상, 하나님께 온전히 순복하고 순종하는 사람, 삶으로 하나님이 어떤 분이신지 온전히 드러내는 완벽한 사람 말이다. 예수님이 바로 그분이었다.

> "그는 보이지 아니하는 하나님의 형상이시요 모든 피조물보다 먼저 나신 이시니…"(골 1:15).

예수님이 어느 날 지구에 나타나 우리 죄를 대신해 죽는 것으로 해결될 문제가 아니었다. 그분은 우리가 되지 못한 '하나님의 의'가 되시기 위해 우리가 살지 못한 완벽한 삶을 이 땅에서 살아내셔야 했다. 하나님이 우리에게 마땅히 요구하시는 그런 삶을 말이다. 하나님은 우리 죄의 계좌가 '0'에 머물러 있는 것을 원치 않으신다. 더 나아가 우리 의의 계좌가 차고 넘치기를 원하신다. 그것이 기준이다. 인간의 삶에 대한 하나님의 기대는 그분의 영광이다. 우리 삶을 통해, 우리가 느끼고 생각하고 행동하는 그 모든 것을 통해 하나님이 정말 어떤 분이신지를 드러내고 선포하는 삶을 살기를 기대하신다.

예수님은 성령으로 잉태되어 동정녀 마리아에게서 태어나셨다. 그분은 죄가 없으셨다. 하나님의 아들이 육신을 입고 죄인들과 함께 거하셨다. 그분은 30년 동안 무명하고 겸손한 삶을 사셨다. 몇몇 천사들과 냄새나는 목자들 빼고 그분을 알아보는 자도 거의 없었다. 바울은 예수님의 겸손을 빌립보서 2장 6-8절에서 이렇게 설명한다.

> "그는 근본 하나님의 본체시나 하나님과 동등됨을 취할 것으로 여기지 아니하시고 오히려 자기를 비워 종의 형체를 가지사 사람들과 같이 되셨고 사람의 모양으로 나타나사 자기를 낮추시고 죽기까지 복종하셨으니 곧 십자가에 죽으심이라."

교만했던 아담은 하나님과 동등됨을 원했다. 그러나 겸손하신 예수님은 자신을 비우심으로 그 동등됨을 취하지 않으셨다. 오히려 종이 되셨다. 하나님의 아들이신 예수님은 섬김을 받으려 함이 아니라 도리어 섬기기 위해 오셨고, 자기 목숨을 많은 사람의 대속물로 주기 위해 오셨다(마 20:28 ; 막 10:45). 예수님은 이 땅에서 유일하게 온전히 의로운 삶을 사셨다. 그분은 하나님의 의이다. 그분은 하나님 앞에서 우리의 의로움이 되시기 위해 자신을 버리셨다.

예수님은 공생애를 시작하시기 전에 모든 의로움을 이루

시려고 죄 사함을 위한 세례를 받으셨다(마 3:13-17 ; 막 1:9-11 ; 눅 3:21-22). 왜 예수님이 세례를 받으셨을까? 예수님은 죄가 없으신데 회개할 이유가 없지 않은가! 예수님은 죄를 지어서 세례를 받으신 것이 아니었다. 죄 사함을 위해 하나님께로 돌아와야 하는 죄인들과 자신을 동일시하기 위해 세례를 받으셨다. 예수님은 그분의 의로우심 안에서 우리의 죄를 공감하셨다. 예수님은 의인이 아닌 죄인을 위해 오셨기 때문이다(막 2:17). 세례를 통해 예수님은 "너희가 나와 공감할 수 있도록 내가 너희와 공감하마. 너희가 나의 의로움을 입을 수 있도록 내가 너희의 죄를 짊어지마"라고 말씀하신 것이다. 예수님이 세례를 받고 물에서 나오시자 성령이 임했고 하나님 아버지의 음성이 들렸다.

"너는 내 사랑하는 아들이라 내가 너를 기뻐하노라"(막 1:11).

이후 성령이 예수님을 광야로 인도해 사탄의 시험을 받게 했다. 아담과 하와와 달리 예수님은 승리하셨다. 그분은 사탄의 유혹에 넘어가지 않으셨다. 그분은 사탄의 계략을 이기신 우리의 의로움이고 승리이다. 시험을 이기신 후에 예수님은 사탄의 권능을 빼앗으신 진정한 하나님의 형상으로 이미 도래

한 하나님 나라에 대한 좋은 소식, 즉 복음을 선포하기 시작하셨다.

이 땅의 진정한 왕이신 예수님은 하나님의 나라를 선포하셨고, 그 나라는 예수 안에서 예수와 함께 나타났다. 이처럼 좋은 소식에는 왕국과 왕이 있다. 그분의 이름이 예수 그리스도인 이유도 여기에 있다. '그리스도'는 예수님의 성(姓)이 아니다. 그분의 직함이다. 그리스도는 하나님이 그분의 백성을 죄와 사탄으로부터 구속하시기 위해 기름 부어 세우신 왕을 뜻하는 헬라어의 음역이다. 예수님은 우리를 어둠에서 구하시고 그분의 왕국으로 이끄시는 분이다. 이 땅에서의 그분의 모든 사역은 하나님 나라를 선포하고 보여 주는 것이었다. 사탄의 노예로 전락하는 삶이 아닌 하나님의 통치를 받는 삶을 보여 주는 것이었다. 이 부분은 복음을 이야기할 때 아주 중요한 부분이다. 바로 하나님 나라에 대한 복종이다.

우리는 그리스도의 겸손한 삶 이상의 무언가가 필요하다. 우리는 사탄의 계략을 이기기 위해, 치유와 회복을 가져오기 위해, 그리고 하나님과 인간의 관계적 회복을 제공하기 위해 그리스도의 승리의 통치와 사역이 필요하다.

## 예수의 죽음

예수님은 배신 당하셨고 체포 당하셨으며 거짓 고발 당하셨고 마침내 십자가에서 처형 당하셨다. 하나님의 아들, 하나님의 의, 죄를 알지 못하신 이가 우리를 그분 안에서 하나님의 의가 되게 하시려고 죄가 되었다(고후 5:21).

죄가 없는 완벽한 대리자, 하나님께 만족스러운 완벽한 대리자가 우리를 대신해 죽어야만 했다. 성경은 "죄의 삯은 사망이요 하나님의 은사는 그리스도 예수 우리 주 안에 있는 영생이니라"고 말한다(롬 6:23). 우리의 죄, 우리의 반역, 우리가 하나님의 의에 미치지 못하는 모든 모습이 십자가에 달린 예수님께 지어졌다. 그분의 완벽한 삶이 죄로 가득한 우리의 삶과 맞바꾸어진 것이다.

예수님은 십자가에서 우리의 죄를 속죄하셨다. 우리가 갚지 못할 빚을 대신 갚아 주셨고, 우리가 당해야 할 죽음을 대신 당하셨다. 십자가에서 죄에 대한 하나님의 분노가 완전히 이루어졌다. 예수님은 우리 죄를 위한 화목제물이 되셨다(롬 3:25 ; 히 2:17 ; 요일 2:2, 4:10). 우리 죄를 향한 하나님의 분노가 예수 그리스도의 죽음으로 풀어진 것이다. 그리고 그분의 아들을 향한 하나님의 사랑이 죄인들을 위해 부어진 것이다(요 17:23,26).

예수님께서 채찍에 맞으심으로 우리는 나음을 입었다(사 53:5). 예수님은 우리의 죄를 용서하시기 위해, 우리의 모든 불의를 씻으시기 위해, 그리고 죄로 인한 모든 고통과 상함을 치유하시기 위해 십자가에 달려 돌아가셨다. 십자가로 인해 우리는 하나님과 화해할 수 있게 되었다. 본래 진노의 대상이었던 우리가 하나님의 사랑하는 자녀가 되었다(롬 5:8, 8:14-17 ; 엡 1:3-5, 2:1-6).

예수님은 정말 죽으셨다. 그냥 깊은 잠에 빠지거나 의식 불명 상태에 빠진 것이 아니었다. 그분은 정말 죽으셨고 돌무덤에 장사되셨다. 예수님은 우리의 죄를 위해 죽으셨다. 그분은 자신의 몸에 우리의 죄를 짊어지시고 그 죄를 위해 죽으셨다. 우리의 죄는 예수님과 함께 장사되었다. 죄가 다른 곳으로 그냥 옮겨진 것이 아니라 예수님의 죽으심으로 소멸된 것이다. 우리의 죄는 영원히 소멸되었다. 당신의 믿음이 예수님께 있다면 당신의 과거와 현재, 미래의 죄가 예수의 죽음을 통해 소멸되었다.

예수님은 단순히 우리의 죄를 없애려고 죽으신 것이 아니었다. 우리를 지배하는 죄의 능력을 파괴하기 위해 죽으셨다. 바울은 로마서 8장 1-3절에서 이렇게 말한다.

"그러므로 이제 그리스도 예수 안에 있는 자에게는 결코 정죄함이 없나니 이는 그리스도 예수 안에 있는 생명의 성령의 법이 죄와 사망의 법에서 너를 해방하였음이라 율법이 육신으로 말미암아 연약하여 할 수 없는 그것을 하나님은 하시나니 곧 죄로 말미암아 자기 아들을 죄 있는 육신의 모양으로 보내어 육신에 죄를 정하사…."

예수님은 죄를 규탄하심으로 죄의 능력을 파괴하셨다.

### 예수의 부활

그렇다면 예수님이 죄와 사망의 권세를 이기셨는지 우리가 어떻게 알 수 있는가?

예수님은 죽음에서 부활하셨다. 예수님은 죽음을 이기시고 사흘 만에 부활하셨다. 5백 명 이상이 부활하신 그분을 보았다. 그분은 영광스럽게 빛나는 몸으로 부활하셨다. 그분의 몸은 새로운 창조를 위한 몸이었다.

바울은 예수님이 그리스도 안에 있는 모든 자들이 장차 경험하게 될 부활의 첫 열매라고 말한다(고전 15:20-23). 언젠가 우리도 영광스럽고 죄 없는 부활의 몸으로 새 하늘과 새 땅에서 영원히 살게 될 것이다. 복음은 단순히 죄 사함과 지옥으로부터의 구원만을 가져오지 않는다. 예수 그리스도의 복음은 예수님을 죽음에서 부활시킨 동일한 성령의 능력을 통해 우리가 바로 지금 실제로 전혀 새로운 삶을 살도록 이끄는 능력이다. 이것보다 더 큰 능력이 어디 있겠는가!

예수님은 죽음에서 부활하신 후에 하나님 아버지 우편에 앉으셔서 우리를 위해 친히 중보하고 계신다. 그분은 우리를 위해 끊임없이 기도하고 계시고, 우리 안에 계신 그분의 영을 통해 우리에게 능력을 부어 주신다. 사탄과 죄, 우리의 과거가 우리에게 말하는 거짓보다 더 큰 진리로 우리에게 말씀하고 계신다. 우리는 하나님 앞에서 우리를 대변하고 계시는 예수님의 말씀과 그분이 우리를 대신하여 행하신 일을 신뢰한다. 우리는 다른 말과 다른 일을 신뢰한 아담과 하와 같지 않다. 우리는 하나님의 말씀과 우리의 의로움을 위해 그분이 행하신 일을 바라보며 그분께 우리의 믿음을 둔다.

예수님의 부활과 승천 후에 하나님은 그분의 성령을 우리에게 보내주셨다. 성령님을 통해 영적 죽음에 빠져 있는 우리를 깨우셨고, 우리 죄를 깨닫게 하셨다. 복음의 진리가 우리 마음에 선명히 새겨지게 하셨고, 우리에게 회개와 믿음을 주셨으며, 그로 인해 새 생명을 주셨다. 성령님을 통해 우리는 영적 죽음에서 거듭나게 되었다(요 3:5-8, 14-16 ; 엡 2:1). 우리는 그리스도 안에서 새로운 피조물이 된 것이다(고후 5:17). 우리는 이제 새 본성, 새 정체성, 새 목적을 갖게 되었다. 믿는 자들 안에 거하시는 성령님이 이 모든 것을 보여 주시는 흔적이다. 또한 성령님은 우리가 새롭고 변화된 삶을 살 수 있게 해주시는 능력이다. 성령님은 우리가 죄 사함을 받아 정결케 되었다는, 변화 받고 새롭게 되었다는, 택함을 입어 하나님의 양자가 되었다는 사실을 확증해 주시는 표증이다. 하나님은 우리를 원하시고 택하시고 변화시키시고 능력을 주시며 사랑하신다.

예수님을 죽음에서 부활하게 하신 동일한 성령님이 이제 믿는 우리 안에 계신다. 예수님의 삶과 죽음에 대한 믿음을 통해 우리는 모든 불의에서 깨끗해졌고 하나님이 거하시는 거룩한 처소가 되었다. 하나님은 거룩하지 않은 사람들 안에 거하지 않으신다. 그러나 우리는 예수님이 행하신 일을 통해, 그분을 믿는 믿음으로 말미암아 의롭고 거룩하다는 칭함을 받았다. 그리고 이제 하나님의 영이 하나님의 자녀인 우리 모두 안에 거하신다(롬 8:9-11).

말씀으로 세상을 창조하시고 홍수로 심판하시고 홍해를 가르시고 병든 자를 고치시고 죽은 자를 살리시고 귀신을 내쫓으신 그분의 존재와 능력이 이제 우리 안에 있다. 사탄과 죄와 죽음을 이기는 능력이 우리에게 있는 것이다. 바로 이것이 복음이고 복음이 하는 일이다.

복음은 왕이신 예수님의 삶과 죽음, 장사와 부활에 대한 좋은 소식이다. 복음은 우리 삶을 구원할 뿐만 아니라 예수님의 능력에 대한 좋은 소식을 세상에 전하기 위해 하나님의 통치를 우리 삶 가운데 임하게 한다. 복음은 내면에서부터 우리를 변화시키고 우리의 삶과 입술을 통해, 그리고 성령에 의해 세상으로 뻗어나간다. 바로 이것이 모든 믿는 자에게 구원을 주시는 하나님의 능력인 복음이다. 이 복음에 의해 우리는 구원을 받았다.

그렇다면 우리는 무엇으로부터 구원을 받았는가?

### 무엇으로부터 구원을 받았는가?

예수님이 완벽한 삶을 사신 이유는 우리 스스로 그러한 삶을 살아야 하는 분투로부터 자유를 주시기 위함이었다. 하나님이 우리를 의롭게 여기시는 이유는 우리가 행한 일 때문이 아니라 예수님이 행하신 일 때문이다. 이제 우리는 완벽주의자로 살기 위한 노력에서 안식을 취할 수 있게 되었다. 우리의 힘과 노력을 통해 완벽하게 살아야 한다는 올무를 내려놓을 수 있게 되었다. 우리를 위해 내어주신 예수님 안에서 안식할 수 있게 되었다.

예수님은 사탄의 유혹을 이기셨다. 예수님은 우리 삶 가운데 그분의 통치하시는 능력을 부어주심으로 우리도 사탄의 거짓에서 구원 받기를 원하셨다. 예수님은 포로 된 자들을 사탄과 죄의 종노릇에서 자유케 하시기 위해 이 땅에 오셨다. 예수님은 우리를 하나님의 진노에서 구하시려고, 그리고 죄의 형벌인 영적, 관계적, 육체적 죽음에서 우리를 구하시려고 우리를 대신해 죽으셨다. 그리스도 예수는 영적 죽음에서 우리를 구원하시고 그분 안에서 다시 살아나게 하신다. 그분은 우리의 죄를 속죄하시고 우리의 수치를 제거하신다. 그분은 우리와 하나님과의 관계를 회복하심으로 우리가 서로 연합할 수 있게 하신다. 그리고 궁극적으로 우리에게 영원히 죽지 않을 영광스런 부활의 몸을 주실 것이다.

예수님은 우리가 죄의 늪에 빠져 살지 않도록 우리를 올리셔서 그분과 함께 하늘나라에 앉히셨다. 우리는 가난하고 하찮은 존재였지만 그리스도의 영원한 축복에 동참하는 공동 상속자가 되었다. 우리는 그리스도 예수 안에서 모든 영적 축복을 받게 되었다.

그리고 예수님은 그분의 영을 보내셔서 우리에게 새로운 탄생과 삶을 주셨다. 그분은 죄와 아담의 정체성 안에 있던 이전의 삶에서 우리를 구하셔서 새로운 정체성과 목적, 그리고 새로운 능력을 지닌 새로운 삶을 우리에게 주셨다. 그리스도 안에 있는 자는 누구든지 새로운 피조물이다. 우리는 의롭다고 칭함을 받았을 뿐만 아니라 실제로 의로운 삶을 살 수 있게 되었다. 우리는 거룩하다고 일컬음을 받았을 뿐만 아니라 하나님의 거룩한 백성으로서 살 수 있게 되었다. 우리는 완전히 새로워졌다! 우리는 참으로 살아 있다! 우리는 자유하다! 우리는 더 이상 죄의 종이 아닌 의의 종이다.

이 모든 것이 하나님의 선물이다. 모든 것이 은혜로 말미암은 것이다.

> "너희는 그 은혜에 의하여 믿음으로 말미암아 구원을 받았으니 이것은 너희에게서 난 것이 아니요 하나님의 선물이라 행위에서 난 것이 아니니 이는 누구든지 자랑하지 못하게 함이라"(엡 2:8-9).

우리는 이 모든 것을 은혜에 의하여 믿음으로 말미암아 구원을 받았다. 그렇다면 "믿음으로 말미암아 구원을 받았다"라는 말의 의미는 무엇인가? 믿음이 구원과 무슨 상관이 있는가?

6장

# 믿음이 구원과 무슨 상관이 있는가

우리는 참된 이야기에서 하나님의 구원의 능력의 큰 그림을 볼 수 있다. 그 이야기는 하나님의 이야기이다. 우리는 그 이야기 안에서 좋은 소식을 만나게 된다. 그 이야기는 예수님을 가리킨다. 복음의 중심에는 예수님이 계신다. 그분의 삶과 죽음, 장사됨과 부활을 떠난 좋은 소식이란 없다.

이 모든 것이 하나님이 주관하시는 이야기이고, 하나님이 예수 그리스도와 그분이 하신 일을 통해 능력으로 이루신 것이라면, 우리의 역할은 무엇일까? 우리가 해야 할 일이 있다면 과연 어떤 것일까?

믿어라! 사람들이 예수님께 "우리가 어떻게 하여야 하나님의 일을 할 수 있을까요?"라고 물었을 때, 예수님은 이렇게 대답하셨다.

> "하나님께서 보내신 이를 믿는 것이 하나님의 일이니라"(요 6:29).

바울은 에베소의 성도들에게 이렇게 말한다.

> "너희는 그 은혜에 의하여 믿음으로 말미암아 구원을 받았으니 이것은 너희에게서 난 것이 아니요 하나님의 선물이라 행위에서 난 것이 아니니 이는 누구든지 자랑하지 못하게 함이라"(엡 2:8-9).

우리가 해야 할 일은 스스로 하나님과의 관계를 바로잡으려는 우리의 노력을 내려놓고 예수님이 우리를 위해 행하신 일을 믿는 것이다. 우리는 예수님이 행하신 일을 믿음으로 구원을 받는 것이지 우리의 행위를 믿음으로 구원을 받는 것이 아니다. 우리는 모두 누군가를, 아니면 무엇인가를 믿으며 살아간다. 그리고 우리가 믿는 그것이 우리의 모든 존재와 행동을 주관한다. 우리의 모든 행동은 우리의 믿음의 실체적인 표현인 것이다.

## 불신의 결과

하나님의 형상을 지닌 아담과 하와는 하나님을 사랑하고 섬기며 그분의 성품을 드러내는 전체적인 그림을 가지고 삶을 시작했다. 그러나 그들은 하나님의 말씀과 그분이 행하신 일을 신뢰하지 않았다. 대신 사탄의 거짓말을 믿고 그들 자신이 행한 일을 신뢰했다. 그들은 거짓을 신뢰함으로써 그릇된 믿음의 썩은 열매를 거두었다. 죄가 그들의 모든 존재와 행실을 지배하게 되었다. 결과적으로 그들은 죄책감, 수치심, 두려움에 사로잡히게 되었다.

우리의 믿음은 반드시 열매를 맺는다. 야고보는 "이와 같이 행함이 없는 믿음은 그 자체가 죽은 것이라"고 말한다(약 2:17). 진정한 믿음은 어떠한 행함을 낳는다. 행함은 당신이 어디에 믿음을 두고 있는지를 보여 주는 것이다. 당신이 하나님의 말씀과 그분이 행하신 일에 당신의 믿음을 둔다면, 그 믿음은 당신을 구원할 것이고 당신의 행함도 하나님의 선하신 일을 닮아가게 될 것이다. 그러나 당신의 믿음이 다른 사람이나 다른 것에 있다면 당신은 하나님을 믿는 것이 아니고, 당신의 행함도 하나님과는 상관없는, 거룩하지 않은 행함일 것이다.

어느 날, 아래층에서 들려오는 고함소리에 나는 헐레벌떡 뛰어 내려갔다. 부엌에서 '슈츠 앤 래더즈'(Chutes and Ladders, 활강로와 사다리가 그려져 있는 판 위에서 하는 아이들의 보드게임) 보드게임을 하고 있던 아이들이 서로에게 소리를 지르고 있었다. 나는 "도대체 무슨 일이야!"라고 고함을 질렀다.

갈렙(Caleb)이 "누나가 반칙했어요!"라고 소리치며 해일리(Haley)를 향해 손가락질했다. 그러자 해일리가 "갈렙이 보드게임 말의 머리를 뜯어버렸단 말이에요!"라고 받아쳤다. 당시 다섯 살이었던 막내 매기(Maggie)는 식탁 중간에 앉아 이 소란을 지켜보고 있었다. 아이들은 계속해서 서로에게 소리를 질렀다.

"무슨 일이 일어났는지 아빠가 좀 알아야겠다. 한 사람씩 이야기해보자. 갈렙, 게임 말의 머리를 정말 뜯었니?"

나는 아들의 손에 쥐어진 머리 없는 말을 바라보았다. 그러자 갈렙이 티셔츠 안으로 사라졌다. 거북이처럼 티셔츠를 무릎 위로 당기고 머리도 티셔츠 안으로 넣어버려 머리카락만 조금 보이게 숨어버린 것이다. 갈렙은 수치심 때문에 숨어버린 것이었다.

그 순간 두 가지 일이 일어나고 있었다. 갈렙은 자신의 잘못을 알았고, 그의 반응은 잘못을 은폐하는 것으로 나타났다. 갈렙은 자신의 믿음대로 행동하고 있었다. 그의 첫 번째 믿음의 행동은 게임에서 이기는 것이 그의 가치를 결정한다는 믿음이었다. 그런데 생각대로 잘되지 않자 애꿎은 게임 말의 머리를 뜯어버린 것이다. 갈렙의 두 번째 믿음의 행위는 숨는 것이었다. 그는 수치심 때문에 숨었고 자신의 잘못을 은폐하려고 했다. 이 두 가지 행위는 불신과 잘못된 믿음으로부터 비롯된 것이었기에 죄였다. 모든 죄는 하나님을 믿지 못한, 특별히 예수님과 그분이 행하신 일을 믿지 못한 결과이다.

갈렙이 게임 말의 머리를 찢고 숨어버린 행동은 그의 믿음의 결과물이었다. 무엇이 문제인가? 우리는 자녀나 친구의 삶에 변화를 주려고 할 때, 눈으로 보이는 행실에만 집중하지 그들이 무엇을 믿고 있는지에 대해서는 관심을 갖지 않는 것 같다. 그러니 죄의 결과를 가지고 그들이 죄를 짓지 않기를 바라는 셈이 되어버리는 것이다.

나는 자녀를 교육하는 과정에서 이런 모습을 관찰했고, 다른 그리스도인들의 삶에서도 이런 모습을 많이 보아왔다. 우리는 '죄 밑의 죄'를 건드리지 않고 죄의 결과만을 강조하며 행실을 고치려 한다. 예를 들어, 나는 죄의 결과인 수치심을 가지고 아들의 죄를 지적할 수 있었다. "갈렙, 어떻게 그럴 수 있니? 너

그것밖에 안되니?"라고 말할 수 있었다. 그리고 이렇게 덧붙일 수도 있었다. "너는 네 자신이 부끄럽지도 않니?"

다시 강조하지만 우리는 우리의 행위가 아닌 은혜로 인해 믿음으로 구원을 받았다. 그러므로 우리가 죄를 지었을 때 그 죄에서 우리를 구하고 변화시키는 비결은 우리의 행위 그 자체나 죄의 결과를 지적하는 것에 있지 않다. 우리는 우리의 근본적인 믿음을 다루어야 하고 우리가 믿는 것이 무엇인지와 우리가 무엇을 믿어야 하는지를 다루어야 한다.

죄의 결과는 결코 죄를 짓지 않는 동기가 될 수 없다. 사실 우리가 죄의 결과만을 가지고 거룩한 삶에 대한 동기를 부여하려 한다면, 결국 우리는 다른 형식의 죄를 짓고 말 것이다. 회개를 통해 하나님을 믿고 예수님이 행하신 일을 믿게 하지 않는다면 우리는 사람들이 그들의 구원을 다른 곳에서 찾도록 밀어붙이는 꼴이 된다. 하나님의 말씀과 행하신 일이 아닌 다른 사람이나 다른 것에서 구원을 찾게 부추기는 것이다.

예를 들어, 사람들이 거짓말하는 이유를 살펴보자. 어떤 이들은 체면을 중요시하기에 거짓말을 하는 한이 있더라도 자신의 체면을 지키려고 한다. 만일 그런 사람에게 "창피한 줄 알아야지! 네가 거짓말쟁이라는 사실을 다른 사람들이 안다면 널 어떻게 생각하겠니?"라고 말한다면 우리는 그 사람이 애초에 거짓말하게 된 동기를 더욱 부추기는 꼴이 되고 만다. 이제 그는 다른 사람들에게 용납받기 위해 '더 가식적인 모습을 보여주어야지' 하고 확신할 것이다. 이제 그는 자신의 본모습을 들키지 않기 위해 더 교묘한 거짓말쟁이가 되려고 노력할 것이다.

아담과 하와가 범죄한 후, 하나님께서 어떻게 그들에게 다가가셨는지를 한번 기억해보라. 하나님은 그들에게 "창피한 줄 알아라!"고 말씀하지 않으셨다. 그들은 이미 그들의 죄로 인해 수치심을 충분히 느끼고 있었다. 대신 하나님은 그들이 어디에 있는지, 그리고 왜 숨어야 한다고 생각하는지 물으셨다.

하나님은 그들의 행위를 통해 드러난 그들의 믿음을 다루신 것이다. 하나님은 그들이 어디에 숨었는지, 무슨 잘못을 저질렀는지 이미 다 알고 계셨다. 하나님은 멍청하지 않으시니까. 다만 그들이 왜 숨었는지 고백하기를 원하셨다. 그래서 이렇게 물으셨다.

"누가 너의 벗었음을 네게 알렸느냐"(창 3:11).

다시 말해 "너에 대한 누구의 말을 믿고 있니? 내 말을 믿니, 아니면 다른 이의 말을 믿니?"라고 물으신 것이다. 그들은 하나님의 말씀을 불신했기에 자기 자신을 믿게 된 것이었다. 그리고 그들의 지속된 불신이 그들로 하여금 하나님께로부터 멀어지게 한 것이었다. 하나님을 피해 숨으면서 자기 자신을 더욱 믿는 것은 해답이 아니었다. 해답은 오직 회개하고 믿음으로 하나님께 돌아가고 하나님의 은혜와 용서와 화합, 회복을 구하는 것이었다. 우리가 해야 할 일이 바로 이것이다. 우리의 잘못된 믿음을 회개하고 믿음으로 하나님께 돌아가야 한다. 복음을 믿어야 한다. 우리는 은혜로 인해 믿음으로 구원을 받았다.

나는 갈렙이 자신의 믿음을 자신과 자신의 행위에 두었기 때문에 숨고 있다는 사실을 알았다. 자신의 행실이 부족했기 때문에 잘못을 숨기려고 했던 것이다. 그래서 나는 아들에게 숨지 말고 예수님께 믿음으로 나아가라고 이야기해주었다.

갈렙만 이런 경험을 한 것은 아닐 것이다. 당신도 분명히 거북이처럼 얼굴을 가리고 꽁꽁 숨은 경험이 있을 것이다. 실제로 티셔츠 안으로 숨은 적이 없다고 해도 종교, 물질주의, 일중독, 그리고 다른 어떤 가면 아래 숨었을 것이다. 이미 우리는 모두 우리의 부족함과 수치를 숨기는 방법을 터득했다. 그러나 더 이상 숨을 필요가 없다.

"갈렙, 더 이상 숨을 필요 없단다. 가릴 필요도 없단다. 예수님이 네 죄를 위해 죽으셨음을 기억하렴. 아빠는 네가 네 잘못으로 인해 죄책감을 느끼고 있다는 사실을 알아. 죄를 지으면 우리는 다 그런 생각이 들어. 그런데 계속 숨을 필요 없어. 우리 예수님께 나아가자. 더 이상 숨지 말고 예수님이 너를 위해 죽으셨음을 믿고, 네 수치심을 씻어 주셨음을 믿자."

나는 계속해서 아들에게 예수님께로 돌아올 것을 권면했다. 시간이 조금 지나자 티셔츠 머리 구멍을 통해 눈동자 하나가 보였다. 그러고 나서 두 눈, 코, 얼굴 전체가 보였다. 갈렙은 두 팔로 내 목을 감싸 안으며 "아빠, 죄송해요. 제가 게임 말의 머리를 뜯었어요"라고 말했다. 죄를 소리 내어 고백할 수 있다는 것은 더 이상 그 죄로 인해 숨지 않겠다는 의미이다. 나는 다시 한 번 죄 때문에 숨을 필요가 없음을 강조했다. 예수님께서 이미 우리 죄를 위해 죽으셨고 우리의 모든 수치를 씻어 주셨다. 이제 우리는 이것을 믿는 믿음으로 그분께 돌아가면 되는 것이다.

그때 해일리가 외쳤다.

"제 말이 맞죠? 갈렙이 잘못한 게 맞잖아요!"

다시 한 번 복음이 필요한 순간이었다.

"해일리, 남을 탓할 필요 없어. 우리는 하나님의 사랑을 더 받으려고 할 때, 하나님의 인정을 더 받으려고 할 때, 남을 탓하는 거야. 다른 사람을 뭉개서 내가 더 잘 보이려고 하는 거지."

"그렇지만 아빠, 갈렙이 정말 게임 말을 찢어버렸단 말이에요"라고 해일리가 반박했다.

"그래, 아빠도 알아. 그래도 동생에게 손가락질할 필요는 없잖니? 네가 탓하지 않아도 갈렙은 충분히 수치심을 느꼈어. 그것은 오직 예수님만이 씻으실 수 있단다. 해일리, 너는 자주 남을 탓하고 원망하는 것 같구나."

큰딸 해일리는 동생들보다 뭐든 더 잘하는 것으로부터 자신의 의로움을 찾으려는 경향이 있었다. 문제는 그 의로움의 기준이 동생들이 아니라 예수라는 것이었다. 해일리는 당연히 그 기준에 미치지 못했고 자신도 그것을 알고 있었다. 그래서 자신이 충족할 수 있는 기준을 세운 것이다. 그런 면에서 해일리의 불신은 사실 자신의 의로움의 기준에 대한 잘못된 믿음이었고, 자신의 부족함을 감추기 위해 다른 사람을 탓하는 것이었다. 다른 사람을 자기와 비교해서 의롭지 못하게 보일 때, 아이는 스스로를 의롭다고 여긴 것이다.

어디서 많이 들어본 이야기 같지 않은가?

"해일리, 예수님이 갈렙의 죄에 대한 수치뿐만 아니라 네 죄에 대한 수치까지 씻어 주셨음을 기억하렴. (사실 나는 해일리가 반칙을 한 것도 알고 있었다.) 갈렙은 죄의 무게를 감당할 수 없어. 그건 너도 마찬가지야. 오직 예수님만이 죄의 무게를 감당하실 수 있지. 그래서 예수님이 십자가에서 죽으신 것이란다. 예수님은 너희 둘 다를 위해 죽으셨어. 갈렙을 향해 손가락질하지 말고 모든 원망을 대신 받으신 예수님을 가리키렴. 예수님은 십자가에서 너와 갈렙의 죄에 대한 원망을 모두 지셨단다. 갈렙이 예수님을 바라보아야 하는 만큼 너도 그렇게 해야 한단다."

자신의 잘못을 깨달은 해일리는 울면서 내게 말했다.

"아빠, 죄송해요. 저는 왜 항상 이 모양이죠?"

"딸아, 우리가 기억하지 못해서 그래. 예수님이 우리를 위해 무엇을 하셨는지 기억하지 못해서 그런 거야. 너만 그런 게 아니고 우리 모두 기억하지 못할 때가 많아. 그래서 계속 죄를 짓는 거야. 그렇지만 예수님이 네 죄를 위해 죽으셨음을 잊지 말렴. 예수님은 너와 갈렙이 지금까지 지은 모든 죄와 앞으로 지을 모든 죄까지 용서하시기 위해 죽으셨단다. 우리는 우리 죄에 대한 원망을 받을 필요가 없어. 그리고 서로를 탓할 필요도 없어. 예수님이 모든 비난을 받으셨기 때문이란다."

나는 아이들과 함께 기도했고 다시 한 번 예수님을 우리에게 주신 하나님께 감사드렸다. 내가 무엇을 한 것인가? 나는 자녀들이 자기 자신이 아닌 예수님께 자신의 믿음을 두도록 훈련시킨 것이다. 그들이 해야 할 일에 대한 훈련을 시킨 것이다. 그 일은 바로 복음을 믿는 것이다.

내가 갈렙에게 더 이상 숨을 필요가 없다는 사실을 가르치지 않았다면, 그는 평생 가면 뒤에서 자신과 남을 속이는 자로 살았을 것이다. 그러나 복음 안에서 자유롭게 죄를 고백할 수 있고, 복음 안에서 영혼의 치유와 회복을 누릴 수 있다고 가르쳤기에 그의 믿음은 예수 안에서 자랄 수 있었고 자신의 행위로 인정을 받으려는 모습에서 벗어날 수 있었다. 갈렙이 죄 뒤에 숨지 않고 고백하는 습관을 익힐수록 우리 부부는 복음 안에서 믿음이 자라나는 아들을 바라보며 하나님께 감사드렸다. 복음 안에서 믿음이 자라는, 복음에 유창한 공동체는 주기적으로 서로에게 죄를 고백하는 공동체이다.

그리고 내가 해일리에게 우리 죄 때문에 예수님께서 비난을 받으셨다는 사실을 가르치지 않았다면, 딸은 자기 자신을 탓하며 자학하거나 타인을 비난하며 살았을 것이다. 누구를 비난하거나 예수님이 아닌 다른 것에서 죄에 대한 속죄함을 찾았을 것이다. 많은 사람들이 자기 자신에게서 속죄함을 찾는다. 그래서 우울증, 식이장애, 자해, 심지어 자살을 통해 자학을 한다. 어떤 이들은 타인을 향한 쓴 뿌리와 증오로 가득한 삶을 산다. 나는 해일리가 자기 죄를 위해서, 그리고 타인이 자신에게 행한 죄를 가지고 기꺼이 예수님께 나아가 죄 사함을 구하는 딸이 되기를 소망한다.

예수님께서 우리의 죄를 온전히 속죄하셨다는 사실을 날마다 믿는 복음에 유창한 공동체는 서로에게 자비와 용서를 베풀 줄 안다.

우리는 예수 안에서 주시는 하나님의 은혜의 선물로 인해 죄의 지배와 결과로부터 구원을 받았다. 그리고 이 구원은 우리를 위해 예수님께서 하신 일을 믿는 믿음 안에서 주어지는 것이다.

모든 죄악 된 태도, 동기, 생각, 그리고 행위는 하나님의 말씀과 그분이 행하신 일을 믿지 않는 불신에서 비롯된다. 불신으로 인해 헤일리는 원망하며 반칙을 범했고, 갈렙은 게임 말을 찢어버리고 숨는 일을 범했다. 갈렙과 헤일리의 죄는 우리의 '첫 부모'가 그랬던 것처럼 불신이었다.

바울은 로마서 1장 18-32절에서 우리는 모두 아담과 하와와 그들의 후손들처럼 하나님의 진리를 거짓과 맞바꾸었고 창조주 대신 피조물을 경배했다고 말한다. 우리는 우리의 믿음을 하나님이 아닌 하나님이 만드신 사물이나 우리가 할 수 있는 일에 두었다. 하나님은 우리가 잘못된 믿음 안에 있을 때 그냥 두신다. 그 잘못된 믿음이 우상숭배의 산물인 죄와 상함, 도착과 아픔을 초래하도록 허락하신다. 그렇게 하시는 이유는 우리가 죄의 끔찍함을 직접 보고, 죄를 용서하시고 불의를 씻으시고 상처를 치유하시는 유일하신 하나님께로 돌아오게 하기 위함이다.

복음은 우리를 구원하는 하나님의 능력일 뿐만 아니라 우리가 진정 구원이 필요한 존재라는 것과 오직 예수님만이 우리를 구원하실 수 있다는 사실을 보여 주는 계시이다. 성령님의 역할은 우리의 불신을 드러내시고 회개하게 하시고 예수님을 더욱 알고 믿을 수 있도록 인도해주시는 것이다. 우리는 불신에서 예수님에 대한 믿음으로 돌아서야 한다.

### 밝혀진 하나님의 진리

불신에는 여러 가지 형태가 있다. (1)하나님에 대한 진리를 몰라서 불신하든지 (2)하나님에 대한 그릇된 지식을 믿든지 아니면 (3)하나님의 진리를 알지만 그 진리 안에 믿음을 두지 않든지 하는 경우이다.

#### 하나님을 모르는 불신

많은 사람들이 하나님이 정말 어떤 분이신지 잘 모른다. 하나님의 성품과 그분이 우리를 위해 어떤 일을 행하셨는지 알지 못한다. 이렇게 하나님의 진리가 무엇인지 모르는 사람은 하나님을 믿을 수 없다.

하나님을 알지 못하면 구원이나 삶의 변화란 있을 수 없다.

예수님은 "영생은 곧 유일하신 참 하나님과 그가 보내신 자 예수 그리스도를 아는 것이니이다"(요 17:3)라고 말씀하셨다. 여기서 '안다'는 것은 하나님에 대한 진리를 지식적으로만 아는 것을 말하지 않는다. 하나님과의 인격적인 관계 안에 있는 것을 말한다.

예수님이 오신 이유 중 하나는, 그리고 복음이 진정 좋은 소식인 이유 중 하나는 하나님에 대한 진리를 드러내고 우리를 하나님과의 인격적인 관계로 인도하는 것이었다. 예수님은 요한복음 14장 6-7절에서 이렇게 말씀하셨다.

> "내가 곧 길이요 진리요 생명이니 나로 말미암지 않고는 아버지께로 올 자가 없느니라 너희가 나를 알았더라면 내 아버지도 알았으리로다 이제부터는 너희가 그를 알았고 또 보았느니라."

**예수님의 제자 중 한 명이었던 빌립이 이렇게 말했다.**

> "주여 아버지를 우리에게 보여 주옵소서 그리하면 족하겠나이다"(요 14:8).

그러자 예수님이 대답하셨다.

"빌립아 내가 이렇게 오래 너희와 함께 있으되 네가 나를 알지 못하느냐 나를 본 자는 아버지를 보았거늘 어찌하여 아버지를 보이라 하느냐"(요 14:9).

빌립은 이해하지 못했다. 그는 이미 하나님을 본 것이었다. 하나님이 육신을 입으신 예수로 이미 그와 함께 계셨다. 예수님은 보이지 않는 하나님의 형상이셨다. 하나님은 모든 충만으로 그 안에 거하셨다(골 1:15,19).

하나님이 어떤 분이신지 알고 싶다면 예수님을 보라. 그래서 요한복음 14장에서 예수님은 제자들과의 대화를 이렇게 시작하신 것이다.

"하나님을 믿으니 또 나를 믿으라"(요 14:1).

결국에는 믿음이다. 당신은 하나님에 대해 무엇을 믿는가? 하나님의 성품에 대해 무엇을 믿는가? 그분이 하신 일에 대해 무엇을 믿는가? 복음은 우리에게 하나님의 성품과 그분이 하신 일을 보여 준다. 하나님은 예수님의 삶과 사역, 죽음과 부활을 통해 드러나신다.

복음을 믿는다는 것은 예수 그리스도와 그분이 하신 일을 통해 하나님과 그분의 일을 믿는 것이다. 온전한 믿음을 가진 자는 의로운 삶을 살게 된다. 예수님의 삶의 방식과 성품을 닮아가는 삶을 살게 된다.

당신의 행실이 당신의 믿음을 반영한다. 예수님께서 요한복음 14장 12절에서 말씀하신 것처럼 말이다.

"나를 믿는 자는 내가 하는 일을 그도 할 것이요…."

다르게 말해, 당신은 당신이 경배하는 사람이나 사물을 반영하고 닮아가게 되어 있다. 예수님의 행실이 하나님의 성품을 드러내신 것처럼 우리의 행실도 우리가 경배하는 그것, 우리가 그 순간에 숭배하는 그것을 드러내기 마련이다.

당신은 당신에게 죄를 짓는 자들을 용서하는가, 아니면 원한을 품고 분해하는가? 당신은 용서하시는 하나님을 알고 그 안에 당신의 믿음을 두는가, 아니면 용서에 궁색한 신을 믿고 있는가? 당신은 당신의 시간, 은사, 그리고 물질로 남을 섬기는가, 아니면 당신이 가진 것들을 이기적으로 붙잡고 사는가? 당신은 하나밖에 없는 아들을 기꺼이 내어주신 하나님을 알고 당신의 믿음을 그 안에 두는가, 아니면 다른 신을 믿고 있는가? 당신은 삶의 어려움 가운데 마음의 평안을 누리며 사는가, 아니면 늘 두려움과 염려에 사로잡혀 사는가?

능력으로 다스리시는 하나님을 경배하든지 무능하고 힘없는 신을 경배하든지 둘 중 하나이다. 당신의 믿음의 실체는 당신의 행실을 통해 드러나게 되어 있다. 당신이 진정 경배하는 신의 실체는 당신의 삶을 통해 드러나게 되어 있다. 당신의 하나님은 어떤 하나님이신가? 당신은 하나님에 대해 무엇을 알고 있는가? 복음에 유창해지기 위해서는 반드시 예수 그리스도 안에서 드러난 하나님에 대해 알아야 한다.

### 거짓말을 믿다

두 번째로 우리의 불신은 하나님에 대한 잘못된 정보에서 비롯된다. 사탄은 아담과 하와에게 하나님에 대한 거짓을 믿게 하는데 성공했고 우리도 늘 그의 거짓말에 속아 넘어간다. 하나님에 대한 특정한 진리들을 알아도 거짓에 넘어가기 때문에 그 진리들을 온전히 믿지 못하는 것이다.

「나도 변화될 수 있다」에서 팀 체스터 목사는 모든 죄악 된 행실과 부정적인 감정의 뿌리에는 하나님에 대한 진리를 믿지 못하는 불신이 있다고 말한다. 그리고 더 나아가 우리 삶 가운데 죄를 다루는데 유용한 네 가지 진리들을 진단기로 제시한다.

1. 하나님은 위대하시다. 그래서 우리가 모든 것을 통제할 필요가 없다.
2. 하나님은 영광스러우시다. 그래서 우리는 타인을 두려워할 필요가 없다.
3. 하나님은 선하시다. 그래서 우리는 다른 것을 바라볼 필요가 없다.
4. 하나님은 자비하시다. 그래서 우리는 스스로를 입증할 필요가 없다.[1]

첫 번째 진리를 좀 더 깊게 살펴보자. 하나님이 위대하시다는 사실을 믿는다면, 그분이 모든 것을 주관하신다는 사실을 믿는다면, 우리는 하나님을 온전히 신뢰할 수 있고 스스로 모든 상황을 통제하고 주관해야 한다는 부담감에서 자유할 수 있다. 반면, 모든 것을 자신이 주관해야 하고 늘 염려 가운데 산다면, 그 이유는 하나님이 위대하시지 않다는 거짓과 능력자이시고 모든 상황을 주관하고 계시지 않다는 거짓을 믿기 때문에 그렇다. 그러니 자신이 직접 통제하고 주관하려 하는 것이다. 우리는 복음 안에서 우리의 모든 대적을 이기시는, 죽음까지도 이기시는 위대하신 하나님을 보게 된다.

예수님은 이 거짓들을 타파하기 위해 이 땅에 오셨다. 예수님은 종종 "내가 진실로 진실로 말하노니…"라고 말씀하셨다. 우리가 믿는 거짓을 하나님의 진리로 대체하시는 것이다. 그분은 이 진리들을 입으로 선포하셨지만, 예수님 그분 자체가 하나님의 진리의 표본이시며 형상이시다.

우리는 복음에 유창한 자가 되기 위해 우리가 믿어온 거짓들을 예수 안에서 드러난 진리들로 지속적으로 대체시켜야 한다. 하나님이 그분의 영을 우리에게 보내주신 이유 중 하나는 거짓을 드러내고 하나님에 대한 진리를 믿게끔 도우시기 위해서이다. 나는 늘 하나님의 영이 내 삶 가운데 이렇게 역사하시도록 초대한다. 당신도 그렇게 할 수 있다.

### 불신 가운데 사는 것

세 번째로, 우리는 자주 하나님에 대한 진리를 믿는다고 말하지만 정작 삶을 보면 그렇지 않다. 믿어야 하는 진리를 알고는 있지만 실은 믿지 않는 것이다. 예를 들어, 예수님을 믿는 믿음 안에서 죄를 용서하시는 하나님을 믿는다고 하지만, 여전히 자신의 착한 행실로 죗값을 만회하려고 한다. 이러한 만행이 바로 복음에 대한 불신으로 살아가는 모습이다.

나는 한동안 젊은 형제와 여러 번 상담을 하며 예수님을 믿는 믿음 안에서 주시는 하나님의 용서하심을 받아들이라고 권면한 적이 있다. 하루는 그가 자신이 너무 흉악한 죄를 많이 지어서 과연 하나님이 용서하실지 모르겠다고 고백했다. 나는 계속해서 그에게 그의 죄보다 하나님의 능력이 크다고 전했다. 그분의 은혜가 족하다고 말해주었다. 그러자 그는 자신이 행한 일들을 나에게 낱낱이 말해주었다. 그가 옳았다. 정말 끔찍한 죄악들이었다.

"하나님이 이런 죄들도 용서하신다고 생각하세요?"

"물론 그렇게 생각합니다. 아니, 확신합니다. 하나님께서 용서하지 않으실 것 같다는 형제님의 고백은 하나님보다 자신의 행실을 더 믿는 잘못된 믿음의 현상입니다. 형제님의 자존심이 애초에 죄를 짓게 만들었고 이제는 그 동일한 자존심이 형제님의 죄가 하나님의 은혜와 용서와 능력보다 크다는 거짓을 믿게 하고 있어요. 형제님, 형제님의 죄는 하나님의 은혜를 이길 수 없어요! 하나님은 형제님보다 위대하시고 형제님의 죄보다 강하십니다."

이 젊은이가 정말 해야 할 일은 무엇이었는가? 그는 회개하고 복음을 믿어야 했다. 우리가 할 일은 '믿는 것'이다. 우리는 하나님을 믿어야 한다. 우리는 하나님의 말씀을 믿고 그분이 행하신 일을 신뢰해야 한다.

최근에 나는 그 형제와 페인트칠 작업을 함께 했다. 그때 그는 자신이 얼마나 믿음 안에서 자라나고 있는지에 대해 말해주었다. 그는 여전히 하나님의 용서하심을 믿지 못할 때가 있지만, 전보다 불신에서 믿음으로 돌아서는 시간이 점점 단축되고 있다고 고백했다.

복음이 우리를 구원하는 하나님의 능력인 이유는 우리의 불신의 죄가 십자가에 달리신 예수님을 통해 사해졌을 뿐 아니라, 우리가 복음 안에서 예수 그리스도를 통해 드러난 하나님에 대한 진리를 알고 믿게 되었기 때문이다. 그리고 그 진리들을 믿음으로써 모든 거짓은 사라지고 진리가 우리 삶을 진정 자유케 하기 때문이다.

당신은 무엇을 믿는가? 복음이 당신을 변화시키지 않으면 당신은 결코 복음에 유창한 사람이 될 수 없다.

그렇다면 이제 당신 안에 있는 복음을 살펴보자.

# 제3부

GOSPEL FLUENCY

## 내 안에 있는 복음
THE GOSPEL IN ME

7장

# 복음이 진정 좋은 소식인가

사람들은 왜 예수님에 대해 이야기하는 것이 어렵냐고 자주 묻는다. 그럴 때마다 나는 우리가 영적 전투 중에 있다고 답한다. 즉, 사탄은 우리가 좋은 소식을 들음으로써 그의 파괴적인 통치와 노예생활에서 자유해지는 것을 원치 않기 때문이라고 답한다. 나는 악한 영들이 그리스도인들로 하여금 두려움을 느끼게 한다고 믿는다. 거절에 대한 두려움, 잘못된 말을 할 것 같은 두려움, 그리고 자신의 행동으로 누군가가 오히려 예수로부터 멀어질 것 같은 두려움을 말이다.

또한 많은 사람들이 예수님에 대한 진리를 나누기에 자신이 부적절하다고, 준비가 부족하다고 여긴다. 이런 염려들이 사실인 경우도 있다. 내가 이 책을 쓰는 이유도 바로 이 때문이고, 내가 수많은 사람들에게 복음을 전하는 법을 훈련시키는 이유도 이 때문이다. 훈련은 꼭 필요하다. 그러나 나는 사람들이 예수님에 대해 이야기하지 않는 가장 큰 이유가 '훈련 부족'이라고 생각하지 않는다. 사실은 사랑이 없기 때문에 예수님에 대해 말하지 않는 것이다. 우리에게는 새로운 심장이 필요하다. 한 번만 아니라, 사랑이 식어가는 만큼 지속적으로 필요하다. 사람들은 매일매일 예수님에 대한 좋은 소식으로 인해 영향을 받아야 한다.

우리는 누구나 자신에게 영향을 미치는 것에 애착을 갖는다. 그리고 자신이 애착을 갖는 그것에 대해 온몸으로 표현하고 싶어 한다. 그것은 우리가 사랑하는 것에 대해 말하기 때문이다. 더 나아가 우리는 우리가 말하는 그것을 더욱 사랑하게 된다. 우리는 우리에게 가장 큰 영향을 미치는 그것, 우리 삶에 가장 큰 변화를 가져오는 그것에 대해 말하게 되어 있다.

## 사람은 자신이 사랑하는 것에 대해 말한다

"그녀는 너무 아름다워요! 웃는 모습이 너무 사랑스러워요. 웃을 때 눈에서 빛이 나요."

여기에서 나는 재이니에 대해 말하지 않을 수가 없다. 당시 나는 섬기고 있던 교회의 담임인 샘(Sam) 목사님과 5박 6일 트래킹 여행 중이었다. 나는 대학 졸업 후 첫 전임 사역으로 청소년 사역을 하고 있었다. 시애틀로 이사 온지 얼마 되지 않았을 때, 나는 재이니를 처음 만났다. 그녀는 우리 교회를 다니는 친구와 함께 우리 집에 잠시 들렸다. 그녀가 문을 향해 걸어오는 모습을 보는 순간, 마치 하나님이 "네 미래의 부인이다"라고 속삭이시는 것 같았다. 나는 그것이 꿈인지 하나님의 뜻인지 알지 못했지만, 그녀에 대한 생각을 떨칠 수가 없었다.

이후 나는 재이니와 교제했고, 만난 지 한 달 정도 되었을 때 나는 그녀가 얼마나 좋은 사람인지에 대해 계속 샘 목사님께 떠들어댔다.

"그녀는 예수님을 사랑해요! 그녀의 아버지도 주님을 사랑하는 너무 좋으신 분이에요. 그분은 참 좋으신 분이에요! 참 잘 웃으시죠. 웃으실 때 얼굴 전체가 환하게 빛나요! 재이니는 아버지를 많이 닮은 것 같아요. 그녀도 웃을 때 얼굴 전체가 빛나거든요. 정말 놀라워요! 그녀와 함께 있는 것이 너무 좋아요."

그러자 샘 목사님이 내게 말하셨다.

"자네 확실히 그 자매를 사랑하는군. 그냥 결혼하게!"

목사님은 내가 끊임없이 재이니에 대해 말하자 질리신 것 같았다. 그래도 나는 멈출 수가 없었다. 나는 사랑에 빠진 것이었다!

이처럼 사람은 자신이 사랑하는 것에 대해 끊임없이 말한다. 모든 사람이 그렇다. 부모들은 첫아이를 낳고 끊임없이 SNS에 아기 사진과 동영상을 올린다. 몇 가지 예를 들면 다음과 같다.

"첫 기저귀를 갈았어요!" "화요일 오전 9시 5분에 아들이 처음 웃음" "드디어 기어 다니기 시작함!"

초보 부모들과 페이스북 친구가 되면 흥미로운 것이 참 많다. 가끔 나는 '아이도 사람인데 당연히 그런 일들을 하지. 인류 역사 가운데 모든 사람이 하는 행동이라고. 당신 자식만 그렇게 특별하지 않다고!'라고 말해 주고픈 충동이 생기기도 한다. 물론 재이니와 나도 우리 아이들을 키우며 똑같은 행동을 했다. 우리도 쉴 새 없이 사진과 동영상을 찍고 모든 디테일을 빠짐없이 기록했다. 만나는 사람마다 우리 아이들에 대해 이야기했다. 누군가를, 또 무언가를 사랑하면 당연히 하는 행동이다.

스포츠에 빠진 사람을 아는가? 그런 사람이 주변에 있으면 모른 척 하기가 어렵다. 나는 시애틀의 프로미식축구 구단인 시호크스(Seahawks)를 좋아한다. 나와 며칠만 시간을 보내면 바로 알 수 있는 사실이다. 좋은 세일 제품을 찾는 것을 좋아하는 사람을 아는가? 그들이 핫한 세일 아이템을 찾는다면 분명히 당신에게 말해줄 것이다. 자신이 하는 일을 사랑하는 사람을 아는가? 일을 사랑하는 사람은 늘 직장 이야기를 한다.

예수님은 우리가 마음에 가득한 것을 입으로 말한다고 말씀하셨다(눅 6:45). 즉, 당신의 말은 당신의 마음속에 무엇이 있는지, 무엇이 당신 마음을 사로잡고 있는지를 반영한다.

당신은 예수님에 대해 말하는가? 예수님이 당신의 마음을 사로잡았는가? 그분을 사랑하는가? 하나님이 예수님을 통해 당신에게 주신 사랑을 알고 경험하게 되면, 당신의 죄를 위해 고통당하시고 죽으셨다는 사실을 알게 되면, 그분의 영과 그분의 사랑을 당신 마음 가운데 부어주시는 예수님을 만나고 경험하게 되면, 당신은 벅차오르는 마음을 주체할 수 없게 될 것이다. 예수님에 대해 말하지 않고서는 견딜 수 없게 될 것이다!

복음은 정말 놀랍다! 복음이라는 단어는 '좋은 소식'이라는 뜻을 지니고 있다. 이 복음이 당신에게 진정 좋은 소식인가? 무엇이 당신을 가장 흥분시키는가? 무엇이 당신을 사로잡고 있는가? 솔직해져 보라. 그것이 무엇인가? 누구인가? 그리고 그것이 또는 그 사람이 당신의 마음을 사로잡은 이유는 무엇인가? 그리고 애착하는 것이 있다면 당신은 그것으로부터 어떤 영향을 받고 있는가? 어떻게 행동하며 반응하고 있는가?

더 중요한 질문은 이것이다. 예수님이 당신을 사로잡으셨는가? 왜 사로잡으셨는가? 만약 그렇지 못하다면 그 이유는 무엇인가? 당신은 예수로 인해 감명 받았는가? 숨길 수가 없다. 예수님이 당신을 사로잡으셨다면 당신은 그분에 대해 끊임없이 말하고 다닐 것이다. 스스로에게 이렇게 질문할 수도 있겠다.

"내가 예수님께 사로잡히지 않은 거면 어쩌지? 예수님이 아닌 다른 것에 애착하는 거면 어쩌지?"

나의 바람은 이 책이 예수님에 대한 당신의 애착에 불을 붙이는 것이다. 내가 예수님에 대해 글을 쓰고 말하는 이유가 여기에 있다. 나는 여전히 많은 사람들이 예수님이 얼마나 놀라우신지, 그리고 우리를 향한 그분의 사랑과 은혜가 얼마나 놀라운지 모른다고 생각한다. 그래서 나는 예수님에 대해 이야기한다. 사람들이 이 사실들을 알았으면 좋겠다.

### 사람은 자신이 말하는 것을 사랑한다

내가 예수님에 대해 이야기하는 또 다른 이유는, 우리는 우리가 사랑하는 것에 대해 이야기할 뿐만 아니라 우리가 이야기하는 것을 사랑하기 때문이다.

우리 결혼생활에도 이런 일이 있었다. 그렇다, 나는 내가 그 트레킹 여행에서 끊임없이 자랑하던 아름다운 스무 살 금발의 미녀와 결혼했다. 이 글을 쓰는 지금, 나는 결혼 23년 차이다. 내게 아내는 그때보다 오늘 더 아름답다.

그런데 때로는 사랑이 식는다. 우리 마음이 애착을 잃는다. 그러면 사랑하는 것에서 멀어진다. 나는 며칠, 아니 몇 주, 몇 달 동안 그녀의 아름다움을 잊고 살아간 적이 있다. 나는 항상 그녀를 소중히 여기지 못했다. 내 감정이 늘 그녀를 위해 불타오르지 못했다. 사실 사역에 대한 내 사랑이 재이니에 대한 내 사랑과 맞먹은 적도 있었다. 그런 시기에는 누군가에게 아내에 대해 끊임없이 말하지 않았다.

내게 이런 일이 일어나고 있다는 사실을 인지한 후, 내가 어떻게 행동했을 것 같은가? 나는 다시 그녀를 추구하기 시작했다. 내가 그녀의 어떤 점을 사랑했는지 다시 떠올리기 시작했다. 그녀가 내 마음을 사로잡은 처음 만난 그날로 내 기억을 되돌렸다. 나는 나 자신과 주변 사람들에게 내 아내가 얼마나 아름답고 신실하고 현명하고 놀라운 여자인지 다시 말하기 시작했다. 나는 재이니를 아내로 맞기에 내가 얼마나 자격 없는 자인지를, 또 얼마나 축복받은 자인지를 기억했다. 나는 그녀를 내게 보내주신 하나님께 매일 감사드렸다. 어떤 날에는 하루에도 여러 번 그런 감사의 기도를 드렸다. 나는 그녀의 말과 행동, 친절함과 웃음에 더 집중하기 시작했다. 그녀가 나와 우리 아이들, 그리고 도움이 필요한 수많은 사람들에게 베푼 종의 마음에 더 집중하기 시작했다.

그러자 나는 다시금 그녀에게 사로잡히게 되었고, 지금까지도 그렇다. 이 책을 쓰면서도 내 마음은 내 사랑스러운 신부로 인해 요동치고 있다. 그녀는 놀랍다! 나는 끊임없이 재이니에 대해 이야기할 수 있을 것 같다.

나는, 사람은 자신이 가장 많이 이야기하는 것을 가장 사랑한다는 사실을 발견했다. 당신은 무엇에 대해 가장 많이 이야기하는가? 만일 당신에게 예수님에 대한 사랑이 부족하다고 여긴다면, 그래서 그분에 대한 사랑이 커지기를 원한다면, 그분이 얼마나 놀라우신 지에 대해 이야기하길 권한다. 자기 자신에게 한번 이야기해보라. 사실 우리는 이 일을 홀로 하지 않는다. 성령님이 예수님에 대해 얼마나 좋고 놀라운 분인지 우리에게 말씀해주시기 때문이다. 성령님이 예수님에 대한 자랑을 그 누구보다 잘하시는 이유는 그분이 예수님을 영원토록 아시기 때문이다.

내가 재이니에 대해 그렇게 한 것처럼, 나는 주기적으로 예수님이 얼마나 놀라우신 지를 묵상한다. 그러면서 성령님께 나의 구원자에 대해 더 보여 달라고 더 가르쳐 달라고 더 기억하게 해달라고 간구한다.

복음서(마태복음, 마가복음, 누가복음, 요한복음)를 쭉 읽으며 예수님을 자세히 보라. 적어도 일 년에 복음서 한 권을 읽으며 당신의 최고의 사랑이신 예수님을 떠올려 보기를 권한다. 복음서를 읽을 때, 예수님의 말씀과 행동을 주시하며 천천히 읽어 보라. 그분이 우리를 얼마나 많이, 그리고 깊이 사랑하시는지를 관찰하라. 그분의 친절하심과 온화하심을 보라. 지치고 연약한 죄인들을 향한 그분의 자비로운 사랑을 놓치지 말라.

그리고 말씀을 통해 성령님이 계시해주시는 예수님에 대해 다른 사람에게 말해보라. 당신의 룸메이트에게 예수님이 얼마나 놀라우신 분인지 이야기해보라. 친구들에게 이야기해보라. 자녀들에게 이야기해보라. 예수님에 대해 이야기하면 할수록 그분을 더욱 사랑하게 될 것이다. 그리고 그분을 더욱 사랑할수록 그분에 대해 더욱 말하고 싶어질 것이다.

그분이 어떻게 당신을 먼저 사랑하셨는지 잊지 말라. 요한일서 4장 19절은 이렇게 말한다.

"우리가 사랑함은 그가 먼저 우리를 사랑하셨음이라."

예수님이 당신의 마음 문 앞에 오셔서 당신의 마음을 사로잡으셨던 그날을 늘 기억하라. 그분의 사랑으로 인해 사로잡혔던 그 순간을 잊지 말라. 성경은 남편들에게 젊어서 취한 아내를 즐거워하라고 말한다(잠 5:18). 그리고 예수님에 대해 처음 사랑으로 돌아가라고 가르친다(계 2:2-7). 예수님이 없던 당신의 삶이 어떠했는지, 그리고 예수님이 당신의 삶을 어떻게 영원히 변화시키셨는지 기억하라.

아직 이러한 경험을 하지 못했다면, 아직 당신이 예수 그리스도께 사로잡히지 않았다면, 반드시 그렇게 되기를 기도한다. 그리고 그 날이 오거든 다른 사람들에게 그분의 사랑에 대해 이야기하라. 사람은 자신이 사랑하는 것에 대해 이야기하고, 이야기하는 그것을 사랑하게 마련이다.

## 사람은 성능이 좋은 것에 대해 이야기한다

나는 열여덟 살 때 1997년형 쉐보레 카마로(Chevrolet Camaro)를 몰았다. 그 차는 350입방인치, 185마력 V8엔진과 4배럴식 기화기가 장착되어 있었다. 반면 남동생은 경주를 위해 개조된 1980년형 마즈다 RX-7을 몰았다. 때로 우리는 길게 뻗은 고속도로 위에서 서로 경주를 하곤 했다. 동생은 늘 처음엔 나보다 빨랐다. 하지만 내 차의 최고 속력이 더 우월했기 때문에 장거리 전에서는 내가 늘 이겼다. 짧은 도로에서는 동생이, 긴 도로에서는 내가 이겼다. 우리 차들은 정말 빨랐다. 경주에 나가서 이기기도 했으니까 말이다. 정말 성능이 좋았다. 그래서 우리는 늘 우리 차와 우리가 출전해서 이겼던 경주에 대해 말하곤 했다 (물론 부모님이 아닌 친구들에게만 말이다).

크로스핏(CrossFit)이나 팔레오 다이어트(Paleo Diet, 원시시대 인류의 식단이나 식습관을 따르는 방식의 다이어트)를 하는 사람을 만나본 적이 있는가? 데이브 램지(Dave Ramsey)의 경제 강연을 주기적으로 듣는 사람을 만난 적이 있는가?

우리는 우리에게 깊은 인상을 남긴 것에 대해 이야기한다. 우리를 변화시킨 것에 대해 이야기한다. 우리는 성능이 좋은 것에 대해 이야기한다. 그래서 사물들이 제 기능대로 성능하기를 바란다. 우리는 성능이 좋으면 그것에 대해 이야기한다. 같은 이유로 성능이 좋지 않은 것에 대해서도 이야기한다.

요즘 당신이 무엇에 대해 가장 많이 이야기하고 있는지 잠시 생각해보라. 당신의 삶 가운데 제대로 기능하고 있는 것은 무엇인가? 반대로 기능하고 있지 않는 것은 무엇인가?

우리는 하나님에 의해 지음을 받았고, 그리스도 예수 안에서 하나님이 전에 예비하신 선한 일을 위해 거듭났다(엡 2:10).

복음은 무엇이 기능하고, 무엇이 기능하지 않는지에 대해 말한다. 복음은 모든 믿는 자에게 구원을 주시는 하나님의 능력이다. 하나님은 복음을 통해 당신을 용서하시고, 치유하시고, 사랑과 능력으로 채우시고, 자유케 하시고, 전혀 다른 삶을 살 수 있게 하신다. 당신이 복음을 믿는다면 이 사실을 알 것이다. 당신의 삶 가운데 복음이 기능하고 있음을 알기 때문이다. 예수 그리스도의 복음은 당신을 변화시킨다. 그리고 그 변화를 경험한 사람은 그것에 대해 이야기한다.

우리가 복음에 유창해지기 위해서는 지금 하는 일을 잠시 멈추고 복음이 어떻게 우리 삶 가운데 작용하는지 돌아보아야 한다. 하나님이 당신 안에서 어떤 일을 행하셨는가? 그분이 당신을 어떻게 변화시키셨는가? 그분이 지금 당신 안에서 어떻게 일하고 계신가? 당신은 지금 당장 당신의 삶 가운데 복음의 능력이 필요할 수도 있다. 오늘 당신 안에는 어떤 하나님의 역사가 필요한가? 복음이 어떻게 그 일을 할 수 있다고 생각하는가?

당신은 아직 당신을 구원한 하나님의 능력을 경험하지 못했을 수도 있다. 아니면 오늘의 삶에서 당신을 구원할 복음의 능력을 경험한지 너무 오래 되어버린 것일 수도 있다. 그래서 나는 이 책의 4부 '우리와 함께 하는 복음' 부분 이전에 '내 안에 있는 복음' 부분을 먼저 쓰기로 했다. 복음이 진정 당신에게 좋은 소식이 아니라면 당신은 결코 복음에 유창한 사람이 될 수 없다.

나는 지금도 시애틀 인근에 살고 있다. 2014년 2월 2일, 선포할 만한 좋은 소식이 생겼다. 그해 슈퍼볼에서 우리 시애틀 시호크스가 덴버 브롱코스(Broncos)를 완전히 무찌른 것이다. 브롱코스 팬들에게는 참으로 죄송하게 되었다.

자, 내가 알기로 이 승리에 대한 소식을 퍼뜨리기 위한 어떤 훈련 프로그램이나 '전도' 강의는 없었다. 즉, 승리의 소식을 전할 능력이 부족해서 팬들에게 전도지를 나눠주지 않았단 말이다. 아무도 우리와 빈스 롬바디 트로피(Vince Lombardi Trophy, 슈퍼볼 우승자에게 주어지는 챔피언 트로피로 유명한 감독이었던 Vince Lombardi를 기념하기 위해 그의 이름을 땄다 – 역주) 사이를 점점 갈라놓은 그 시간적 간격을 러슬 윌슨(Russell Wilson), 마샨 린치(Marshawn Lynch), the Legion of Boom(시호크스의 일부 수비수들을 가리키는 애칭이다 - 역주), 그리고 the 12th Man(시호크스 팬들을 가리키는 말이다 - 역주)이 어떻게 이겼는지 그림을 그려 가며 가르쳐 주지 않았다.

승리에 대한 소식을 전하기 위해 우리 팬들은 어떠한 도움도 필요하지 않았다. 말하지 말라고 해도 계속 말하고 다녔고, 수년이 지난 지금까지도 말하고 다닌다. 우리는 꼭 전해야 할 소식이 있었다. 시호크스가 페이턴 매닝(Peyton Manning)과 그의 똘마니들을 이긴 것이다. 우리가 이길 확률은 낮았다. 언론에서도 "시애틀에서 좋은 것이 나올 수 있을까?"라고 말했다. 그러나 우리는 우리가 승리할 것을 확신했다. 우리의 시호크스는 페이턴(Peyton)과 그의 브롱코스를 상대로 크게 승리했다. 트로피가 우리에게로 왔다! 시애틀은 이 좋은 소식을 선포했다. 우리는 시호크스를 사랑한다. 우리의 시호크스가 브롱코스를 이겼다. 우리가 챔피언이 되었고 브롱코스는 참패했다.

다시 한 번 말하지만 우리는 우리가 사랑하는 것에 대하여 이야기한다. 우리는 우리가 이야기하는 것을 사랑한다. 그리고 우리는 성능이 좋은 것에 대하여 이야기한다!

우리는 미식축구 경기 따위와는 비교도 안 되는 엄청난 이야기를 가지고 있다. 우리는 소망 없고 무기력한 하나님의 대적이었다. 우리는 죄와 사탄의 종이었고 사탄의 파괴적인 일격으로 날마다 만신창이가 되어 갔다. 수백 년 동안 우리는 구세주가 필요했다. 우리에게는 자유함이, 용서함이, 그리고 회복이 필요했다.

그래서 예수님이 이 땅에 오셨는데 상황이 그리 좋아 보이진 않았다. 어떻게 메시야가 나사렛 출신으로 오실 수 있단 말인가? 그러나 그분은 우리가 살 수 없는 삶을 사셨다. 그분은 33년 동안 '무패'로 사셨다. 물론 그분은 십자가에서 모든 것이 끝난 것처럼 보였고 실제로 모든 것이 끝났었다. 그러나 악의 승리는 아니었다. 예수님은 죽은 지 사흘 만에 부활하심으로 승리하셨다!

죄의 값은 치러졌고, 사탄은 끝장났고, 죽음은 사망했다. 예수님은 사탄과 죄와 죽음에게 공개적 망신을 선사하셨고 우리를 위해 승리하셨다. 이제 우리는 자유함과 용서함을 누리게 되었고 사랑을 받게 되었으며 정복자 그 이상이 되었다!

이 사실을 믿는가? 이 사실을 사랑하는가? 예수님을 사랑하는가?

그렇다면 세상에 선포하라! 당신의 동네에서 외치라. 당신의 친구들에게 말하라. 당신의 배우자에게 말하라. 당신의 자녀들에게 말하라. 당신의 이웃들에게 말하라. 당신의 상사에게 말하라. 당신의 직장 동료에게 말하라. 당신의 원수들에게 말하

라. 매일 같이 말하라. 모든 사람에게 이 놀라운 사랑이 죽음과 미움, 아픔과 슬픔을 이겼다고 말해주어라!

좋은 소식이다! 정말 좋은 소식이다! 예수 그리스도의 복음이다! 이 복음은 당신 안에서 시작되고 당신 마음에서 흘러 넘쳐 입을 통해 세상으로 흘러나온다. 마음에서 차고 넘치는 것이 입술의 말로 나오기 때문이다.

예수님을 사랑한다면 그분에 대해 이야기할 것이다. 만약 그분을 사랑하지 않는다면 그분에 대해, 그분이 하신 일에 대해, 그분이 당신을 위해 하신 일에 대해 이야기해보라. 그러면 그분에 대한 당신의 사랑이 자랄 것이다. 그리고 복음이 얼마나 놀라운지, 얼마나 능력 있게 역사하는지 더 분명히 보게 될 것이다. 그리고 결국에는 당신도 예수님에 대해 계속 이야기하게 될 것이다.

예수보다 좋은 소식은 없다.

# 8장

## 생각과 전쟁을 치르다

우리는 전쟁 중이다! 총탄이 빗발친다. 포탄이 쏟아져 내린다. 적군이 몰려오고 있다. 사방이 파괴되고 있다. 사상자가 속출하고 있다. 그러나 우리의 전쟁에서는 이 모든 것이 눈에 보이지 않는다. 전쟁의 부작용은 상함, 혼란, 그리고 고통을 통해 사방에 보이지만 전쟁 자체는 보이지 않는다. 우리는 서로 싸우는 것이 아니다. 우리의 전쟁은 "혈과 육을 상대하는 것이 아니요 통치자들과 권세들과 이 어둠의 세상 주관자들과 하늘에 있는 악의 영들"(엡 6:12)을 상대하는 것이다.

그리고 우리는 손에 잡히는 무기를 가지고 싸우는 것이 아니다. 우리는 보이지 않는 것을 대항하면서 사람의 손으로 만들어지지 않은 무기들로 싸운다. 우리의 싸움은 영적이며 우리의 무기도 영적이다. 우리의 무기에는 사람을 자유케 하고, 죄악 된 생각과 행실을 파괴하고, 사탄의 올무를 무너뜨리는 신성한 능력이 있다. 예수님이 우리를 위해 사탄과 죄와 죽음을 이기신 이유는 우리가 예수님의 사역과 부활을 가능케 한 그 동일한 능력으로 자유 가운데 우리의 대적을 물리치기를 원하셨기 때문이다.

복음은 우리를 구원하시는 하나님의 능력이다. 그리고 우리의 대적은 마귀와 세상과 육신이다. 마귀는 하나님과 선한 그 모든 것을 대적한다. 마귀는 우리가 잘되기를 바라는 척 하지만 사실 우리를 파괴하는데 혈안이 되어 있다. 성경은 그가 광명의 천사로 가장하지만(고후 11:14), 사실은 우는 사자 같이 두루 다니며 삼킬 자를 찾는다고 말한다(벧전 5:8). 그런 이유로 마귀의 다른 이름은 '대적'이라는 뜻을 가진 사탄일 것이다.

성경이 우리의 적이라고 말하는 '세상'은 우리가 살고 있는 거대하고 푸르고 회전하는 물체인 지구를 뜻하는 것이 아니다. 야고보와 요한이 경계하라고 일러준 세상은 사탄의 통치가 표출되고 경험되어지는 곳이다(약 4:4 ; 요일 2:15-17). 사탄의 사악한 어둠과 파괴의 통치 때문에 그는 세상의 신이라고도 불린다. 여기서 말하는 세상은 하나님의 통치를 대적하는 그 모든 것을 통틀어 말한다.

육신은 우리 안에서 자기 숭배와 자기 의존을 지향하게 하는 그 무엇이다. 그것은 우리가 하나님의 뜻을 이루며 사는 것을 원치 않는다. 사탄과 세상처럼 육신은 하나님을 대적한다. 로마서 8장 7-8절은 이렇게 말한다.

> "육신의 생각은 하나님과 원수가 되나니 이는 하나님의 법에 굴복하지 아니할 뿐 아니라 할 수도 없음이라 육신에 있는 자들은 하나님을 기쁘시게 할 수 없느니라."

정확히 말하자면 육신에 있는 자들은 아직 구원 받지 못한 자들이다. 예수 그리스도와 그분이 하신 일을 믿음으로써 거듭남을 경험하지 못한 자들이다. 그와 반대로 바울은 그리스도에게 속한 자들에 대해 이렇게 말한다.

> "만일 너희 속에 하나님의 영이 거하시면 너희가 육신에 있지 아니하고 영에 있나니 누구든지 그리스도의 영이 없으면 그리스도의 사람이 아니라"(롬 8:9).

그리스도에게 속한 자들은 성령을 따라 행함으로 자유함을 누리고 육신을 이길 능력을 받은 자들이다. 성령의 역할이 예수님에 대한 진리와 예수님이 이루신 승리를 우리가 겪고 있는 영적 전투에 적용시키는 것이기 때문이다(롬 8:1-6). 그렇다고 우리가 우리의 옛 본성인 육신과 싸우지 않아도 된다는 것은 아니다. 다만 더 이상 우리가 육신 가운데 있지 않다는 것이다. 우리는 더 이상 우리의 옛 자아가 아니라는 것이다.

사탄은 "나는 하나님을 증오하고 그를 대적하고 그의 창조물을 파괴하기 위해 수단과 방법을 가리지 않을 거야!"라고 소리친다. 세상은 "하나님 없는 세상이 제일 좋은 세상이고, 너도 너 중심적으로 살 때가 가장 좋아!"라고 소리친다. 그리고 육신은 "내가 신이기 때문에 하나님은 필요 없어. 모든 것이 나 중심적이고 내가 하기에 달려 있어!"라고 소리친다.

그렇다면 우리는 이 영적 전투에 어떻게 임해야 할까? 성경은 우리에게 (1)우리의 생각을 사로잡아 관찰하고 (2)우리의 생각을 순복시키고 (3)열매를 생각하고 (4)복음의 진리들로 싸우라고 말한다.

### 당신의 생각을 사로잡아 관찰하라

우리는 우리의 모든 생각을 사로잡아 그리스도께 복종케 함으로 하나님의 대적들을 이길 수 있다(고후 10:5). 무엇을 사로잡는다는 것은 그것을 통제하고 그것을 통제된 환경에 두는 것이다. 이는 사나운 동물을 제압하고 우리에 가두어 두는 것과 흡사하다. 우리는 우리의 생각들을 이렇게 다루어야 한다. 제압하고, 사로잡고, 정신적 우리에 가두어야 한다. 그러고 나서 우리의 생각들을 자세히 관찰하며 우리가 과연 어떤 생각을 하고 있고 왜 그런 생각을 하고 있는지 생각해보아야 한다. 내 머릿속에서 무슨 일이 일어나고 있는가? 내 머릿속에서 어떤 이야기들이 들리는가? 하나님에 대해서, 예수님을 통해 그분이 하신 일에 대해서, 타인에 대해서, 자신에 대해서, 내가 해야 할 일에 대해서 무엇을 믿고 있는가?

당신의 생각들을 각각 사로잡아 그리스도께 복종케 하라. 다시 말해, 당신의 생각들이 예수님에 대한 진리와 그분 안에서 당신에게 주어진 새 생명과 일치되게 하라. 당신의 생각이 복음의 진리와 일치되게 하라.

그래서 복음을 알고, 우리의 생각 가운데 그것을 반복적으로 되새기고, 기억하는 것이 매우 중요하다. 우리는 복음에 유창해지지 않으면 우리 영혼의 대적들을 이겨낼 수 없다. 복음에 유창해지기 위해서는 내 생각 가운데 하나님으로부터 나오지 않는 것이 무엇인지, 복음에 대한 진리와 일치되지 않는 것이 무엇인지 발견해야 한다.

그렇다면 내 생각이 복음의 진리와 일치되는지를 어떻게 알 수 있을까? 우선 복음의 뜻이 '좋은 소식'이라는 사실을 기억하라. 스스로에게 물어보자.

"내가 생각하는 것이 좋은 소식인가? 하나님을 끌어내리는 것인가, 아니면 그분을 높이는 것인가? 타인을 끌어내리는 것인가, 아니면 세워주는 것인가? 나 자신을 끌어내리는 것인가, 아니면 격려하고 촉구하고 훈련시키는 것인가?'

우리 영혼의 대적은 우리로 하여금 하나님에 대한 거짓말들을 생각하게 한다. 또한 우리를 고발하고, 유혹하고, 갈라놓고, 홀로 고립시키려 한다. 우리가 흔히 듣는 거짓 중에는 이러한 것들이 있다.

- 하나님은 당신을 사랑하지 않는다.
- 하나님은 당신의 삶을 망치고 파괴하기를 원한다.
- 하나님은 당신을 떠났다. 당신은 혼자이고 하나님은 당신에게 관심이 없다. 당신은 하나님에게 그다지 중요한 존재가 아니다.

- 하나님이 당신을 사랑한다고 해도 당신을 돕진 못할 것이다. 하나님은 그만한 능력이 없다.
- 어떻게 하나님이 모든 장소에 동시에 있을 수 있는가.
- 행여나 모든 곳에 동시에 있을 수 있다 해도 당신이 겪고 있는 일에는 일체 관심이 없다.

이러한 거짓말은 내가 기록할 수 있는 공간보다 훨씬 더 많다. 이것은 사탄이 하나님과 하나님의 일에 대한 거짓말의 대가이기 때문이다. 태초부터 이 짓을 해왔으니까 말이다. 사탄은 당신이 하나님을 신뢰하고 의지하는 것을 원치 않는다. 그래서 하나님과 그분의 일에 대한 거짓말을 퍼뜨린다. 세상은 이런 거짓들을 거리낌 없이 받아들이고 전하고 있다. 이러한 세상에서 자라나는 우리 역시 그 거짓들을 수용하고 마음 가운데 새기고 있다.

진리와 거짓을 분별하는 법을 배우는 좋은 방법 중 하나는 성경 말씀을 지속적으로 읽는 것이다. 당신의 머릿속에 들리는 그것이 성경과 대치된다면 그것은 거짓말이다.

사탄은 또한 우리를 고발한다.

- 너 이번에는 제대로 망쳤구나! 창피한 줄 알아야지.

- 하루 이틀 실패하는 것도 아니지, 그치? 늘 이런 식이잖아. 넌 정말 루저(loser)야.
- 몇 번이나 더 실패해야 네가 루저라는 걸 깨닫겠니?
- 넌 늘 이렇게 보잘것없는 사람으로 살아갈 거야.
- 이게 다 네가 더러운 죄인이기 때문에 그런 거야. 네가 원래 그래. 확실히 넌 그리스도인은 아니야.

사탄은 우리를 이렇게 고발함으로써 우리를 끌어내리는 것을 좋아한다. 그리고 그가 가장 자주 사용하는 수법은 우리에게서 그리스도 안에 있는 진리를 막는 것이다. 예수님이 우리를 변화시키기 위해 무엇을 하셨는지를 알지 못하게 하는 것이다. 사탄은 우리가 예수님을 위해 담대하게 살아가는 것을 원치 않기 때문에 우리가 두려움과 죄책감, 수치 가운데 위축되도록 거짓으로 우리를 고발한다.

사탄은 죄악 된 쾌락과 헛된 욕망을 통한 인위적인 만족감을 가지고 우리를 유혹한다. 또한 하나님의 일하심이 선하지 않다고 우리를 설득한다. 그리고 우리의 욕구와 갈망을 손쉽게 충족시킬 지름길을 제시하기를 좋아한다. 우리 마음이 하나님께 순복하지 못하도록 죄를 매력적으로 보이게 만들어 우리를 유혹한다.

- 이 사진을 봐. 분명 네가 힘이 있다는 것을 느끼게 해 줄 거고 너를 흥분시켜 줄 거야.
- 주저하지 말고 한 잔 더 해. 네 모든 고통이 사라질 테니.
- 하나님도 이게 즐거운 것이라는 걸 아셔. 네가 즐기는 것을 원치 않으시는 것뿐이야.
- 넌 충분히 자격이 있어. 열심히 일했으니까 이런 조그마한 상 받는 게 뭐가 문제니?
- 이게 필요하다는 걸 너도 잘 알잖아. 이것만 네 손에 넣으면 모든 것이 변할 거야.

유혹은 다양한 모양으로 찾아오지만 모든 유혹의 공통점은 충족되지 않는 욕구를 향한 공허한 약속이라는 것이다. 사탄은 우리에게 하나님 밖에서, 하나님을 떠나 깊은 충족과 만족을 얻을 수 있는 지름길이 있다고 설득하려 한다. 당신은 이러한 거짓말과 고발과 유혹의 속삭임을 들어본 적이 있는가?

또한 우리의 대적은 뒷담화와 비방과 마음의 응어리를 통해 우리를 갈라놓고 고립시켜 놓기를 원한다.

- 괜찮아, 시원하게 말해. 그게 사실이잖아.
- 잘못을 했으면 당연히 한소리 들어야 하는 거 아니야.

- 뿐만 아니라 다른 사람들이 네가 더 낫다고 생각하게 되면 기분 좋지 않을까.
- 이야기를 조금 재해석해 봐. 조금 더 부풀리는 거야. 사람들은 스캔들을 좋아하잖아.
- 그들이 네게 먼저 상처를 주었잖아! 어려움을 당해도 싸. 절대 용서하지 마.
- 그들이 대가를 치르는 게 맞아. 언젠가는 벌 받을 사람들이니까!

우리의 적은 여러 수단을 통해 하나님과 우리 사이를 갈라 놓으려 한다. 사탄은 신뢰를 약화시키고 이간질할 이유를 제공하는 것을 즐긴다. 사탄이 우리를 고립시키기를 원하는 이유는 우리 주변에 아무도 없을 때, 우리를 격려하고 예수님에 대한 진리로 우리 삶을 세워줄 이가 아무도 없을 때, 한 사람 한 사람씩 무너뜨리기 위해서이다. 사탄의 계략을 주의하라. 모든 계략의 핵심 목적은 우리의 파멸이다.

첫 번째 단계는 우리의 생각을 사로잡아 관찰하는 것이다. 그러므로 우리는 주기적으로 멈춰 서서 내가 무슨 생각을 하고 있는지, 어떤 감정을 느끼고 있는지, 어떤 행동을 하고 있는지 복음의 진리에 빗대어 유심히 관찰해야 한다.

### 생각을 순복시키라

생각을 사로잡았다면 그 생각을 예수님께 순복시킬 수 있는 능력을 달라고 성령님께 구하라. 다시 말해서 그 생각을 깊이 관찰하면서 과연 그 생각이 하나님에 대한 진리와 일치하는지, 그분이 예수 안에서, 예수님을 통해 하신 일과 일치하는지, 그리고 예수님을 믿는 믿음 안에서 당신에게 주어진 새로운 정체성과 일치하는지 돌아보라는 것이다.

우리를 진리로 인도하시고, 예수님에 대한 진리들을 가르치시고, 주기적으로 우리에게 그 진리들을 증거하시는 것, 바로 이것이 하나님께서 우리에게 성령님을 보내주신 이유이다. 또한 성령님은 우리가 예수님을 믿지 못할 때에 그 불신을 보여주시고 우리가 믿어온 거짓말들을 드러내신다(요 14-16장).

복음에 더 유창해져야 한다는 사실을 깨달았을 때, 내게 그 과정은 결코 자연스럽지 않았다. 먼저 나 자신에게 복음을 설교하는 연습을 해야 했다. 나 역시 하루를 시작할 때마다 복음의 진리들을 반복적으로 나 자신에게 선포해야 했다.

- 하나님은 완벽하시다. 예수님은 나를 위해 완전한 삶을 사셨다. 예수님이 나의 의로움이시다.

- 하나님은 나를 사랑하신다. 예수님이 내 죄를 위해 죽으셨다. 나는 사랑받는 자이고 용서받은 자이다.
- 하나님은 전능하시고 강력하시다. 예수님은 죽음에서 부활하셨다. 나는 예수 안에서 능치 못할 일이 없다.
- 하나님은 살아 계시고 내 안에 거하신다. 그분은 당신의 성령을 보내셔서 나와 함께, 그리고 내 안에 거하게 하셨다. 나는 혼자가 아니고 무엇이든 극복할 수 있는 능력이 있다.
- 하나님은 나를 위하시는 분이고 나를 대적하지 않으신다.

하루에도 몇 번씩 나는 반복적으로 나 자신에게 복음을 선포해야 했다. 나는 성령님께 가르쳐 달라고, 격려해 달라고, 예수님에 대한 진리를 상기시켜 달라고, 그리고 내 마음과 생각이 잘못된 길로 빠질 때 고쳐 달라고 간구했다. 나는 지금도 이렇게 살아간다. 매일 성령님께 예수님에 대한 진리를 내 마음 가운데 선포해 달라고 간구한다.

"성령님, 예수님에 대해 상기시켜 주세요. 그분에 대해 지속적으로 가르쳐 주세요. 그분이 하신 일, 지금도 하고 계시고 앞으로도 하실 일에 대해 가르쳐 주세요. 그리고 그분으로 인해 그리스도 안에서 제가 어떤 존재인지 기억하게 해주세요. 성령님의 증거하심이 필요합니다. 성령님의 도우심이 필요합니다.

성령님의 인도하심이 필요합니다. 성령님의 능력이 필요합니다. 성령님의 진리가 필요합니다!"

나는 뇌리 속에 스치는 생각, 감정, 그리고 동기를 인식하면서 스스로에게 이런 질문을 던지곤 한다.

- 이것은 진정 진리인가, 아니면 거짓말인가?
- 하나님께로부터 온 것인가, 아니면 다른 것에서부터 온 것인가?
- 사탄의 정죄인가, 아니면 성령의 깨우침인가?
- 예수 그리스도의 복음과 일치하는가?
- 지금 나는 소망을 어디에 두고 있는가? 이 소망이 내게 무엇을 가져다 줄 것이라고 믿고 있는가?
- 왜 이런 행동을 취할 생각을 하는가? 이 행동의 결과는 무엇이겠는가?
- 이 모든 것을 통해 드러난 예수님에 대한 진리는 무엇인가? 나는 예수 안에서 어떤 존재인가?
- 예수님께서 나를 위해 하신 일이 무엇인가? 예수님께서 내게 어떤 말씀을 하셨는가?
- 내가 지금 당장 예수님에 대해 기억해야 할 사실은 무엇인가?

복음에 유창한 사람이 되고 싶다면 당신도 매일 이 질문들을 스스로에게 던져야 한다. 새로운 언어를 배울 때와 마찬가지로, 당신도 당신의 생각을 제압하고 관찰해서 그것이 복음과 일치하는지 돌아보고, 스스로에게 복음의 진리들을 반복적으로 선포해야 한다. 그래서 당신의 생각들을 하나씩 그리스도께 순복시켜야 한다.

이 모든 것을 혼자 해야 한다고 착각하지 말라. 하나님의 영이 당신과 함께 하시고 복음 안에서 당신을 자라게 하신다. 성령님께 간구하라. 예수님에 대한 진리들을 늘 마음에 새기게 해달라고 간구하라.

뿐만 아니라 예수님을 알고 사랑하는, 당신과 함께 이 전투를 감당할 공동체에 속해 있는 것 역시 중요하다. 이 책의 다른 장에서 우리는 복음 중심적인 공동체에 속함으로 인해 어떻게 이것을 함께 연습해나갈 수 있는지 상세하게 살펴볼 것이다.

### 열매를 생각하라

성령님은 우리를 예수의 진리 가운데로 인도하신다. 그 역할을 통해 우리 삶 가운데 예수님을 닮은 열매를 가져다주신다. 바울은 성령님과 동행하는 자들은 성령의 열매를 맺는다고 말한다. 여기서 성령의 열매란 "사랑과 희락과 화평과 오래 참음과 자비와 양선과 충성과 온유와 절제"이다(갈 5:22-23). 반대로 육체의 일은 예수님과 반대되는 열매를 맺게 하는데, 바로 "음행과 더러운 것과 호색과 우상 숭배와 주술과 원수 맺는 것과 분쟁과 시기와 분냄과 당 짓는 것과 분열함과 이단과 투기와 술 취함과 방탕함과 또 그와 같은 것들"이다(갈 5:19-21).

생각의 전쟁과 싸우는 방법 중 하나는, 우리가 현재 경험하고 있는 삶의 열매들이나 우리가 특정한 생각을 하거나 행동을 취했을 경우에 경험하게 될 열매를 고려하는 것이다. 내가 내 삶 가운데 성령의 열매를 경험하지 못할 때나 내 삶이 예수의 삶을 닮아가고 있지 않을 때, 내 생각은 분명히 성령님께 집중되어 있지 않다. 즉, 내 생각이 그리스도께 순복하고 있지 않다는 말이다. 예수 그리스도께 순복된 생각은 예수님과 성령의 열매를 닮아가게 되어 있다.

나는 내 삶 가운데 어려운 시기를 겪으면서 이 사실을 깨달았다. 당시에 나는 꽤 큰 교회의 청소년 사역을 맡고 있었는데, 함께 사역하는 팀의 신뢰를 점차 잃어가고 있었다. 나는 그들의 마음을 돌이키기 위해, 그들의 신뢰를 다시 얻기 위해 참 많이 노력했다. 그러나 상황은 더 악화되었다. 어느 순간부터는 행정 목사님이 리더로서의 나의 자질을 평가하기 위해 우리의 스텝 회의에 참석하기 시작했다.

나는 내 정체성과 부르심을 의심하며 걷잡을 수 없는 우울감에 빠지기 시작했다. 내 생각들은 모두 자기 증오적이었고 나 자신을 죽이는 것이었다. 나는 점차 비난과 실패에 대한 두려움으로 가득 차기 시작했다. 그리고 사탄이 나를 향해 퍼붓는 거짓말들과 고발이 내 뇌리 속으로 들어오기 시작했다.

- 여기서 성공하지 않으면 다시는 어디서도 사역하지 못할 거야. 여기서 뿐만 아니라 그 어느 교회에서도 말이야.
- 모든 사람이 너를 주목하고 있어.
- 모든 사람이 네가 실패자라는 사실을 알게 될 거야.

두려움이 나를 지배했다. 나는 분명 자유하지 못했다. 이것은 분명 성령의 열매가 아니었다. 나는 30분간의 출근시간 내내 하루만 더 버티게 해달라고 기도해야 했고, 퇴근하는 30분간에는 집에 가서 아내와 갓 태어난 아기와 정상적으로 생활할 정신적인 힘을 달라고 기도했다. 나는 한 6개월 동안 이렇게 살았다.

그동안 나는 상담가를 만나기 시작했고 교회의 어느 신실한 리더와도 만나기 시작했다. 그 두 사람은 침착하게 내 이야기를 들어주었고 내가 왜 그렇게 행동하고 있는지를 주의 깊게 살펴주었다. 바로 그들이 처음으로 내게 생각을 사로잡아 예수 그리스도께 순복시키는 법을 가르쳐 준 사람들이다. 나는 불신과 무너진 생각, 영적인 공격의 피해자로 살아가는 것에 너무나 익숙해져 있는 상태였다.

그들과 함께 내 상황에 대해 나누면서 나는 내 칭의가 타인의 인정과 내 성공에 달렸다고 믿고 있는 나 자신을 발견했다. 나는 내가 사역을 잘하고 사람들이 나를 좋아하면 내가 잘하고 있다고 믿었다. 반면에 사역이 잘 풀리지 않고 사람들이 나를 싫어하면 실패자라고 여겼다.

나는 짝퉁 복음을 믿고 있었던 것이다. 내 승인과 인정이 하나님의 말씀과 그분이 행하신 일에 기반을 두고 있지 않았다. 모든 것이 내게 달려 있다고 믿고 있었다. 사람들의 인식에 달려 있다고 믿고 있었다. 나는 온갖 거짓들을 다 믿고 있었던 것이다. 내가 도대체 어디서 속임을 당하고 실패하고 있는지 돌아보는 것, 이것이 싸움의 한 부분이다.

또한 나는 갈등에 대한 큰 두려움이 내 안에 있다는 사실을 발견했다. 나는 내 신념들을 타협하면서까지 인정을 받으려고 아부하고 있었다. 진리를 말해야 하는 순간에도 그것을 말하지 않고 모든 관계 가운데 평화를 유지하려고 애쓰고 있었다. 나는 사람과 사람의 인정을 잃어버릴 수 있다는 사실이 너무도 두려워 내 인품과 신념마저 저버렸던 것이다.

나는 하나님의 진리를 거짓말들과 맞바꾸었던 것이고, 나 자신과 사람을 하나님 대신 경배했던 것이다. 나는 사람의 인정을 받는 것에 혈안이 되어 있었고, 하나님이 아닌 피조물인 인간을 내 신으로 모시려고 했다. 그래서 내 마음 가운데 사람과 나 자신에 대한 인식은 커져 갔고, 하나님은 작아져 갔다.

모든 것을 멈추고 내 생각들을 사로잡아 관찰했을 때, 나는 불신으로 인해 내가 얼마나 종처럼 살아왔는지, 또 얼마나 왜곡된 현실 가운데 살아왔는지를 발견하게 되었다.

### 복음의 진리들로 싸우라

내 멘토들은 복음 안에서 하나님이 우리의 대적보다 능력 있는 분이심을 상기시켜 주었다. 하나님은 분명히 내 동역자들이나 다른 리더들보다 더 강한 분이셨다. 또한 성령님은 나를 사랑하고 인정한다고 말씀하셨다. 그 이유는 내 사역의 성공 때문이 아니라 예수의 삶과 죽음과 부활 때문이라고 말씀하셨다. 내 생명은 그리스도와 함께 하나님 안에 감춰진 것이었고(골 3:3), 나는 수치심과 두려움 가운데 살 필요가 전혀 없었다.

나는 늘 내가 실패하면 다른 사람들이 나에 대해 어떻게 생각할지를 염려했다. 성령님은 내가 사역의 중심이 아님을, 내가 사역의 성공을 좌지우지 하지 않음을 기억하게 하셨다. 또한 예수님께서 내 과거의 죄, 그리고 지금 다른 사람을 내 신으로 섬기는 죄를 위해서만 죽으신 것이 아니라는 사실을 기억하게 하셨다. 부활하신 예수님은 내 죄뿐만 아니라 나를 지배하는 죄의 능력까지도 무너뜨리셨다. 나는 두려움 가운데 사람들의 말의 노예가 되어 살았지만, 예수님은 이러한 나를 자유케 하려고 죽으시고 부활하셨다.

또한 성령님은 예수님께서 나를 위해 행하신 일로 인해 내가 하나님의 인정과 사랑을 받는 존재임을 기억하게 하셨다. 나는 이미 최고의 용납과 인정을 받은 것이었다. 나는 다시 한 번 예수 안에서 내가 하나님께 사랑받고 용납받고 인정받는 존재임을 믿게 되었다. 그러자 사람의 인정을 받지 못해도 괜찮았다. 이 진리가 내 심령 가운데 깊이 자리 잡게 되자, 내 어깨 위에서 커다란 짐이 사라지는 것을 느꼈다. 자유함을 얻은 것이다! 나는 비로소 복음의 무기들로 전투에 임하고 있었다.

나는 복음의 진리들로 영적 싸움을 하는 방법을 가르칠 때, 각 사람마다 현재 복음의 어떤 특정한 부분을 더 절실히 필요로 하는지를 발견하도록 훈련시킨다. 예를 들어, 누가 자신의 행위로 인해 죄책감이나 수치심으로 힘들어 한다고 하자. 나는 그에게 예수님이 달린 십자가로 나아가서 그분이 하신 말씀을 기억하라고 권면한다.

> "아버지 저들을 사하여 주옵소서 자기들이 하는 것을 알지 못함이니이다"(눅 23:34).

우리는 예수님의 죽음이 우리의 모든 과거, 현재, 미래의 죄에 대한 값을 치르셨다는 사실을 기억해야 한다. 그분이 우리의 죗값을 치르셨고 우리의 죄책감을 제거하셨고 우리의 수치를 가리셨다.

또한 나는 죄를 극복하지 못한 채 어려움을 겪는 사람에게는 죄의 능력을 파괴시킨 예수님의 부활을 기억하고 믿으라고 권면한다. 그분은 자신을 죽음에서 부활하게 하신 동일한 성령의 능력으로 우리가 죄를 극복할 수 있도록 도우신다.

어떤 이들은 자신의 행위가 부족하다고 생각해서 늘 자신의 행실을 통한 용납을 향하여 달려간다. 나는 그런 이들에게 그들을 위해 완벽하게 사신 예수님의 삶을 기억하라고 권면하고, 더 나아가 아버지께서 예수님에게 하신 말씀을(그리고 이제 예수 안에 있는 우리에게 하시는 말씀을) 기억하라고 권면한다.

"이는 내 사랑하는 아들이요 내 기뻐하는 자라"(마 3:17).

우리의 연약함이 무엇이든 예수님의 삶과 죽음, 장례와 부활은 우리에게 생명과 소망, 그리고 능력을 선사한다. 그리스도를 믿음으로 인해 그분을 의지하고 그분에게 순복하는 우리에게도 예수님의 모든 속성과 성품과 축복이 주어지는 것이다. 우리는 그리스도와 공동상속자로서 하늘의 신령한 복을 누리는 자들이다. 예수님은 우리가 그분의 뜻을 이루도록 자기 자신과 모든 것을 우리에게 주실 준비가 되셨다(엡 1:3-23).

한마디로 말해 복음의 진리로 싸운다는 것은 예수님에 대한 진리를 신뢰하고 그 진리를 입고 싸우는 것이다. 예수 안에서 우리가 누구인지에 대한 진리를 믿는 것이다.

바울은 에베소 교회에게 이렇게 권면했다.

"끝으로 너희가 주 안에서와 그 힘의 능력으로 강건하여지고 마귀의 간계를 능히 대적하기 위하여 하나님의 전신 갑주를 입으라"(엡 6:10-11).

바울은 나아가 그 전신 갑주를 이렇게 설명했다.

"그런즉 서서 진리로 너희 허리띠를 띠고 의의 호심경을 붙이고 평안의 복음이 준비한 것으로 신을 신고 모든 것 위에 믿음의 방패를 가지고 이로써 능히 악한 자의 모든 불화살을 소멸하고 구원의 투구와 성령의 검 곧 하나님의 말씀을 가지라 모든 기도와 간구를 하되 항상 성령 안에서 기도하고 이를 위하여 깨어 구하기를 항상 힘쓰며 여러 성도를 위하여 구하라"(엡 6:14-18).

우리는 모든 것을 지탱해주는 복음의 진리의 허리띠를 띠고 전투에 임한다. 우리의 가슴은 예수님의 의로움의 호심경으로 보호받고 있다. 우리는 하나님과의 관계가 우리의 의로움이 아닌 예수님의 의로움으로 회복되었음을 계속해서 믿는다. 우리는 죄책감, 수치, 두려움에서 자유하게 되었으므로 악한 것에서 재빨리 도망쳐 순종의 길을 따를 준비가 되어 있다. 예수로 말미암아 우리의 죄책감은 제거되었고 우리의 수치는 가려졌으며 우리의 두려움은 괴멸되었다. 예수님이 우리의 대적들을 무찌르셨기 때문이다.

당신이 겪는 모든 어려움 가운데 결코 믿음을 잃지 말라. 우리가 해야 할 일은 믿는 것이다. 이것을 기억하라. 우리는 믿음의 방패를 들고 싸우는 자들이다. 우리는 하나님을 믿는다. 우리는 그분이 예수 그리스도 안에서 우리를 위하여 행하신 모든 일을 믿는다. 모든 상황 가운데 우리는 그분을 신뢰한다. 이 좋은 소식은 우리의 마음과 생각을 온갖 거짓과 고발, 유혹에서 지켜주는 투구이다. 이 전투에서 우리는 늘 방어만 하는 것이 아니다. 우리는 하나님의 말씀인 성령의 검과 예수 그리스도의 복음을 들고 사탄의 계략들을 공격해야 한다. 이 모든 것은 기도를 통해 성령님을 신뢰함으로써 이루어진다. 무기들 자체만으로는 승산이 없다. 이 모든 것에 능력을 더하시는 성령님께 우리 자신을 순복해야 한다. 우리는 이렇게 전쟁에 임한다.

중요한 사실은 우리의 연약함이 하루아침에 사라지는 건 아니라는 것이다. 나는 새롭게 경험한 자유를 누리면서도 나를 실패하게 만드는 그 실체들과 맞서야 했다. 나는 하나님의 은혜가 필요했고 복음 안에서 그 은혜를 받아들여야 했다. 또한 복음 중심적인 영적 전쟁을 치르는 방법을 익혀야 했다. 나는 계속해서 내 생각을 사로잡아 그 안에 있는 거짓과 정죄를 발견해야 했다. 복음의 진리 안에 굳건히 서고, 싸우기 위해 복음의 무기들을 들고, 기도를 통해 성령님을 의지하며 믿음으로 걸어가는 연습을 해야 했다.

이렇게 하자, 나는 믿음의 선한 싸움 안에서 점차 성장하기 시작했다. 나는 마귀를 대적하면 피한다는 사실을 깨달았다(약

4:7). 나는 육신을 죽이기 시작했고 세상의 두려움을 극복하기 시작했다. 그러자 더 큰 자유와 승리를 맛보게 되었다. 나는 하나님을 더 뚜렷이 보고 그분의 음성을 더 자주 듣게 되었으며 날마다 용기를 가지고 살아갈 수 있게 되었다.

나는 바울이 로마 교회에게 말한 바로 그것을 경험한 것이다.

> "너희는 이 세대를 본받지 말고 오직 마음을 새롭게 함으로 변화를 받아 하나님의 선하시고 기뻐하시고 온전하신 뜻이 무엇인지 분별하도록 하라"(롬 12:2).

복음에 유창한 사람이 되기 위해서는 전쟁을 치를 준비가 되어 있어야 한다.

당신의 생각을 사로잡아 자세히 관찰하라. 그리고 생각들을 제압하라. 순복시키라. 생각이 가져오는 열매들을 분별하라. 그리고 복음의 진리들로 싸우라.

9장

## 삶의 열매로 뿌리를 추적하다

그날은 쉬는 날이었다. 내가 아이들을 학교에 바래다주고 집으로 돌아왔는데도 재이니는 여전히 파란색 목욕 가운을 입고 모닝커피를 마시고 있었다. 뭔가 기분이 좋지 않은 것이 분명했다.

재이니는 자녀들에 대한 염려로 많이 힘들어 하고 있었다. "자녀들이 예수님과 바른 관계 안에서 자라나고 있는가?" "자녀들이 예수님께 삶을 내어드릴까?" "우리 동네는 안전한가?" "자녀들을 어떻게 보호할 것인가?" "또 학교는? 공립학교에 계속 보내도 되는 것인가?" "거기서 도대체 무엇을 배우고 있는 것인가?" 이런 많은 걱정거리로 아내는 짓눌려 있었다.

복음에 더욱 유창해지려면 내 마음에서 무엇이 흘러나오는지 유심히 지켜봐야 한다. 우리의 생각, 감정, 그리고 행동으로 표출되는 것들의 근본은 우리 안에 있다. 우리는 우리 내면의 근본적인 원인을 다루지 않고 외형적인 현상에만 집중하는 경향이 있다. 그러나 예수님은 분명히 우리를 더럽히는 것들이 우리 마음에서, 우리의 신념과 동기에서 비롯된다고 말씀하셨다. 우리 삶의 열매는 우리 믿음의 뿌리에서 나온다. 온도계가 고열을 감지하듯이 우리가 보고 경험하는 것들은 우리 마음의 복음의 건강 상태에 대해 말해준다. 그래서 우리는 열매를 다시 뿌리로 추적하는 법을 배워야 한다.

지난 수년간 나는 사람들을 복음으로 다듬어 가며 그들에게 다음 네 가지 질문을 차례로 물어보곤 했다. (1)하나님/예수님은 누구신가? (2)하나님/예수님이 행하신 일은 무엇인가?(그리고 그 일이 하나님에 대한 무엇을 드러내는가?) (3)하나님/예수님이 행하신 일에 비추어 나는 누구인가? (4)내가 누구인지 비추어 볼 때 앞으로 어떻게 살아야 하는가?

예를 들어, (1)하나님은 누구신가? 한 가지 답은 '하나님은 사랑이시다.' (2)하나님이 행하신 일은 무엇인가?(다시 말해,

하나님이 사랑이시라는 것을 어떻게 알 수 있는가?) 자신의 아들을 이 땅에 보내셔서 우리가 아직 죄인 되었을 때에 우리를 위해 죽게 하셨다. (3)하나님이 행하신 일에 비추어 나는 누구인가?(나를 위해 아들을 보내시고 죽게 하신 일을 말한다.) 나는 하나님이 지극히 사랑하시는 아들이다. (4)내가 누구인지 비추어 볼 때 앞으로 어떻게 살아야 하는가? 나는 하나님이 나를 사랑하신 것처럼 다른 사람을 사랑해야 한다.

나는 이 질문들을 성경공부나 모든 제자훈련 과정 중에 적용할 것을 권면한다. 그 이유는 우리의 모든 행위가 (1)하나님이 누구이신지 (2)하나님이 무엇을 행하셨는지 (3)그리스도 안에서 또는 그리스도를 떠나서 우리가 누구인지에 대한 믿음에서 비롯되기 때문이다. 우리 믿음의 뿌리가 삶의 열매를 생산한다.

또한 복음에 대한 불신을 식별하기 위해서 나는 다음 네 가지 질문을 거꾸로 물어보곤 한다. (1)내가 지금 하고 있는 일이나 경험하고 있는 일은 무엇인가? (2)내가 지금 하고 있는 일이나 경험하고 있는 일에 비추어 나는 나에 대해 무엇을 믿고 있는가? (3)나는 하나님이 어떤 일을 행하신다고 믿고 있는가? (4)나는 하나님의 성품에 대해 무엇을 믿고 있는가? 바로 이 질문들을 통해 열매를 뿌리로 추적하는 것이다. 열매가 예수님을 닮지 않았다면 우리의 믿음이 예수 안에 있지 않다는 것이다. 우리는 삶의 많은 부분에서 아직 불신자라는 사실을 기억하라(1장에서 다루었듯이). 우리는 매 순간 복음을 통해 드러난 하나님에 대한 진리들을 믿지 않기 때문에 불신 가운데 살고 있다.

우리는 지금도 구원을 받고 있다.

그렇다면 우리 삶의 열매가 예수님을 닮았는지 어떻게 알 수 있는가?

우선 예수님이 어떤 분이신지 알아야 한다. 그래서 우리는 계속해서 말씀을 통해, 특히 예수님의 생애가 담긴 복음서들을 통해 그분을 알아야 한다. 예수님이 하신 말씀을 기억하라.

> "내가 진실로 진실로 너희에게 이르노니 나를 믿는 자는 내가 하는 일을 그도 할 것이요"(요 14:12).

**예수님은 다른 성경 구절에서 모든 율법을 이렇게 정리하셨다.**

> "네 마음을 다하고 목숨을 다하고 뜻을 다하여 주 너의 하나님을 사랑하라 하셨으니 이것이 크고 첫째 되는 계명이요 둘째도 그와 같으니 네 이웃을 네 자신 같이 사랑하라 하셨으니 이 두 계명이 온 율법과 선지자의 강령이니라"(마 22:37-40).

예수님을 믿는 믿음의 열매는 하나님과 이웃을 향한 사랑에서 드러난다. 복음은 우리가 우리의 능력을 이루는 것이 아님을 분명히 말한다. 예수님을 믿음으로써 우리는 하나님의 영이 거하시는 거룩한 처소, 성전이 된다. 예수님은 우리가 성령으로 인하여 예수님을 알고, 믿고, 그분에게 연결되어 열매를 많이 맺게 될 것임을 미리 알려 주셨다.

8장에서 다룬 것처럼, 성경은 우리가 하나님을 대적하는 '육신의 일'을 맺는지, 아니면 예수의 성품을 나타내는 '성령의 열매'를 맺는지 알아내야 한다고 말한다.

> "육체의 일은 분명하니 곧 음행과 더러운 것과 호색과 우상 숭배와 주술과 원수 맺는 것과 분쟁과 시기와 분냄과 당 짓는 것과 분열함과 이단과 투기와 술 취함과 방탕함과 또 그와 같은 것들이라 전에 너희에게 경계한 것 같이 경계하노니 이런 일을 하는 자들은 하나님의 나라를 유업으로 받지 못할 것이요 오직 성령의 열매는 사랑과 희락과 화평과 오래 참음과 자비와 양선과 충성과 온유와 절제니 이같은 것을 금지할 법이 없느니라"(갈 5:19-23).

분명 재이니는 성령의 열매가 아닌 육의 열매를 경험하

고 있었다. 그녀는 평안이 아닌 갈등을 경험하고 있었다. 왜 그런가? 그 순간에 그녀는 복음의 진리들을 믿지 않았기 때문이다.

### 열매에서 뿌리로

나는 그녀의 복음에 대한 불신을 밝힐 질문을 던지기 시작했다(재이니와 함께 나무를 그려가며 이야기를 나눈 것은 이때가 처음이자 마지막이었다. 아내는 시각형 학습자였다. 그래서 자신의 상태와 삶의 열매들에 대해 귀로 듣고 눈으로 보는 것이 필요했다. 아내와 함께 열매에서 뿌리로 연결되어진 것들을 반복적으로 나눌 때, 이 그림은 큰 도움이 되었다. 뿐만 아니라 그림을 사용함으로써 천천히, 그리고 차분히 우리 심령 가운데 일어나고 있는 일들을 나눌 수 있었다. 당신도 주변의 시각형 학습자들과 이 나무를 가지고 삶을 나눌 수 있길 바란다). 먼저 냅킨에 나무 한 그루를 그린 후, 지금 그녀가 경험하고 있는 것들을 이야기해달라고 했다.

그녀는 그것이 염려와 두려움이라고 말했다. 나는 대답을 들으며 냅킨에 '염려'와 '두려움'을 나무에 달린 열매처럼 그려 넣었다. 다음으로 나는 아내에게 무엇을 하고 있었는지, 그리고 무엇을 할 것인지에 대해 물었다. 아내는 걱정을 하고 있었고, 어떻게 상황을 통제해야 할지 몰라 고민하고 있다고 말했다. 그래서 나는 '걱정'과 '통제하려는 욕망'을 그곳에 그려 넣었다 (184쪽의 그림 A를 참고하면서 읽어 나가라).

그 다음으로 나는 아내에게 이렇게 물었다.

"당신이 경험하고 있는 것에 비추어 당신은 지금 당신에 대해 무엇을 믿고 있나요? 이 상황 가운데 자신의 존재를 어떻게 인식하고 있어요?"

"내가 통제하고 있다고 여기고 있어요."

"당신이 진정 통제하고 있다면 왜 염려하죠? 왜 걱정을 할까요?"

"내가 통제하지 못하고 있기 때문에 그렇겠죠. 그러나 내가 통제해야 한다고 믿고 있어요."

이전 장에서도 언급했듯이 팀 체스터 목사는 모든 죄악 된 행실과 부정적인 감정의 뿌리에는 하나님에 대한 진리를 믿지 못하는 불신이 있다고 했다. 나는 그것이 우리가 우리에 대해 믿고 있는 것들에도 적용된다고 생각한다. 우리는 하나님에 대한 거짓을 믿기 때문에 우리 자신에 대한 거짓말을 믿는다. 우리는 하나님이 우리를 사랑하지 않으신다고 믿기에 우리도 사랑받을 자격이 없다고, 불필요하고 버려진 쓰레기 같은 존재라고 믿는다. 하나님이 우리의 구세주라고 믿지 않기 때문에 우리 자신이 우리의 친구, 배우자, 그리고 자녀들의 구세주가 되어야 한다고 생각한다.

재이니는 자신이 전능하신 하나님인 양 모든 것을 통제해야 한다고 믿고 있었다. 그리고 염려함으로써 모든 상황이 바르게 될 것이라고 믿고 있었다. 아내는 이런 자신의 걱정이 문제를 해결할 것이라고 믿었지만, 사실 그 걱정은 더 많은 문제를 낳고 있었다.

때로 우리는 스스로를 세상을 구원하기 위해 보냄 받은 신적인 존재라고 믿거나 아니면 쓰레기 같은 쓸모없는 존재라고 믿는다. 우리는 하나님에 대해 무엇을 믿고, 무엇을 믿고 있지 않는지에 따라 자기 자신에 대해 무엇을 믿는지가 결정된다.

나는 재이니에게 물었다.

"여보, 하나님이 무슨 일을 하고 계신지, 무슨 일을 하셨는지에 대해서 지금 무엇을 믿고 있어요?"

"하나님이 나를 더 이상 사랑하지 않으시는 것 같이 느껴져요."

"아니, 당신이 느끼는 것뿐만 아니라 무엇을 믿고 있는지 알고 싶어요. 느끼는 염려와 두려움 말고, 하나님이 하신 일에 대해서 무엇을 '믿고 있는지' 알고 싶어요."

나는 상당수의 사람들이 자신이 느끼는 감정과 경험을 자신의 믿음과 분별하지 못한다는 사실을 안다. 우리 자신에게 복음을 더 적용하려면 진정 매 순간 내가 무엇을 믿고 있는지 유심히 살피는 법을 익혀야 한다.

아내는 "나는 하나님이 나를 더 이상 사랑하지 않으신다고 믿고 있어요. 또 하나님이 우리 아이들의 상황을 통제하지 못하고 계신다고, 그리고 나를 저버리셨다고 믿고 있어요"라고 말했다. 나는 이 내용을 나무에 그린 열매들 밑에, 나무의 몸통 오른쪽에 적은 후, 다시 물었다.

"당신의 이 믿음이 하나님의 성품에 대한 당신의 믿음을 어떻게 반영하고 있는 것 같아요?"

아내는 "그분은 사랑이 없으시고 무능하시고 내 곁에 계시지 않아요"라고 말했다. 나는 이것들도 냅킨에 적었다. 솔직히 그녀가 하나님이 무능하시다고 말할 때 조금 놀랐다. 심각한 고백이지 않은가!

내가 재이니를 사랑하는 이유 중 하나는 그녀의 이런 솔직함 때문이다. 그녀는 자신의 내면에서 일어나고 있는 일에 대해 말하는 것을 두려워하지 않았다. 그리고 그렇게 말하더라도 하나님이 이미 다 알고 계시기에 놀라지 않으실 것이라는 확신이 있었다.

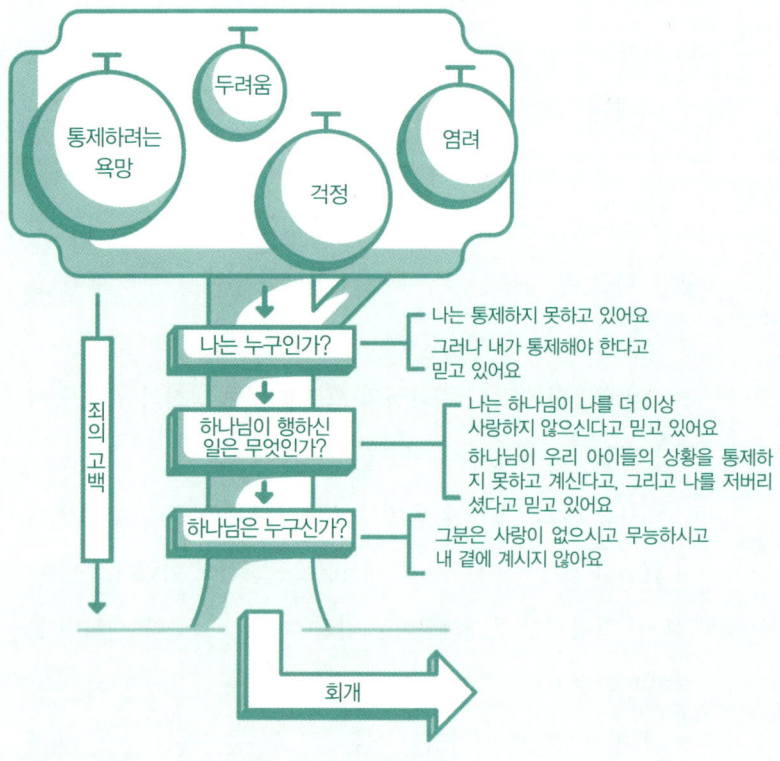

그림 A : 육의 일

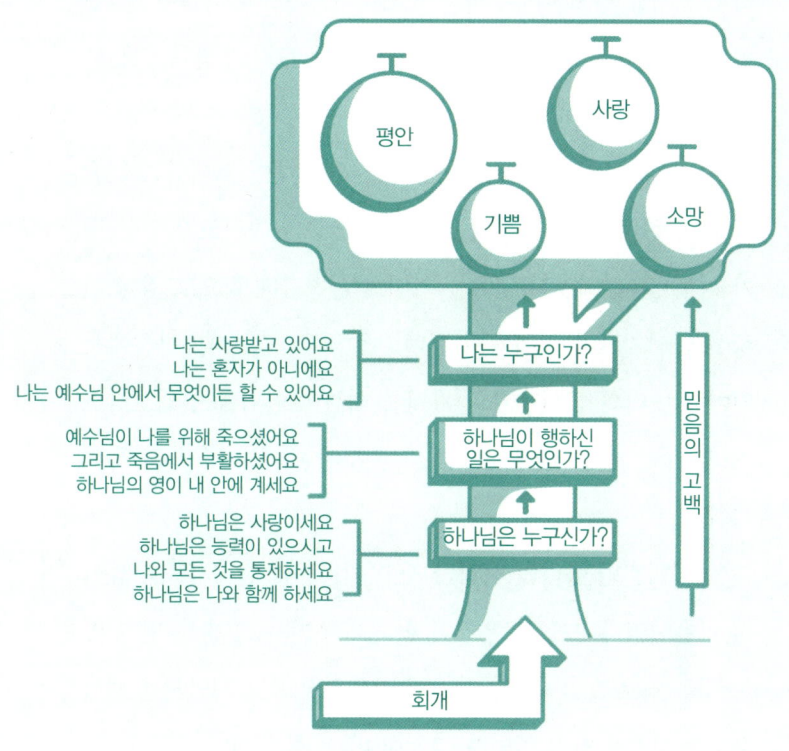

그림 B : 성령의 열매

하나님은 당신의 내면에 어떤 일이 일어나고 있는지 다 아시기에 놀라지 않으신다. 그분에 대한 잘못된 믿음을 고백하더라도 충격을 받으시거나 마음 상해하지 않으신다. 그러니 당신이 진정 무엇을 믿고 있는지 솔직히 말씀 드려도 된다. 그분은 충분히 감당하실 수 있다.

우리는 우리가 믿고 있는 것들을 소리 내어 고백하는 연습을 해야 한다. 그런데 우리는 무엇을 믿고 있는지조차 모를 때가 너무 많다. 거짓된 믿음을 가지고 살면 결과적으로 죄악 된 행실을 저지르며 살아가게 된다. 재이니와 같이 내 마음에서 일어나는 나와 하나님과의 관계에 대한 이야기를 말해보라고 격려해주는 친구, 배우자가 있다는 것이 내게는 가장 큰 축복이다.

재이니뿐만 아니라 성경의 시편 기자들과 선지자들도 동일한 마음이었다. 그들도 우리의 변화가 우리가 그 순간 믿고 있는 것을 입으로 고백하고 우리의 믿음을 입으로 시인하는 데서 온다는 사실을 알고 있었다. 그것이 바로 '회개'이다.

재이니는 무엇을 하고 있었는가? 그녀는 회개하고 있었다. 구체적으로 그녀는 죄를 자백하고 있었다.

우리는 흔히 죄를 고백할 때, 죄악 된 행실만을 고백하는 경향이 있다. 다시 말해, 열매만을 고백하는 것이다. 예를 들어, "거짓말을 해서 미안해. 부디 나를 용서해줘" 같은 식이다. 여기서 문제는 자신의 죄악 된 믿음은 고백하지 않는다는 것에 있다. 우리는 수면 밑에서 자신의 행실을 생산하고 동기를 부여하는 신념들, 죄 밑의 죄, 그 뿌리를 고백해야 한다. 모든 죄는 잘못된 신념, 잘못 믿는 것들, 그리고 궁극적으로 예수님을 믿지 못하는 불신에서 나온다. 또한 대부분의 경우, 열매를 넘어 뿌리를 다루지 않기 때문에 복음 안에서의 내면의 변화가 아닌 행동수정(behavior modification)에만 집중하게 되고 마는 것이다. "미안해, 다시는 그러지 않겠다고 약속할게" 또는 "미안해, 내가 앞으로 더 노력할게"와 같은 말들이 그 흔한 반응이다.

재이니의 걱정과 두려움에 대한 보편적인 반응은 아마 이럴 것이다.

"걱정하지 마. 기뻐해야지! 기운 내. 당신이 생각하는 것만큼 상황이 나쁘지 않을 거야. 더 안 좋았을 수도 있잖아."

이러한 반응의 문제점은 그녀의 진짜 문제, 죄 밑의 죄를 다루지 않는다는 것에 있다. 사실 우리가 생각하는 것보다 문제가 더 심각할 수도 있다. 물론 더 악화될 수도 있다. 복음 안에서 우리는 죄의 악함과 세상의 상함을 보게 된다. 우리는 죄로 인해 고통 받고 있고, 또 앞으로도 계속 고통 받을 것이다. 우리는 고통 없는, 어려움 없는, 고난 없는 삶을 약속받지 않았다. 재이니가 그렇게 걱정했던 이유 중 하나는, 자기 혼자서 상황이 악화될 수도 있는 그 미래의 가능성과 맞서야 한다고 생각했기 때문이다.

이러한 반응은 변화의 무게를 나 자신이나 자신의 노력에 두게 한다. "더 이상 걱정하면 안 돼"라고 스스로에게 말하게 한다. 그러고는 스스로의 행동을 개정하기 위해 발버둥 치게 한다. 아니면 자신 안에서, 그리고 주변에서 벌어지고 있는 영적 전투를 부정하며 살아가게 한다.

"그 정도도 나쁘지 않아. 행복한 생각만 하면 되는 거야."

그러나 더 이상의 자조나 부정은 필요 없다. 우리는 이 모든 것으로부터 구원을 받아야 한다.

사탄은 실존한다. 죄는 나쁘다. 죽음은 피할 수 없다. 그러하기에 우리는 스스로의 힘과 능력 그 이상의 것이 필요하다. 우리는 진리가 필요하다. 우리는 복음이 필요하다! 우리는 복음 안에서 하나님이 우리를 용서하시고 구원하시고 회복하시는 분임을 알고 믿게 된다. 그분에게는 죄를 이기는 권능이 있다. 죄의 영향에서 우리를 치유할 수 있는 능력이 있다. 우리가 믿음의 변화 없이 행위의 변화만을 강조한다면, 세상의 모든 문제와 죄의 결과인 모든 상함을 감당해야 할 무게가 하나님이 아닌 우리에게 지워질 것이다.

우리는 모든 것을 변화시키실 수 있는 하나님의 능력을 신뢰해야 한다. 재이니에게는 하나님의 사랑, 능력, 그리고 임재를 믿는 믿음이 필요했다. 그녀는 행동수정이 아닌 복음 안에서의 변화가 필요했다.

재이니는 내가 냅킨에 적은 그녀의 믿음에 대한 표현들을 본 후, "내가 하나님을 이렇게 믿는다고요? 인정하기 어렵네요!"라고 말했다. 그때 나는 "아니에요, 하나님에 대해서 정말 이렇게 믿고 있어요"라고 대답했다. 그녀가 소리 내어 다시 자신의 잘못된 믿음을 읽기 시작했다. 그러자 성령님이 그녀에게 하나님에 대한 진리들을 기억하게 하셨다.

하나님의 영은 우리의 인도자이고 선생이며 상담자이시다. 하나님의 소유된 우리가 그분에 대한 잘못된 믿음을 자백할 때, 성령님은 우리의 불신을 고쳐 주시고 예수 안에 있는 진리로 인도해 주신다. 하나님은 이렇게 우리를 회개하게 하신다. 우리의 불신을 드러내시고 진리를 믿을 수 있도록 인도하신다.

## 뿌리에서 열매까지

재이니의 불신의 핵심을 발견한 나는 질문들을 반대 순서로 물어보기 시작했다(185쪽의 그림 B를 참고하면서 읽어 나가라).

"당신은 하나님에 대해 무엇을 믿나요? 하나님은 누구시죠?"

"그분은 사랑이세요."

나는 그녀의 대답을 냅킨의 나무 몸통 반대편 아래에서부터 위로 적어 갔다.

나는 다음으로 "하나님이 사랑이시라는 것을 어떻게 알죠?"라고 물었다. 나는 실질적으로 두 번째 질문을 하고 있었다.

"하나님께서 그분이 사랑이심을 보여 주시기 위해 하신 일이 무엇이죠?"

여기서 나는 이 두 번째 질문이 얼마나 중요한지 강조하고 싶다. 우리는 자주 누군가의 믿음이나 행동에 대해 권면할 때 복음을, 즉 하나님께서 예수 그리스도 안에서 자신을 드러내시고 우리를 변화시키시기 위해 하신 일에 대한 좋은 소식을 전파하지 않는 경향이 있다. 예를 들어, 재이니와 같은 상황에 있는 사람에게 "걱정 마, 하나님이 너를 사랑하시잖아!"라고 말한다. 틀린 말은 아니지만 여기서 끝나면 안 된다. 하나님이 우리를 사랑하신다는 것을 어떻게 알 수 있는가? 그리고 우리가 말하는 신은 어떤 분인가? 많은 사람들에게 하나님은 비인격적인 분, 멀리 계신 분, 우리의 일상과 거리가 있으신 분, 우리 삶에 상관하지 않으시는 분이다. 그러니 "하나님이 당신을 사랑하세요!"라는 말에는 별 의미가 없다. 우리는 사람들에게 복음을 주어야 한다.

그래서 나는 아내에게 물었다.

"재이니, 하나님이 사랑이시라는 사실을 어떻게 알죠?"

"예수님이 날 위해 돌아가셨으니까요."

"맞아요. 당신을 향한 하나님의 사랑을 기억하세요. 당신이 아직 죄인 되었을 때에 그리스도가 당신을 위해 죽으셨어요. 당신이 하나님의 대적이었을 때에 그분의 아들을 주시기까지 당신을 사랑하셨어요. 하나님은 당신을 너무나 사랑하세요! 당신이 하나님을 신뢰하지 못할 때에도 당신을 사랑하세요. 당신이 염려와 두려움에 사로잡혀 있을 때에도, 하나님 대신에 당신이 우리 가정의 신이 되려고 했을 때에도, 상황과 상관없이 하나님은 당신을 사랑하세요."

그러고 나서 나는 첫 번째 질문을 다시 물었다.

"하나님에 대해 또 어떤 믿음을 갖고 있나요?"

"그분은 능력이 있으시고 모든 것을 통제할 수 있으세요."

재이니의 이 고백은 전과 달랐다. 그녀는 자신의 믿음을 고백하고 있었다.

"그것을 어떻게 알죠? 하나님이 능력 있으시고 모든 것을 통제하실 수 있는 분임을 어떻게 알 수 있나요?"

"하나님은 세상을 창조하셨어요. 사탄을 이기셨어요. 죄를 정복하셨어요. 죽음에서 부활하셨어요."

"그래, 맞아요! 사실 하나님이 아무 능력 없어 보이던 때가 있었어요. 예수님이 돌아가시고 무덤에 누워 계셨을 때 말이에요. 그러나 하나님은 그 상황조차도 완벽히 주관하고 계셨어요. 패배처럼 보인 그 상황이 하나님의 주관하심 가운데 실제로는 사탄과 죄와 죽음에 대한 승리였으니까요! 예수님의 죽음으로 그 모든 것이 진멸되었어요."

그때 나는 무엇을 하고 있었는가? 바로 아내의 고백이 진리에 기반 된 고백임을 확인하고 있었다. 진리란 무엇인가? 예수님이 진리이다. 우리는 그분을 통해 하나님에 대한 진리를 알게 된다. 우리는 진리를 믿고 입술로 고백하여 구원을 받는데, 이것은 단일적인 것이 아니라 지속적인 것이다. 재이니는 바로 그 순간의 불신에서 구원이 필요했다.

"여보, 또 믿고 있는 것이 있어요?"라고 나는 다시 물었다.

"하나님이 나와 함께 하신다는 것을 믿어요. 하나님은 한 번도 날 떠나지 않으셨어요. 지금도 나와 함께 하세요."

"그것을 어떻게 알죠?"

"성령님으로 인해 알아요. 그분이 내 안에 계시니까요."

"맞아요! 예수님께서 하나님의 영을 당신 가운데 거하게 하셨어요. 당신은 절대로 혼자가 아니에요. 하나님이 함께 하세요. 뿐만 아니라 당신에게는 지금 겪고 있는 이 어려움을 극복할 수 있는 그분의 모든 사랑과 능력이 주어졌어요."

우리 부부가 복음 안에서 드러난 진리들을 계속해서 소리 내어 고백할 때, 재이니에게 변화가 일어났다. 바울이 로마서 12장 2절에서 말한 "마음을 새롭게 함으로" 그녀는 변화되고 있었다. 이것은 단순히 행동수정이 아니었다. 그보다 훨씬 더 깊은 것이었다. 바로 복음 안에서의 변화였다. 그것은 늘 행동의 변화를 가져온다.

나는 아내에게 물었다.

"지금은 당신 자신에 대해 어떤 사실을 믿고 있나요?"

"나는 사랑받는 자예요. 더 이상 혼자가 아니고 하나님이 나와 함께 하세요. 나는 그분 안에서 무엇이든 할 수 있어요. 난 더 이상 무력한 존재가 아니에요."

"그러면 지금 경험하고 있는 건 무엇인가요?"

나는 이렇게 물으며 나무의 윗부분을 가리켰다. 그리고 대답할 동안 그녀가 새롭게 경험하고 있는 열매들을 적었다.

"사랑, 기쁨, 평안, 그리고 소망."

(내가 재이니와 이 과정을 비교적 수월하게 나눌 수 있었던 이유는 그녀가 복음과 성경을 이미 잘 알고 있었기 때문이다. 그러면 이 과정을 수월하게 나눌 수 있다. 반면 복음을 아직 잘 모르는 사람에게는 우선 그것부터 먼저 가르쳐야 한다. 다시 말해, 복음의 어휘를 먼저 가르쳐야 한다).

우리의 구원은 과거에 한 번 받은 것으로 끝나지 않는다. 우리는 지금도 지속적으로 구원을 받고 있다. 구원은 그냥 과거의 사건이 아니다. 지금도 일어나고 있는 사건이다. 하나님은 우리를 적극적으로 구원하고 계신다. 복음은 우리를 지속적으로 구원하고 나날이 그리스도를 닮아가게끔 하는 하나님의 일하심을 위한 좋은 소식이다. 우리가 이 과정 가운데 해야 할 일은 불신을 회개하고 복음을 믿는 것으로 나아가는 것이다.

바울은 회개하고 복음을 믿을수록, 예수님께 돌아가 그분을 바라보고 믿을수록, 우리가 예수님의 형상으로 변화된다고 말한다.

> "우리가 다 수건을 벗은 얼굴로 거울을 보는 것 같이 주의 영광을 보매 그와 같은 형상으로 변화하여 영광에서 영광에 이르니 곧 주의 영으로 말미암음이니라"(고후 3:18).

나는 당신이 당신 삶의 열매를 유심히 관찰해보길 바란다. 다만 이때 스스로를 변화시키려고 하는 실수를 범하지 않도록 주의하라. 성령님의 도우심으로, 그리고 예수님을 사랑하고 복음을 믿는 공동체 안에서 이 과정을 연습해보길 권한다. 지금 당신이 무엇을 믿고 있는지, 당신의 신념이 복음의 진리와 일치하지 않는 시점은 어디인지 유심히 잘 살펴보라. 그리고 당신의 믿음의 실체를 소리 내어 고백해보라. 당신의 죄 밑의 죄는 무엇인가? 당신은 어떤 죄악 된 신념들을 가지고 있었는가?

삶의 열매들을 뿌리로 추적한 이후에는 하나님이 그리스도 안에서 당신을 위해 행하신 일과 그분의 성품을 계시해주시길 성령님께 간구하라. 진리를 보고 믿을 수 있는 능력을 달라고, 거짓과 불신을 회개할 수 있는 힘을 달라고, 믿음 안에서 하나님께로 돌아서게 해달라고 간구하라. 다시 말해, 뿌리에서 다시 열매들로 올라가 보라. 이렇게 하려면 먼저 복음을 알아야 하고 성경을 꾸준히 묵상함으로써 구체적인 삶의 상황 가운데 하나님의 진리를 선포할 준비가 되어 있어야 한다.

이 연습을 계속 하다 보면 예수 그리스도를 닮아가고 있는 자신을 발견하게 될 것이다. 여기서 더욱 복음으로 변화를 받으면 복음에 대해 더욱 말하고 싶어질 것이고, 복음에 유창한 사람이 될 것이다. 복음에 대해 말하면 말할수록 당신과 주변 사람들이 더욱 복음에 유창해질 것이다.

그러나 기억하라. 이것은 홀로 할 수 있는 것이 아니다. 우리는 그렇게 지음을 받지 않았다. 당신은 꼭 복음에 유창한 공동체 안에 속해 있어야만 한다.

그렇다면 이제 복음에 유창한 공동체 안에 속하면 어떻게 복음에 유창해질 수 있는지 살펴보도록 하자.

제4부

GOSPEL FLUENCY

# 우리와 함께 하는 복음
THE GOSPEL WITH US

10장

# 매 끼니마다 예수를 기억하라

우리는 3장에서 어떻게 한 문화권 안에 완전히 흡수되어 새로운 언어를 배우게 되는지에 대해 살펴보았다. 내가 스페인어를 빨리 배울 수 있었던 이유는 오직 스페인어로만 소통하는 사람들과 함께 했기 때문이다. 내가 홈스테이를 한 가정은 영어를 한마디도 못했다. 늘 함께 하는 사람들마저도 영어를 잘 구사하지 못했다. 그래서 나는 매 순간 스페인어에만 빠져 있었다. 반대로 영어를 잘하는 가정에서 홈스테이를 한 몇몇 친구들은 나처럼 스페인어를 빨리 익히지 못했다. 매일매일 스페인어에 빠져 있지 않았기 때문이다.

　복음에 더욱 유창해지려면 복음을 말하는 공동체 안에 지속적으로 속해 있어야 한다. 이것은 단순히 일주일에 한 번 교회에 나가 복음적인 설교를 듣는 것을 말하지 않는다(물론 주일 예배를 드리는 것은 중요하다). 또한 일주일에 한 번 하는 성경 공부, 소그룹 모임 그 이상이다(물론 이런 모임들도 권장한다). 복음에 더욱 유창해지기 위해서는 예수님을 알고 사랑하는, 예수님에 대해 자주 이야기하는, 그리고 복음을 늘 상기시켜주는 사람들 가운데 속해 있어야 한다.

　나는 첫 번째 저서 「포화상태」에서 매일의 '삶의 리듬'을 어떻게 제자 만드는 기회로 삼을 수 있는지에 대해 나누었다. 구체적으로 먹는 것, 듣는 것, 축하하는 것, 축복하는 것, 쉬는 것, 그리고 일하는 것을 어떻게 전도의 기회로 삼을 수 있는지에 대해 나누었다. 나는 그 책에서 나눈 삶의 리듬들을 여기서 다시 전하며 어떻게 하면 그것들이 복음에 유창해지는 데 도움을 줄 수 있는지에 대해 살펴보고자 한다. 이 장에서는 우선 식탁 교제를 통한 축복에 대해 나누고, 13장과 14장에서는 보여 주고 말하는 것을 통한 듣기와 축복하기를 다룰 예정이다.[1]

## 식사를 통해 기억하기

　성경의 시작부터 '먹는 것'은 하나님이 어떤 분이신지를 기억하고, 그분이 무엇을 하셨고, 우리가 누구인지를 기억하는데 중요한 역할을 해왔다. 하나님은 아담과 하와가 지낼 좋은 곳을 마련해 주셨고, 필요한 모든 양식을 공급해 주셨다. 그들은 일상에서 하나님과 그분이 하신 일을 기억하고, 또한 그들이 누구이고 무엇을 위해 창조되었는지를 기억할 수 있는 기회가 자주 있었다. 그들의 매끼 식사가 그러했다. 식사 시간은 하나님을 생각할 수 있는 시간이었고, 그분만을 향한 경배를 표현할 수 있는 시간이었다.

　하나님은 아주 창의적인 방식으로 매일의 필요를 풍족하게 채워주신다. 생각해보라. 모든 식사를 즐길 수 있도록 우리에게 오감을 주셨다. 하나님은 우리를 하루에 몇 번씩 충전기에 꽂아 충전하는 전기자동차처럼 만드실 수 있었지만 그렇게 하지 않으셨다. 하나님은 우리가 그분의 영광을 위해 먹기를, 또 먹는 것을 즐기기를 원하셨기 때문이다.

　우리는 음식의 먹음직스러움을 '눈'으로 본다. 어떤 음식은 정말 모네나 피카소 작품처럼 느껴질 만큼 예술 작품 같다. 또한 우리는 '코'로 음식의 냄새를 맡는다. 당신이 지금껏 먹은 요리의 매혹적인 향기들을 떠올려 보라. 생각만 해도 군침이 넘어가지 않는가! 그리고 그 요리를 '입'에 넣는 순간 감각의 폭발, 즉 달고 시고 쓰고 짠맛의 폭발을 경험하게 된다.[2] 입 안에서 파티가 열리는 것이다! 또한 우리는 음식의 다양한 '촉감'도 느낀다. 우리 몸으로 음식이 들어가며 내는 아삭한 소리, '추릅' 하고 들어가는 소리도 듣는다(어떤 이들은 소리 내어 먹는 것을 버릇없다고 여기겠지만). 우리는 이 모든 것을 통해 음식의 영양분을 공급받아 힘을 얻는다.

하나님은 식생활을 통해 우리가 그분을 즐기고 그분을 경배하며 그분을 기억하기를 원하신다. 또한 그분을 통해 우리의 필요가 충족되기를 원하신다.

하나님께서 아담과 하와에게 하신 말씀을 기억하라.

> "여호와 하나님이 그 사람에게 명하여 이르시되 동산 각종 나무의 열매는 네가 임의로 먹되 선악을 알게 하는 나무의 열매는 먹지 말라 네가 먹는 날에는 반드시 죽으리라 하시니라"(창 2:16-17).

하나님은 아담과 하와가 매끼마다 그분을 기억하고 신뢰하며 순종할 수 있는 기회를 주신 것이었다. 즉, 매 끼니는 하나님을 기억하며 경배하는 행위였다. 그러나 그들은 이렇게 하지 않았다. 오직 자신들만을 위해 먹었다.

하나님은 그분의 능력을 신뢰하도록 그들을 창조하셨다. 그들 밖에 있는 무언가가 그들 안에 있는 깊은 필요를 충족하도록 만드셨다. 여기서 그 무언가는 바로 하나님만이 공급하시는 것을 가리킨다.

이 모든 것의 목적은 예수 안에서 하나님의 공급하심을 보여 주기 위함이었다. 예수님은 우리를 위한 하나님의 궁극적인 공급하심으로 이 땅에 오셨다. 예수님은 우리의 가장 깊은 필요를 충족시켜 주시고, 우리의 최대 갈망을 만족시켜 주시는 생명의 떡이다. 그러기에 매 끼니가 우리에게는 예수님을 기억하고 경배할 기회인 것이다.

### 일상의 끼니

당신의 친구들, 가족, 소그룹, 미셔널 커뮤니티가 매 끼니를 '예배'로 여기기로 작정한다면 어떤 일이 벌어질까 상상해보라. 천천히 식사를 나누면서 예수님을 기억한다면, 음식을 나누는 매 순간을 하나님을 경배하는 순간으로 음미한다면 어떤 일이 벌어지겠는가?

나는 아론 스피로(Aaron Spiro) 형제와 식사하는 것을 정말 좋아한다! 아론은 내가 예전에 사역했던 소마 타코마(Soma Tacoma) 교회에서 만난 찬양인도자이다. 그는 모든 순간을 경배의 순간으로 만드는데, 그래서 나는 그와 함께 먹는 것이 즐겁다.

아론과 함께 한 기억에 남는 식사가 있다. 그날도 그는 먹는 내내 "음", "우와" 같은 추임새를 연이어 내뱉었다.

"이 스테이크 정말 맛있어! 정말 잘 구웠어. 맛이 장난 아니야. 오, 이런 놀라운 음식을 주신 주님을 찬양합니다! 이걸 좀 봐. 보기에도 아름답지 않나? 정말 창의적인 요리야."

아론은 잔을 들어 올리며 외치기 시작했다.

"이새의 뿌리를 찬양할지어다! 우리를 풍성한 추수로 축복하셨을 뿐만 아니라 우리의 포도주도 풍족하게 하셨네. 아버지, 감사합니다. 모든 좋은 선물과 특별히 예수님을 주셔서 감사합니다!"

아론은 흥분한 나머지 이런 말도 했다.

"이 맛있는 요리는 먹는 것 자체가 영적 체험을 하는 것 같아. 나와 음식 사이를 그 어떤 것도 가로막지 않으면 좋겠군. 에덴동산에서처럼 발가벗어도 창피하지 않는 그때로 돌아간다면 얼마나 좋을까. 셔츠도 다 벗어 버리고 먹고 싶다고!"

털보 아론이 너무 흥분한 것 같아서 나는 제발 윗도리를 벗지는 말아 달라고 간곡히 부탁해야 했다.

만일 우리가 매 끼니마다 예수님을 예배한다면 어떤 일이 벌어지겠는가? 모든 식사가 잔치처럼 호화로울 필요는 없다. 조촐하더라도 매 끼니 하나님께 감사드리고, 먹는 내내 기도를 한다면 어떤 일이 벌어지겠는가?

나는 식전에 기도할 때마다 최고의 공급자이신 예수님을 기억한다. 그리고 식사 시간이 그분을 경배하는 시간임을 상기한다. 때로는 식사 시간을, 하나님의 은혜를 기억하며 서로에게 고백하는 시간으로 채우기도 한다. 식사하는 것이 우리가 무엇을 받는 것이라면, 그때 우리가 받은 하나님의 은혜를 서로 나누면 얼마나 좋겠는가. 우리 가족은 저녁식사 시간을 이렇게 보내고 있다. 요즘에는 저녁시간마다 십계명과 복음을 나눈다. 또한 요일마다 주제를 정해 그 날에 집중할 것을 정해서 하고 있다.

'미션 월요일'(Mission Monday)에는 하나님의 영광과 그분의 뜻을 이루기 위해 살아가는 우리 가족의 미션을 되새긴다. 우리 가족의 미션, 우리 미셔널 커뮤니티의 미션을 위해 일주일간의 스케줄을 논의한다. 어느 월요일 저녁에는 에티오피아 아이 두 명을 입양한 후 경제적인 어려움을 겪고 있는 어느 가정에 대해 나누었다. 그러고 나서 우리가 그 가정의 다음 달 월세를 지불해주기로 결정했다. 당시 9, 11, 13세였던 아이들이 그 금액의 삼분의 일을 마련했다. 우리는 그 금액을 채우기 위해 어떻게 절약할 것인지에 대해서도 나누었다. 이 일은 우리의 물질적 섬김에 대해 복음이 어떻게 말하고 있는지에 대해 나눌 수 있는 좋은 기회가 되었다.

'가르치는 화요일'(Teaching Tuesday)에는 아이들이 돌아가면서 식사시간에 하나님의 말씀을 가르치고 나눈다. 나는 아이들이 성경 토의를 인도하는 방법과 복음 중심적인 질문들을 던지는 법을 익히기를 바란다. 모든 부모에게는 성경을 제대로 알고, 성경 안에서 예수의 진리를 발견하고, 그 진리들을 복음이 필요한 이들에게 신실하게 전할 수 있는 자녀를 키워야 할 책임이 있다.

'가족과 함께 하는 수요일'(With-Family Wednesday)에는 우리 미셔널 커뮤니티 식구들과 함께 식사를 한다. 그들과의 식사시간은 늘 주님을 기억하는 특별한 시간이다. 때로 성찬을 나누면서 예수의 죽음과 부활을 기억하기도 한다.

'감사하는 목요일'(Thanksgiving Thursday)에는 하나님께서 행하신 일들에 감사하는 시간을 갖는다. 우리는 식구 중 한 사람을 정해 왜 그에게 감사한지에 대해 나눈다. 집에 손님이 있는 날이면 그를 축복하는 시간을 갖기도 하는데 이 일은 아이들이 먼저 제안한다. 남을 자신보다 낫게 여기는 법을 자연스럽게 배워가는 것이다. 예수님처럼 말이다(빌 2:1-11).

'즐거운 금요일'(Fun Friday)에는 외식을 하거나 영화를 보러 가거나 집에서 보드게임을 하는 등 특별한 이벤트를 준비한다. 함께 영화를 볼 때는 영화의 어느 부분이 복음과 일치하는지, 일치하지 않는지에 대해 나눈다. 이렇게 영화를 분석하고 해석하는 것은 우리 눈과 귀를 더욱 복음에 예민하도록 훈련하는 좋은 방법이다. 보드게임을 할 땐 이기는 것과 지는 것에 대한 우리의 반응을 복음에 비추어 생각한다. 그 시간은 아이들에게 복음을 심어 줄 수 있는 좋은 기회이다.

'섬기는 토요일'(Serving Saturday)에는 다른 사람들과 함께 식사를 하거나 특정한 사람들을 섬긴다. 그리고 주일 저녁에는 교회 지체들과 함께 성찬을 나누며 예수님을 기억한다. 그 한 끼가 바로 주님의 만찬이다.

## 그 한 끼

예수님은 잡히시던 날 저녁에 제자들과 함께 유월절 음식을 나누고 계셨다. 유월절 식사는 하나님께서 애굽의 모든 장자를 죽이시고 그분의 백성을 보호하신 사건을 기념하는 것이었다.

당시 이스라엘 백성은 어린 양의 피를 문설주에 바르고 그 고기를 집안에서 먹음으로써 구원을 받았다. 장자의 죽음은 애굽에 내려진 마지막 재앙이었고, 그제야 바로는 이스라엘 백성을 놓아주었다. 이후로 이 날은 이스라엘을 노예생활에서 구원하신 하나님을 기억하는 절기, 즉 유월절이 되었다.

예수님은 제자들과의 마지막 식사에서 유월절 음식이 어떻게 자신을 가리키고 있는지에 대해 보여 주셨다. 그 자리는 유월절이 '주님의 식사'(Lord's Supper)로 바뀌는 자리가 되었다. 예수님이 진정한 하나님의 어린양이 되셔서 어떻게 우리를 사탄과 죄의 노예생활에서 건지셨는지를 기억하게 하는 자리가 되었다.

예수님은 떡을 가지사 축복하신 후, 떼어 제자들에게 주시면서 이렇게 말씀하셨다.

"너희를 위하여 주는 내 몸이라. 너희가 이를 행하여 나를 기념하라".

그리고 잔을 가지사 축복하신 후, 제자들에게 주니 모두 함께 마셨다.

"이 잔은 내 피로 세우는 새 언약이니 곧 너희를 위하여 붓는 것이라"(막 14:22-24 ; 눅 22:17-20 참조).

우리 교회는 매 주일 음악으로, 설교로, 그리고 성찬으로 예수님을 기념한다. 교인들이 복음에 더욱 유창해지기를 바라는 마음으로 주일예배 때마다 성찬을 나눈다. 예배 공간도 교인들이 잔과 떡을 의미 있게 나눌 수 있도록 만들었다. 우리는 복음 중심적인 설교 직후에 성찬을 하는데 친구들, 식구들, 아니면 미셔널 커뮤니티 멤버들과 원을 그리고 동그랗게 선 후, 들은 설교 말씀을 토대로 떡과 잔을 통해 서로에게 복음을 선포하라고 권면한다.

예를 들어, 침묵과 고독의 중요성에 대해 설교한 날에는 교인들이 성찬을 나누면서 예수님이 십자가 위에 홀로 달려 계셨다고, 그분을 고발하는 자들 앞에서 침묵하셨다고 서로에게 전한다. 또는 그분의 피(잔)는 모든 정죄하는 소리들로부터 벗어나게 해 우리를 고요함 가운데 살 수 있게 해주었다고 서로에게 전한다. 이제는 정죄하는 소리 대신 하늘 아버지의 사랑을 듣게 되었다고 서로에게 말해준다. 이렇듯 우리 성도들은 매주 서로에게 다양한 방식으로 복음을 전하고 복음으로 함께 기도하는 훈련을 하고 있다.

바울은 이렇게 말한다.

"너희가 이 떡을 먹으며 이 잔을 마실 때마다 주의 죽으심을 그가 오실 때까지 전하는 것이니라"(고전 11:26).

우리는 가장 중요한 '그 한 끼'를 통해 예수님을 기억해야 하고, 서로에게 그분의 죽으심을 선포하는 연습을 해야 한다.

### 서로에게 좋은 소식

복음 안에서 자라는 가장 좋은 방법 중 하나는 소그룹 모임에서 성찬을 나누면서 서로의 필요와 상처, 그리고 갈망에 복음을 선포하는 연습을 하는 것이다.

수년 전 1월에 나는 우리 집에서 가진 미셔널 커뮤니티 모임에서 이것을 처음 시도했다. 나는 모인 이들에게 지금 힘들어하고 있는 것이 무엇인지, 채워지지 않는 욕망이 무엇인지, 그리고 의심이나 두려움이 드는 것이 무엇인지 하나씩 나누어 달라고 부탁했다. 그리고 그 이야기를 들은 후, 누군가가 떡과 잔을 가지고 그의 필요나 욕망, 의심이나 두려움을 위해 주님이 내어주신 살과 쏟으신 피에 대해 고백해 달라고 했다.

나부터 시작했다.

"나는 지난 일 년 동안 우리 교회가 내 생각만큼 열매를 많이 맺지 못한 것 같아 낙심 중에 있어요. 나는 내 리더십과 내가 실패한 부분 때문에 낙심이 되어요."

그때 랜디(Randy)가 떡과 잔을 들고 나를 다시 세워주었다.

"제프, 당신이 교회를 세우는 게 아님을 기억했으면 좋겠어요. 교회는 예수님이 세우세요. 당신의 의로움은 당신의 성과에 달려 있지 않아요. 예수님께서 당신을 위해 하신 일에 달려 있어요. 당신이 성공하든 실패하든 상관없어요.

예수님께서 당신을 위해 생명을 내어주셨어요. 그분의 의로우신 몸이 당신을 위해 희생제물로 드려졌어요. 그분의 피가 당신을 위해 쏟아졌어요. 예수님께서 당신이 지금까지 지은 모든 죄, 당신이 실패한 그 모든 것을 위해 값을 치르셨어요. 당신이 사역의 중심이라고 생각한 그 죄, 당신이 사역의 주관자라고 생각한 그 죄를 예수님이 사하셨어요. 그분의 살과 피를 받으세요. 그분의 은혜를 받으세요!"

나는 떡과 잔을 받았다. 그리고 기억했다. 복음은 나에게 정말 좋은 소식이었다! 이어서 니키(Nikki)가 말했다.

"여러분은 아직 젊어요. 참 보기 좋아요! 나는 칠십 대가 되어서야 예수님께 돌아왔어요. 왜 그리 오래 걸렸는지 모르겠어요. 참 많이 후회해요. 시간을 돌이킬 수만 있다면 얼마나 좋을까요. 삶을 낭비하지 말아요! 예수님을 위해 살 수 있는 시간이 아직 많이 남아 있으니까요. 나는 이제 얼마 남지 않았지만요."

그러자 어느 자매가 떡과 잔을 들고 니키에게 말했다.

"니키, 우리가 당신보다 예수님을 위해 살 수 있는 시간이 많다는 것도, 당신이 오랜 시간 예수님을 모르고 지낸 것도 사실이에요. 그렇지만 그때에도 예수님은 당신과 함께 계셨어요. 예수님만이 구원자세요. 당신이 낭비했다고 생각하는 그 모든 시간을 그분은 되돌려 놓으셨어요. 그분의 생명으로 채워주셨어요. 당신에게 그리스도의 의로움을 주셨어요."

이번에는 또 다른 자매가 빵을 들어 올리며 니키에게 말했다.

"예수님은 그분의 삶과 죽음을 통해 당신이 잃어버린 모든 나날을 회복하셨어요. 뿐만 아니라 당신 삶은 예수님의 은혜에 대한 간증이에요."

그리고 나서 잔을 들어 올리며 이렇게 다시 말했다.

"그리고 예수님은 당신의 죄를 용서하시기 위해 그분의 피를 쏟으셨어요. 더 이상의 후회란 없어요! 더 이상 없어요. 당신의 모든 죄를 그분이 용서하셨어요."

성찬을 하는 니키의 눈에 눈물이 가득 찼다.

우리는 돌아가면서 계속 고백을 이어나갔다. 각자가 구원자가 필요함을 고백했고, 우리의 실질적인 필요를 채워주시는 예수님에 대한 좋은 소식을 선포했다. 정말 기쁨과 눈물로 가득한 은혜의 시간이었다!

지금까지 나는 새신자에서 교회 리더들까지 다양한 사람들을 위해 이 성찬을 인도해왔다. 그런데 매번 같은 경험을 한 것은 아니었다. 어떤 사람은 아직 복음에 유창하지 못해서 구체적인 상황에 대해 복음을 선포하는 것을 어려워했다. 그러나 나는 그때마다 괜찮다고, 지체들이 함께 도와줄 것이라고 격려했다. 보통 나는 자신의 이야기를 먼저 나눠줄 한 사람을 정한 후, 그의 오른쪽에 있는 사람에게 복음을 선포해 달라고 미리 귀띔해 준다. 그리고 이에 덧붙여 "만일 무슨 말을 해야 할지 모르겠으면 알려 주세요. 그러면 다른 분들이 도와줄 거예요. 시간이 지나면서 차차 나아질 거예요"라고 말해준다.

하나님은 우리가 그분을 기억하고 복음을 선포하는 가운데 성장할 수 있는 많은 방법을 주셨다. 이것이 하나님의 창조물과 그 안에 속해 있는 삶의 리듬 가운데 내재된 일반계시라는 것이다. 우리가 해야 할 일은 일상 가운데 하나님의 진리를 보는 것을 연습하는 것이다. 그리고 그 진리를 선포하는 법을 익히는 것이다.

예수님은 그 한 끼를 통해, 즉 성찬을 통해 그분을 기억하라고 하셨다. 뿐만 아니라 성찬은 삶 가운데서 복음을 선포하고 적용하기 위한 아주 유용한 것이다.

먼저 주일마다 성찬으로 시작하라. 그리고 주중 식사시간 때마다 예수님을 기억하는 연습을 하라. 그러면 일주일에 복음을 기억하고 선포할 수 있는 기회가 스물두 번(하루에 세 끼를 먹는다고 치면 일주일에 21끼가 된다. 여기에 바로 그 한 끼, 예수의 성찬을 더하면 22끼가 된다)이나 주어지는 것이다.

이와 같은 훈련을 반복하면 분명 복음에 유창한 사람으로 자라날 것이다!

## 11장

## 예수, 더 나은 모든 것이다

"더럽고 치사해서 더 이상 못 하겠어요! 이렇게 오래 일했는데 이따위 대우를 받다니 말도 안 돼요."

우리 미셔널 커뮤니티는 수요일 저녁마다 저녁식사를 함께한다. 그때 한 자매가 직장에서의 어려움을 호소했다.

"벌써 예전에 봉급이 올랐어야 했다고요. 그런데 2년 전이랑 직급도 똑같아요. 진급을 시켜주겠다는 말만 해요. 계속 나만 무시당하는 것 같아요. 진짜 못 해먹겠어요! 당장 그만두고 싶어요."

그녀는 계속해서 나쁜 근무 환경, 불공평한 대우, 직장 동료들의 불량한 근무 태도에 대해 불만을 토로했다.

사실 이런 대화는 교회 안에서나 공동체 가운데 흔히 있는 대화이다. 직장생활 가운데 겪는 어려움이 얼마나 많은가. 우리 모두에게는 신세 한탄할 곳이 필요하다. 뿐만 아니라 관계 가운데 얼마나 많은 아픔과 불만을 경험하는가. 룸메이트들이 짜증 나게 하고, 경제적인 상황도 예측 불허하다. 때론 부모로부터, 자녀들로부터 실망할 때도 있다. 이렇듯 우리 주위에는 불평거리들이 참 많다. 이런 상황 가운데 우리는 예수님이 더 나은 해답이라는 사실을 나 자신과 서로에게 상기시켜 주어야 한다.

## 더 나은 상사

일반적으로 이런 상황에서 주변 사람들은 다음과 같이 더 많은 불평불만으로 반응해준다.

"완전 공감해요! 제 직장도 완전 별로거든요."

"상사가 당신의 가치를 잘 모르는 것 같네요. 언젠간 당신의 진가를 알 날이 올 거예요!"

"그런데 그런 날이 온다고 해도 소용없어요. 내가 당신이라면 벌써 그만두었을 테니까요!"

삶의 어려운 순간들마다 서로의 아픔을 공감해주는 일은 좋은 것이다. 그러나 복음적인 공동체는 이보다 나아야 한다. 우리는 공감을 넘어, 상대방에게 전해줄 수 있는 좋은 소식이 있어야 한다.

나는 우리 교회 소그룹들에 다음과 같은 질문들을 서로 나누라고 권한다. (1)이 상황 가운데 복음이 어떻게 좋은 소식으로 적용되는가? (2)지금 우리는 복음의 어떤 면을 들어야 하는가? (3)우리가 복음의 어떤 면을 잊고 있는가, 혹은 믿지 못하고 있는가? (4)우리가 가진 것보다, 원하는 것보다 예수님이 어떻게 더 나으신가?

"자매님은 복음을 잊은 것 같아요."

"예수님 안에서 자매님의 본모습을 잊고 있는 것 같아요."

그녀의 말에 이렇게 반응하는 우리 성도들을 보며 나는 큰 힘을 얻었다! 그리고 생각했다.

'우리가 드디어 복음에 유창해지기 시작했구나.'

한 자매가 말을 이어갔다.

"물론 저도 당신이 지금보다 더 높은 봉급을 받아야 한다고 생각해요. 당신은 좋은 일꾼이니까요. 그러나 먼저 우리가 어떤 존재인지 상기시켜 드리고 싶어요. 사실 우리는 죽어 마땅한 존재에요."

이 말을 들을 때, 나는 우리 아이들이 시원한 미니밴 안에서 편한 가죽의자에 앉아 DVD를 보며 불만을 토로하던 것이 떠올랐다.

"난 이 영화 보기 싫단 말이야!"

"누나가 내 옆에 너무 달라붙어 있어요!"

"너무 더워요."

"난 너무 추워요. 창문 좀 올려요!"

이럴 때면 나는 가끔 차를 세워두고 아이들에게 한 가지 질문을 던지곤 한다.

"너희들은 원래 무엇을 받아야 마땅한 존재지?"

그러면 아이들이 단체로 대답한다.

"죽음이요."

"맞아. 우리는 죄인이기에 죽어 마땅해. 그런데 예수님이 이런 우리를 위해 십자가에 달려 돌아가셨어. 그래서 우리는 오늘을 살아갈 수 있을 뿐 아니라 영원히 살 수 있게 되었어. 지금 너희들은 살아 있어! 그러니 항상 생명을 주신 하나님께 감사해야 해. 그런데 너희들은 항상 감사하고 있니?"

이렇게 말하면 아이들은 보통 "네"라고 대답한다. 때론 잘 들리지 않는 소리로 계속 구시렁대기도 하지만 말이다.

당신은 이 이야기가 너무 과하다고 여길 수도 있다. 맞다, 내가 아이들에게 좀 과했을 수도 있다. 그러나 사실이다. 원래 우리는 지금 우리가 누리고 있는 것을 받을 자격이 하나도 없었다. 이것을 잊고 살아가면 쉽게 불평불만을 하게 되고, 반면 이것을 기억하고 살아가면 감사가 절로 나오게 된다. 나는 복음 안에서의 감사가 불평불만을 없애는 명약임을 발견했다.

그 자매가 계속 말을 이어갔다.

"당신은 지옥을 가는 게 마땅했지만 하나님이 예수 그리스도를 통해 당신에게 영원한 생명을 주셨어요. 지금 당신은 본래 받아야 했던 것보다 비교할 수 없이 좋은 것을 받은 거라고요."

그러자 다른 지체가 덧붙여 말했다.

"그리고 당신이 이미 승진한 것도 잊지 않길 바래요. 사탄의 통치 아래 종살이 하던 당신을 예수님이 해방시켜 주셨을 뿐 아니라 그리스도와 함께 하늘에 앉히셨어요(엡 2:6). 세상에 이런 승진이 어디에 있겠어요!"

"그리고 그게 다가 아니에요. 상사는 당신을 인정하지 않더라도, 당신을 높여 주지 않더라도, 예수님은 지금 하나님 아버지 앞에서 당신을 높이고 계시니 괜찮아요. 당신의 상사를 창조한 온 우주의 하나님이 그리스도 안에서 당신을 인정하고 계시니까요."

대화의 흐름을 처음부터 복음으로 이끌고 간 자매가 다시 말했다.

"기억하세요. 당신은 이미 엄청난 혜택을 받았다는 걸요."

나는 우리가 복음에 유창한 대화를 나누는 것에 감사하며 덧붙였다.

"당신은 이미 하늘의 모든 축복을 받았어요. 그리고 아픔과 죽음, 슬픔과 고통이 없는 새 하늘과 새 땅에서 영원히 살게 될 거예요. 당신은 당신이 생각하는 것보다 훨씬 더 많은 축복을 받았어요. 예수 그리스도 안에서의 삶이 얼마나 복된 삶인지 잊지 마세요. 그리고 기억하세요. 회사 상사가 당신의 진짜 상사가 아니라는 사실을요. 진정한 상사는 예수님이세요. 그러니 내일은 예수님을 위해 일해보세요. 온 마음을 다해 경배하며 일해보세요. 예수님은 당신의 경배를 받기에 합당하세요!"

그렇다. 예수님이 '더 나은' 상사이시다!

### 더 나은 아버지를 보이시는 더 나은 아들

우리가 복음에 유창한 공동체로서 해야 할 일 중 하나는 서로에게 예수님이 '더 나은' 그 무엇이라는 사실을 선포하는 것이다. 예수님은 더 나은 상사이시다. 또한 더 나은 직원이시며 우리보다 더 나은 일을 행하셨다. 그분은 우리를 위해 목숨을 내어주신 더 나은 친구이시다. 그분은 우리를 위해, 그리고 우리의 자녀들을 위해 아버지에게 온전히 순종하신 더 나은 아들이시다.

모든 부모가 이 사실을 기억하면 좋겠다. 당신의 자녀들은 실패할 것이다. 그들은 완벽하지 않다. 또한 그들은 부모가 살지 못한 삶을 대신 살아 주는 존재도 아니다. 어떤 부모는 자식들의 삶을 통해 대리만족을 느끼고 싶어 한다. 그래서 자녀들에게 무언의 압박을 준다. "너는 내가 그토록 되고 싶었던 운동선수가 되어야 해." "너는 내가 받지 못했던 성적을 받아야 해." "너는 내가 누리지 못했던 인기를 누려야 해." "너는 내가 누리지 못한 부모와의 좋은 관계를 나와 맺어야 해."

많은 부모들이 자녀들을 자신의 어린 시절 대리자로 생각하면서 키운다. 그러면 아이들은 그 무게를 견디지 못하고 결국 으스러질 것이다.

"완벽한 아이는 단 한 명뿐이다. 예수님 그분이 더 나은 자녀이다."

당신의 자녀들이 이 진리를 알고 믿어야 한다. 당신도 그렇다. 오히려 당신이 예수님이 더 나은 자녀라는 사실을 알아야 하는 자녀일 수도 있다. 내 동생 제리(Jerry)가 그랬다. 그는 예수님이 더 나은 아들이라는 사실을 알아야 했다.

수년 전에 제리와 나눈 대화가 떠오른다. 우리 아버지는 내가 태어난 해에 회사를 설립하셨다. 고향에서 평판도 좋았고 수년간 성공적으로 운영되었다. 그런데 최근 상황이 급격히 나빠지면서 아버지는 제리에게 회사에 들어와 기업을 다시 일으켜 달라고 하셨다(결국 제리는 기업을 다시 일으켜 세웠다).

하루는 제리와 함께 회사 이야기를 나누는데 대화를 하면 할수록 그가 낙심하고 있다는 것이 느껴졌다. 사업은 번창하고 있었지만 그의 내면은 무엇인가 불편해 하는 것이 느껴졌다. 나는 계속 대화를 이어가며 제리의 문제가 사업에 관한 것이 아님을 알았다. 그의 진짜 문제는 아버지가 그를 자랑스럽게 여기지 않는다는 것이었다. 그는 아버지의 인정을 원했던 것이다. 우리 모두 그렇지 않은가? 우리는 부모님이 우리를 자랑스럽게 여겨 주기를 원한다.

사실 아버지는 제리를 무척 자랑스러워 하셨다. 나는 부모님으로부터 그를 자랑스러워하는 말을 자주 들어왔다. 하지만 제리는 그 이상을 원했다. 완벽한 아들로 인정받고 싶어 했다. 완벽한 아버지로부터 완벽한 인정을 받고 싶어 했다. 그러나 제리가 자기 자신과 이 땅에서의 아버지에게 그것을 바라고 산다면 희망이 없었다.

"제리, 네가 잘못된 곳을 바라보고 있는 것 같아. 너는 아버지께 인정받으면 만사가 다 좋아질 거라 여기는데, 여기서 문제는 네가 하나님만이 주실 수 있는 것을 아버지에게서 찾고 있다는 점이야. 당연히 잘하고 싶고 인정도 받고 싶겠지. 그 자체가 나쁜 건 아니니까. 그러나 지금 넌 인정의 근원을 잘못 찾고 있어. 아버지도 완벽하지 않으시기에 아버지의 인정도 늘 완벽하지 못할 거야. 그리고 너도 완벽하지 않기에 늘 네가 부족하다는 사실을 알 테고 말이야.

제리, 하나님을 아버지로 대신하려고 했던 죄를 회개해야 해. 아버지는 네가 원하는 것을 주실 수 없어. 아마 아버지가 늘 '네가 자랑스럽다'고 말씀하셔도 네게 부족할 거야. 그 이유는 아버지도 너만큼 하나님의 인정이 필요하시기 때문이야.

아버지를 '진짜 아버지'로 생각하지 말라고 권면해도 될까? 우리 아버지는 참 좋으신 분이야. 하지만 완벽한 아버지는 아니야. 오직 하나님 아버지만이 완벽한 아버지야. 오히려 아버지를 형 같은 존재로 여겨 봐. 너와 마찬가지로 하늘 아버지의 인정이 필요한 존재로 말이야. 그리고 아버지가 완벽하지 못하더라도 그것을 받아들이면 좋겠어. 완벽한 아버지는 오직 한 분이시고 우리 아버지는 그렇지 않잖아.

그리고 네 자신에게도 너무 모질게 굴지 마. 완벽한 아들이 아니어도 괜찮아. 사실 그건 불가능해. 예수님이 대신 완벽한 아들로 사셨잖아. 예수님이 우리의 진정한 아버지가 누구인지 알려 주셨어. 그리고 그분의 완벽한 삶을 통해 아버지의 인정을 우리에게 선사해 주셨어."

나는 지난 수년간 이와 같은 대화를 자주 나누며 복음이 점차 제리의 심령을 사로잡는 것을 지켜보았다. 복음이 그를 사로잡는 만큼 그의 삶은 기쁨으로 넘쳤다.

예수님은 우리에게 '더 나은 아버지'를 보여 주셨고 우리를 대신해 '더 나은 아들'이 되어 주셨다.

### 네 가지 질문

우리는 소그룹에서 바로 이런 연습, 즉 서로에게 예수님을 전하는 연습을 해야 한다. 예수님이 어떻게 더 나은 모든 것이 되시는지 서로에게 보여 주어야 한다.

어떻게 하면 우리가 이 일을 할 수 있을까? 우선 당신의 소그룹이 우리가 9장에서 나눈 다음 네 가지 질문을 잘 이해하도록 도와야 한다. (1)하나님/예수님은 누구신가? (2)하나님/예수님이 행하신 일은 무엇인가? (3)하나님/예수님이 행하신 일에 비추어 나는 누구인가? (4)내가 누구인지 비추어 볼 때 앞으로 어떻게 살아야 하는가?

먼저 앞에서 언급한 직장에서 힘들어 하는 자매의 상황에 이 네 가지 질문들이 어떻게 적용될 수 있는지 살펴보자. (1)하나님/예수님은 누구신가? 예수님은 그녀의 진정한 상사이시다. 주인이시며 자비롭고 자애로운 완벽한 보스이시다! (2)하나님/예수님이 그녀를 위해 행하신 일은 무엇인가(다시 말해 예수님이 더 나은 상사라는 것을 어떻게 알 수 있는가)? 예수님은 이 땅에 섬김을 받으러 오지 않으셨다. 오히려 섬기러 오셨고, 그녀를 위해 그분의 생명을 내놓으셨다. 하나님은 죄의 삯인 사망이 아닌 예수 그리스도(더 나은 상사)를 통해 영원한 생명을 주셨다. 그리고 예수님은 하나님 아버지 우편에서 그녀를 위해 간구하고 계신다. (3)예수님이 행하신 일에 비추어 볼 때 그녀는 누구인가? 그녀는 예수님과 함께 하늘에 올려진 존재이다. 하나님의 인정을 받는 자녀이고 예수님께 속한 모든 것을 누리는 상속자이며 왕 중의 왕의 대사로 섬기는 존재이다. (4)그렇다면 그녀는 앞으로 어떻게 살아야 하는가? 직장에서 기쁨과 자유, 능력과 소망을 가지고 일해야 한다.

우리 모두는 찬양과 경배를 받기에 합당하신 '보스' 예수님을 위해 일해야 한다. 오직 예수님만이 진정한, 영원한 인정을 주실 수 있는 분이다. 우리는 이 네 가지 질문을 문제나 상황 가운데 적용할 수 있다. 어떤 관계나 상황(배우자, 친구, 자녀, 직장, 필요. 정체성)을 택하여 한번 연습해보라.

## 전체적인 이야기를 알아야 한다

예수님이 더 나은 모든 것이라는 것을 알 수 있는 또 다른 방법은 성경을 전체적으로 아는 것이다. 나는 4장에서 성경 전체의 이야기를 압축해서 나누었다.

많은 사람들이 성경을 개별적인 이야기로 읽는다. 물론 성경이 여러 이야기로 구성된 것은 사실이나 성경의 목적은 단 한 가지 이야기를 전하는 것이다. 그 이야기는 하나님의 구속에 관한 것이다. 성경은 하나님이 우리를 구원하시기 위해, 그분과의 관계를 회복시키시기 위해 어떻게 일하셨는지에 대한 이야기이다.

어떻게 보면 성경 전체가 복음이다. 하나님이 모든 창조세계를 구원하고 회복시키기 위해 행하신 좋은 소식이다. 그리고 모든 성경은 장차 오실 예수님과 이미 오신 예수님을 가리킨다. 예수님이 이야기의 중심, 곧 주인공이시다. 성경은 모든 사람에게 하나님의 구원하심이 얼마나 간절히 필요한지를 보여 준다.

모든 이야기의 핵심은, 모든 갈망의 성취는, 모든 부족함의 완성은 예수님이다. 모든 등장인물과 주제 역시 이야기의 주인

공이신 예수님을 가리킨다.

그렇다면 어떻게 성경을 총체적으로 읽을 수 있을까?

나는 당신이 소그룹 멤버들과 주기적으로 「하나님의 이야기」(Story of God)를 함께 읽기를 권한다.[1] 이미 수년전에 부족선교회(New Tribes Mission)에서 성경 이야기를 풀어가는 방법을 개발했다.[2] 미국남침례회 국제선교이사회(International Mission Board of the Southern Baptist Convention)는 성경이 없는 지역에서도 그것을 가르칠 수 있도록 자료들을 개발했다.[3] 소마 타코마 교회의 리더들은 「하나님의 이야기」를 교회의 중요한 제자훈련 과정으로 개발했다. 이후에 우리 교회가 그 내용을 간추려 「이야기로 빚어진 길」(The Story-Formed Way)을 개발했다.[4] 물론 그 후로도 더 좋은 자료들이 많이 출판되었다. 아이들을 위해서는 샐리 로이드 존스(Sally Lloyd-Jones)의 「스토리 바이블」을 추천한다.

대부분의 그리스도인들이 성경의 총체적인 이야기를 나누지 못한다는 사실이 염려스럽다. 그들은 성경을 모르기 때문에 예수님이 왜 더 나은 모든 것이 되시는지 나누지 못한다. 나는 당신이 여러 교회와 단체에서 출간한 다양한 자료들을 통해 성경을 깊이 있게 알아가길 바란다.

## 성경 전체를 읽어라

또한 주기적으로 성경 전체를 통독할 것을 권장한다. 많은 그리스도인들이 성경을 처음부터 끝까지 읽어 본 적이 없다. 그래서 성경을 전체적으로 알지 못하고, 말씀을 잘못 해석하는 경향이 있다. 하나님의 이야기를 모르면 예수님이 아닌 우리 자신을 성경의 중심에 두게 된다.

수년전에 나는 '1년 1독'을 목표로 세웠다. 어느 해에는 처음부터 끝까지 순서대로 읽었고, 어느 해에는 연도별 읽기표를 사용해서 읽었다. 또 어느 해에는 로버트 머리 맥체인(Robert Murray McCheyne) 성경읽기표를 사용하기도 했다. 어느 해에는 유진 피터슨(Eugene Peterson)의 "메시지" 성경으로 통독하기도 했다. 성경을 읽으면 읽을수록 전체적인 이야기를 알게 된다. 그리고 전체적인 이야기를 알면 알수록 이야기의 중심이신 그리스도가 더 선명하게 보인다.

지체들과 함께 성경 통독을 해보라. 혼자서 하는 것보다 소그룹이나 미셔널 커뮤니티 지체들과 함께 하는 것이 더 성공할 확률이 높다. 함께 성경을 배워가며 서로에 대한 책임을 지기 때문이다.

### 이야기 속에서 예수님을 발견하라

성경의 모든 이야기와 상황 가운데 예수님을 발견하라. 성경은 단순히 역사적 사실을 기록한 책이 아니다. 성경은 더 나은 사람, 더 나은 해결책, 더 나은 충족, 더 나은 구세주에 대한 갈망을 주는 책이다. 하나님은 말씀 가운데 수많은 '그리스도의 유형'을 넣으셨고, 그리스도에 대한 갈망의 공간을 만들어 놓으셨다.

홀로 또는 공동체 안에서 성경을 읽을 때 다음의 질문들을 해보라. (1)이 사람이나 상황이 어떻게 그리스도를 예시하는가? (2)이 이야기에서 오직 예수님만이 채우실 수 있는 것은 무엇인가? (3)여기서 예수님만이 만족시키실 수 있는 갈망은 무엇인가?

예를 들어, 하나님께 온 세상을 다스릴 권세를 받은 아담은 그리스도의 유형이다. 깊은 잠에 빠진 아담의 몸에서 그와 함께 온 세상을 다스릴 신부가 나왔다. 아담은 동산에서 유혹을 받았고, 그 유혹을 이기지 못해 죄를 지었다. 이를 보면서 우리는 더 나은 아담을 향한 갈망을 느끼게 되었다.

예수님은 사역 초기에 사탄의 유혹을 이기셨다. 죄와 사탄을 그분의 능력으로 이기셨다. 그리고 겟세마네 동산에서 하나님께 순종하심으로 아담과 그의 후손의 모든 죄를 지고 십자가에 달려 돌아가셨다. 고난의 잔을 마신 예수님은 새 창조의 장자가 되셨다. 십자가에 달려 죽으신 예수님은 깊은 잠(죽음)에 빠져 무덤에 들어가셨지만 사흘 만에 살아나셨다. 예수 그리스도의 몸을 통해 그분의 교회가 세워졌다. 예수님은 아담 대신 교회와 새로운 인류의 머리가 되셨다.

우리는 성경의 모든 이야기 속에서 예수님을 발견할 수 있고, 발견해야만 한다. 가족과 함께, 친구와 함께, 그리고 소그룹이나 미셔널 커뮤니티 지체들과 함께 이를 연습해보라.[5]

### 진정 더 나은 그것

복음에 유창해지는 과정에서 내게 큰 영향력을 미친 팀 켈러 목사의 글이다.

> 예수님은 진정한, 더 나은 아담이시다. 시험을 통과하신 예수님의 동산은 더 험악했고 그분의 순종은 우리에게 돌려졌다.
> 예수님은 진정한, 더 나은 아벨이시다. 죄 없이 죽으신 그분의 피가 우리의 무죄 선고를 위해 부르짖고 있다.
> 예수님은 진정한, 더 나은 아브라함이시다. 예수님은 하나님의 부

르심을 따라 하늘 권세를 버리시고 어디로 가는지도 모른 채 세상에 오셨다.

예수님은 진정한, 더 나은 이삭이시다. 예수님은 번제물로 드려지셨을 뿐 아니라 우리 모두를 위해 희생 당하셨다. 하나님은 아브라함에게 "네가 네 아들 네 독자까지도 내게 아끼지 아니하였으니 내가 이제야 네가 나를 사랑하는 줄을 알았다"고 말씀하셨지만, 이제 우리는 십자가 밑에서 하나님께 이렇게 말할 수 있게 되었다. "하나님께서 하나님의 아들의 생명을 우리에게 아끼지 아니하셨으니 우리가 이제야 하나님께서 우리를 사랑하시는 줄을 알았습니다."

예수님은 진정한, 더 나은 야곱이시다. 예수님은 우리가 받아 마땅한 부당함과 씨름하셨다. 우리는 그분으로 인해 야곱처럼 우리를 깨우고 훈련하는 은혜의 상처를 입었다.

예수님은 진정한, 더 나은 요셉이시다. 예수님은 왕의 우편에서 그분을 배신하고 그분을 판 자들을 용서하셨다. 그리고 그분의 능력으로 그들을 구하셨다.

예수님은 진정한, 더 나은 모세이시다. 예수님은 하나님과 백성들 사이에 서셔서 새로운 언약으로 중재하신다.

예수님은 진정한, 더 나은 모세의 반석이시다. 예수님은 하나님의 의의 지팡이로 맞으심으로써 사막에서 물을 내셨다.

예수님은 진정한, 더 나은 욥이시다. 결백한 피해자 예수님은 자신을 공격하는 친구들을 위해 중보하고 구원하셨다.

예수님은 진정한, 더 나은 다윗이시다. 그분의 승리는 돌 하나 들지 않은 백성들의 승리가 되었다.

예수님은 진정한, 더 나은 에스더이시다. 예수님은 세상의 궁전을 잃을 뻔한 것이 아니라 실제로 천국의 궁전을 잠시 잃으셨고, 생명을 잃을 뻔한 것이 아니라 실제로 생명을 잃으셨다. 또한 "내가 죽으면 죽으리이다"가 아니라 "내가 죽어야 한다면, 나는 그때 내 백성을 구하기 위하여 죽을 것이다"라고 말씀하셨다.

예수님은 진정한, 더 나은 요나이시다. 예수님은 우리가 무사히 돌아올 수 있도록 폭풍 가운데 내던져지셨다.

예수님은 진정한 유월절 어린양, 진정한 성전, 진정한 선지자, 진정한 제사장, 진정한 왕, 진정한 제물, 진정한 빛, 그리고 진정한 양식이시다.[6]

예수님이 더 나으시다. 예수님이 '가장' 나으시다.

예수님이 더 나은 아담, 더 나은 노아, 더 나은 아브라함, 더 나은 모세이시다. 예수님이 더 나은 방주, 더 나은 만나, 더 나은 물, 더 나은 포도주이시다. 예수님이 더 나은 성전, 더 나은 제사장, 더 나은 제물이시다. 예수님이 더 나은 배우자, 더 나은 부모, 더 나은 아들, 더 나은 상사이시다.

대체물로 만족하지 말라. 대체물이 되려고도 하지 말라. 예수님이 이미 그 누구보다, 그 무엇보다 더 잘하셨다. 예수님이 그 누구보다, 그 무엇보다 더 잘하신다. 그리고 예수님이 그 누구보다, 그 무엇보다 더 잘하실 것이다.

예수님이 더 나은 '모든 것이다!' 다른 것을 구하지 말라. 서로에게 다른 사람이나 다른 것을 주지 말라. 복음에 유창한 공동체 안에서 서로에게 예수님에 대한 진리들을 상기시켜라. 그리고 누군가가 당신에게 예수님에 대한 진리를 선포할 때, 순복함으로 듣고 더 나으신 예수님을 체험하라.

서로에게 예수님을 주라. 그분이 더 나으시다.

## 12장

## 우리 이야기의 영웅은 누구인가

나는 4장에서 우리 개인의 이야기가 주변 세계와 언어를 이해하는데 어떤 영향을 미치는지에 대해 나누었다. 문화는 이야기를 통해 빚어진다. 우리는 서로의 이야기를 경청함으로써 서로의 삶 가운데 역사하시는 하나님의 섭리에 대해 배우기도 한다. 우리의 이야기들은 한 개인의 이야기이며 참되다. 그리고 진정 우리의 이야기는 하나님의 이야기이다. 때로 우리의 이야기를 우리만의 이야기라고 착각하곤 하지만, 실은 하나님의 이야기 안에 모두 속해 있다. "우리가 그를 힘입어 살며 기동하며 존재하느니라"(행 17:28)고 하신 말씀처럼 말이다.

유명한 영상 제작가이자 시나리오 작가인 브라이언 고다와(Brian Godawa)는 이렇게 말했다.

> 우리는 스토리텔러 하나님, 즉 말씀으로 실존 세계의 모든 것을 창조하신 하나님에 의해 창조된 존재들이다. 우리의 존재를 연관성과 목적 없는 우연의 연속으로 보면 안 된다. 스토리텔링은 성경 속에 나타나는 하나님의 사랑과 통치를 신중하게 계획한 구성으로 우리 삶에 의미를 부여한다.[1]

나는 새로운 미셔널 커뮤니티를 시작할 때마다 멤버들에게 각자의 이야기를 나누어 줄 것을 부탁한다. 우리는 그때 나누는 이야기를 통해 그 사람의 신념과 복음에 유창한 정도를 파악할 수 있다.

나는 누군가의 이야기를 경청할 때, 스스로에게 꼭 하는 질문이 있다.

"이 이야기에서 영웅은 누구인가?"

나처럼 영화나 소설을 좋아한다면 영웅을 꽤 빨리 찾아낼 수 있을 것이다. 영웅은 이야기의 흐름에 일찍 등장하는 편이고, 상당한 캐릭터 발전을 통해 이목을 끈다. 그래서 결국 우리도 그의 편에 서도록 만든다. 어떤 작가들은 호기심을 자극하기 위해 영웅을 숨기기도 하지만, 결국은 누구인지 다 알게 된다. 영웅은 늘 다른 사람들보다 튀니까 말이다.

나는 많은 그리스도인들의 이야기를 들으면서 예수님이 그 이야기의 영웅이 아닌 조연이 되는 것을 발견하곤 한다. 대부분 예수님을 만나기 전의 방탕한 삶에 대해서는 길고 상세하게 이야기한다. 그러나 전체적인 이야기에서 예수님은 거의 등장하지 않는다.

"나는 모든 죄에서 벗어나야 했어요. 그때 마침 친구 조(Joe)가 나를 예수님께 인도해 주었어요. 그는 예수님이 어떻게 나를 위해 십자가에서 죽으셨는지 설명해주었죠. 그래서 나는 예수님을 내 마음 가운데 받아들였어요."

그 다음에는 더 나은 사람으로 살기 위해 노력하지만 늘 실패한다고 고백한다. 예를 들어, 교회도 더 자주 가고, 성경도 더 많이 읽고, 기도도 더 많이 하려 하지만 삶이 너무 바쁘다고 말한다.

"자비하신 하나님께 감사하죠!"

마지막으로 가서는 죄에 대해서, 자신과 자신의 노력에 대해서 말한다. 하지만 예수님과 좋은 소식에 대해서는 거의 말하지 않는다. 많은 사람들이 이야기의 강조점을 본인이 내린 결정이나 예수님을 받아들이게 된 결정에 둔다. 불행하게도 그 이야기의 주인공은 이야기를 전하는 자기 자신이다.

참고로 예수님은 우리의 초대를 기다리지 않으신다. 예수님은 우리를 죄와 사탄의 종살이에서 구출하시기 위해 적진으로 쳐들어오신다. 우리 마음의 벽을 뚫고 오신다. 그렇게 우리를 죽음에서 건지신다!

영웅은 우리가 아니라 예수님이시다.

어떤 사람의 이야기에는 아예 예수님이 등장하지 않는다. 교회나 종교적인 행위에 대해서는 언급해도 그 안에 예수님은 없다. 꽤 많은 자칭 '그리스도인들'의 이야기가 그렇다.

물론 누군가의 이야기에 예수님이 등장하지 않는다고 해서 그를 민망하게 하거나 책망할 필요는 없다. 이야기를 나누는 목적은 '그가 진짜 무엇을 믿고 있는가'를 가늠하기 위해서이다. 궁극적인 목적은 복음의 유창성에 대한 점수를 매기자는 것이 아니라, 그가 무엇을 믿고 있는지를 알아내 예수 안에서 믿음이 자라나게끔 그를 사랑으로 이끌어 주는 것이다.

마음에 차고 넘치는 것이 입으로 나온다는 사실을 기억하라. 우리는 자신이 가장 사랑하는 것에 대해 가장 많이 말하게 되어 있다. 사람들을 복음의 유창성으로 인도하는 첫 번째 단계는 그들이 복음을 알고 있는지, 믿고 있는지를 파악하는 것이다. 만약 그렇다면 다음으로는 예수님에 대한 믿음이 그들의 삶을 어떻게 빚어 가고 있는지를 살펴봐야 한다. 그들의 이야기에 예수님이 거의 등장하지 않는다면 그것은 복음의 기초부터 다시 쌓아야 한다는 신호이고, 예수님을 믿는 진실 된 믿음을 달라고 하나님께 기도해야 한다는 신호이다.

### 참된 이야기를 전할 수 있는 방법

나는 사람들이 자신의 이야기를 창의적으로 나눌 수 있게끔 여러 다양한 방법들을 동원한다. 최근에는 '인스타그램 이야기'라는 방법을 사용했다.

소그룹 멤버들에게 포스터 크기의 종이 한 장과 사인펜을 나눠 준 후, 종이 위에 동일한 크기의 상자 열두 개를 그리라고 한다. 각 상자는 인생의 장면들을 나타내는 창이다. 각 장면마다 그 시기를 잘 표현해 주는 스틸 컷을 그리도록 한다. 그림을 다 그리고 나면 한 사람씩 가지고 나와 자신의 이야기를 들려준다. 이 방법은 시각형 학습자들에게 아주 효과적이다. 또 사람들 앞에서 말하는 것을 어려워하는 지체들이 자신이 아닌 그림에 초점을 맞추게 함으로써 좀더 자신 있게 이야기할 수 있도록 도와준다.

또 하나의 유용한 방법은 인생의 기둥이 될 만한 이벤트 세 가지를 정해서 나누는 것이다. 예를 들어, 내 이야기에서 첫 번째 기둥은 중학교 1학년 때, 50명이 넘는 중고등부 학생들 앞에서 목사님이 공개적으로 면박을 준 일이다. 이런 공개적인 면박은 고등학교 때까지 계속 되었다. 심지어 임신을 한 여학생들이 교인들 앞에 불려나가 면박을 당하기도 했다. 불행하게도 당시에 나는 예수의 좋은 소식을 단순히 우리를 지옥에서 건져 주는 것 정도로만 알고 있었지, 우리의 수치까지 제하여 주는 것인지 몰랐다. 그 결과, 나는 예수님이 아닌 스스로 내 수치심과 싸우기 시작했다. 그러나 예수님을 떠나 수치심을 이길 수 있는 가장 좋은 방법은 내가 무엇이든 더 잘하고 더 잘 숨기는 것뿐이었다. 나는 둘 다 해보았다. 운동이든 음악이든 다 잘하려고 노력했다. 그리고 내 죄를 숨기는 데에도 능숙해졌다. 그러나 아무리 노력해도 수치심은 더해졌고, 나는 점점 더 깊은 곳으로 숨어들어 갔다. 나는 예수님께 도움을 구하러 뛰어가지 않았다. 그저 내 본모습이 드러날까 봐 예수님과 다른 사람들로부터 도망쳤다.

두 번째 기둥은 내가 스페인 데니아에서 어학연수할 때, 예수님의 사랑과 은혜를 경험한 날이다. 예수님은 죄와 수치심에 사로잡혀 있는 나를 찾아오셔서 내 삶을 그분께 순복하게 하셨다. 내 모든 죄를 깨닫게 하시고 용서하셨다. 예수님은 나를 구원하셨고 자유케 하셨다.

마지막 세 번째 기둥은 내 삶 가운데 '사람의 인정'이라는 우상이 드러난 고통스러운 시기였다. 나는 모든 사람을 만족시키지도, 옳은 일을 하지도 못했다. 내 부족함은 적나라하게 드러났고, 이로 인해 나는 오랜 시간 우울증을 앓았다. 그러나 그 고난 가운데 하나님 아버지의 사랑의 회초리가 나를 그곳까지 인도했음을 깨달았다. 나는 스페인에서 구원을 경험했지만 하나님의 일하심은 거기서 멈추지 않았다. 그분은 나를 지속적으로 구원하셨다. 그 시기를 통해 나는 예수님이 사람의 평가보다 크심을 깨달았다. 나는 이미 예수 안에서 하나님 아버지의 인정을 받고 있음을 깨달았다.

이 인생의 세 개의 기둥에서 나눈 내 이야기 안에서 영웅은 오직 예수님 한 분이시다. 세월이 지날수록, 내 이야기를 나눌 기회가 많이 생길수록 나는 주연이 아닌 조연의 자리를 찾아가기 시작했다. 주연에서 조연으로의 변화는 복음에 유창해지는 과정 중 하나였다.

또 다른 유용한 방법 중 하나는 하나님의 구속 이야기에 등장하는 네 가지 악장을 자신의 이야기에 적용하는 것이다. 창조, 타락, 구원, 새 창조가 바로 그것이다.

### 창조

창조의 핵심은 정체성이다. 우리는 우리의 기원과 목적에 대해 무엇을 믿고 있는가? 우리 모두에게는 누가 또는 무엇이 우리를 현존하게 하는지, 우리를 만들었는지, 빚어가고 있는지 등 우리의 근원에 대한 신념들이 있다. 우리는 우리의 정체성을 사람이나 사물에 두는 법을 배워왔다.

"우리가 어떻게 여기까지 왔을까" 또는 "우리는 왜 여기에 있는가"라는 질문은 창조를 다루며 답하는 것이다. 여기서 핵심 질문은 "나는 나의 정체성을 '무엇 안'에 두는가?"이다.

많은 사람들이 처음에는 자신의 정체성을 부모 또는 자신에게 영향을 끼치는 사람 안에 둔다. 그러나 그들에게 점차 실망하면서 직장, 운동, 외모, 물질과 같은 다른 것에서 정체성을 찾으려 한다.

창조를 통해 이야기 나누는 법을 가르칠 때, 자신의 정체성을 위해 무엇을 가장 의지하는지 돌이켜 보라고 권면하라.

"당신은 당신 자신의 존재 가치를 얻기 위해 무엇을 신뢰하고 있는가?"

내 정체성은 성과로 인한 사람들의 인정과 내 좋은 이미지였다. 예수님을 만나기 전에, 때로는 예수님을 만난 이후에도 나는 나 자신을 하나님이 바라보시는 시각으로 바라보지 않았다.

하나님의 이야기 안에서 우리의 정체성은 하나님의 형상대로 지음 받은 창조의 섭리 안에, 그리고 우리 삶을 통해 하나님이 어떤 분이신지를 드러내는 사명 안에 있다.

그러나 우리는 죄 가운데 태어나 일그러진 하나님의 형상을 지니게 되었다. 우리를 낳고 우리에게 영향을 끼친 사람들도 마찬가지였다. 그들은 우리에게 하나님에 대한, 그리고 자신과 타인에 대한 일그러진 그림을 물려주었다.

우리 이야기의 2악장이 여기서 시작된다.

### 타락

타락은 무너짐에 대한 이야기로, 여기서 우리는 무엇이 우리의 정체성과 목적을 파괴했고 또 파괴하고 있는지에 대해 나눌 것이다.

세상은 본래의 모습을 잃었고 우리도 그랬다. 우리는 무너진 세상에 둘러싸이게 되었고, 우리 안에도 무너짐이 내재하게 되었다. 왜 망가진 것일까? 우리는 어쩌다가 망가진 것일까? 이 무너짐은 누구의 잘못인가? 우리는 타락에 대한 부분을 다루면서 이 질문들을 스스로에게 던져야 한다. 그중 핵심 질문은 "내 삶 가운데 누가 또는 무엇이 '문제'였는가?"이다.

많은 사람들이 '자신의 창조 목적이 이뤄지지 않도록 막는 것'이 있다고 믿는다. 그래서 삶에 문제가 있을 때 쉽게 누군가를 탓한다. 많은 경우에 부모를 탓한다.

사람들은 주로 자신의 정체성을 위해 의지하고 있는 것이 자신을 실망시킬 때에 그것을 탓한다. 때론 자신이 속해 있는 문화나 친구, 직장 동료를 탓하기도 한다. 또 어떤 경우에는 자기 자신을 문제의 근원으로 삼기도 한다.

이것은 진리에 가깝지만 진리는 아니다. 문제는 우리 안에 있다. 겉으로 드러나는 행위는 문제의 본질이 아니다. 그것보다 훨씬 깊다. 복음은 진짜 문제가 죄라고, 하나님에 대한 우리의 불신이라고 말한다. 우리는 하나님께 반역했고 우리의 정체성과 목적, 진리를 다른 곳에서 찾으려고 했다. 하나님은 이런 우리를 죄 가운데 내버려 두셨고 죄는 우리를 파괴했다.

나는 이야기 가운데 예수님이 영웅이 되시는 방법을 가르칠 때, 자신의 망가짐에 대한 본인의 책임을 인정할 것을 권면한다. 우리는 모두 죄를 지었고 그로 인해 하나님의 영광에 미치지 못하게 되었다.

당신이 망가뜨린 것을 발견하라. 하나님에 대한, 그리고 타인과 자신에 대한 신념 가운데 잘못된 것이 무엇인가? 당신의 죄악 된 신념들이 어떤 죄악 된 행동들을 낳았는가? 나는 사람으로부터 인정과 용납을 받으려고 했던 것이 내 문제였다. 나는 하나님에 대한 경배를 사람의 인정과 맞바꾸었다.

어떤 사람들은 육체적 또는 감정적으로 학대받았던 경험, 버림받았던 경험을 나누기도 한다. 모든 학대는 악하다. 우리는 악한 그들이 계속해서 우리 삶을 지배하지 못하도록, 그리고 그들이 우리 이야기의 주인공이 되지 못하도록 서로를 도와야 한다. 또한 그들에게 반응하는 방법을 우리 스스로 주도하도록 해야 한다.

나는 육체적인 학대를 받은 적은 없다. 하지만 중고등학교 시절 목사님의 공개적인 면박은 내게 학대와 같았다. 그에 대한 반응으로 내가 익힌 대응기제는 잘못을 저지르지 않는 것이었다. 설령 잘못을 하더라도 그것이 드러나지 않게 노력해야 했고, 사람들 앞에서 내 이미지 관리를 철저하게 해야 했다. 나는 내 반응의 모든 책임을 목사님에게 돌릴 수 있었다. 그러나 그것은 나를 죄의 피해자로 가두는 행위이지, 그것으로부터 나를 자유하게 하는 것은 아니었다.

우리 이야기 가운데 '죄'를 고백하지 않는다면, 우리 삶에 구세주가 얼마나 필요한지 잊게 된다. 그러면 예수님은 절대로 우리 이야기의 영웅이 되실 수 없다. 그래서 나는 이야기를 나눌 때, 내 반응에 대한 책임을 인정한다.

어느 순간 나는 타인에게 내 삶의 주권을 너무 많이 내주었음을 깨달았다. 예수님이 아닌 교회 목사님이 하나님의 형상이 되어버리고 만 것이다. 나는 목사님을 바라보았던 것을 회개하고 예수님께로 돌아가야 했다. 나는 내 죄를 내 것으로 인정해야 했다. 맞다, 목사님은 내게 상처를 주었다. 그것은 분명 잘못된 행위였다. 그러나 내 죄도 있었다. 나는 목사님을 하나님으로 여겼다. 나는 하나님을 거절했고 사람을 숭배했다. 그 목사님뿐만 아니라 나 자신을 숭배했다.

우리 이야기의 3악장이 여기서 시작된다.

### 구원

구원은 구출과 구조에 대한 이야기이다. 모든 사람은 구세주가 필요하다. 여기서는 우리가 구출과 구조를 받기 위해 누구 또는 무엇을 의지하고 있는가를 다룬다. 여기서 핵심 질문은 "누가 또는 무엇이 우리의 '구세주'인가?"이다.

모든 사람이 문제에 대한 해결책을 찾는다. 어떤 이들은 해결책으로 친구, 배우자, 자녀, 손주들을 찾는다. 어떤 이들은 운동이나 다이어트를 찾는다. 어떤 이들은 직장이나 돈이 자신을 그 문제에서 구해줄 것이라고 믿는다. 그러나 모든 구세주, 모든 해결책, 모든 해답, 그리고 모든 사람은 우리의 본질적인 문제를 다루지 못한다. 본질적인 문제인 죄를 다룰 수 있는 유일한 구세주는 예수 그리스도 한 분뿐이시다. 이 시점에서 나는 사람들에게 스스로의 구원을 위해 누구 또는 무엇을 의지했는지에 대해서, 그리고 어떻게 예수님을 구원자로 받아들이게 되었는지에 대해서 나누어 달라고 부탁한다.

내 이야기에서 나는 내가 어떻게 사람을 우상화했는지, 어떻게 타인에게서 용납과 가치를 구했는지에 대해 나누었다. 내 우상들은 늘 나를 실망시켰다. 그들은 어떤 말이나 행위로도 죄의 문제를 다루지 못했다. 나는 부족함을 채우려고 노력했지만 번번이 실패했다. 정말 피곤했다!

오직 예수님만이 내 부족함을 채우시는 분이다. 오직 예수님만이 그분의 의로 내 불의를 대신하시는 분이다. 예수님은 내 죄와 우상숭배의 빚을 갚아 주셨다. 나를 용서하셨을 뿐 아니라 내 상처를 치유하시고 나를 새롭게 세워 주셨다. 성령을 통해 내 심령 가운데 하나님 아버지의 사랑을 부어주셨고 그 결과로 나도 다른 사람을, 내 중고등부 목사님마저도 용서할 수 있게 되었다. 그러나 용서에서 끝나지 않는다.

이 좋은 소식의 끝은 모든 것이 새롭게 되는 것이다!

### 새 창조

우리 모두는 깊은 내면의 변화와 더 나은 내일을 원하고 모든 것이 새로워지기를 원한다. 우리 모두는 모든 갈망의 완전한 실현을, 우리 이야기의 희망적인 클라이맥스를 원한다. 이것이 바로 우리 모두가 원하는 해피엔딩이다. 그 해피엔딩에 대한 소망이 우리 모두를 이끈다. 우리 모두는 심령과 생각 가운데 기대하며 소망하는 것들이 있다.

우리 이야기의 마지막 부분에서는 우리 안에 어떤 변화가 일어났는지, 그리고 우리가 궁극적으로 갈망하는 변화가 무엇인지에 대해서 나눈다. 우리가 어떤 변화를 경험했는지, 또 우리의 궁극적인 소망이 무엇인지에 대해서 나눈다. 여기서 핵심 질문은 "무엇이 '변했고' 무엇이 '변할 것'인가?"이다.

우리는 지금의 현실보다 더 큰 목적을 위해 창조되었다. 지금 보이는 것이 다가 아니다. 우리는 모두 더 좋은 것, 더 많은 것을 원하고 새로운 창조를 갈망한다. 여기서 핵심 질문은 "우리에게 새 창조란 무엇인가?"이다. 복음은 이 새로운 창조 안에 새로운 사람, 새 하늘과 새 땅, 그리고 그 모든 것의 중심에 새로운 왕이신 예수 그리스도가 있다고 말한다. 언젠가 죄와 고통, 상함이 없는 날이 올 것이다. 그때 그리스도에게 속한 우리는 완벽하고 온전하게 될 것이다. 하늘과 땅이 새롭게 될 것이다. 우리는 함께 영원토록 예수님을 경배할 것이다.

나는 사람들에게 이야기를 하는 방법을 가르칠 때, 예수님이 그들을 어떻게 변화시키셨고, 또 어떻게 변화시키고 계신지 나누라고 권면한다. 그리고 그들의 변화에 대한 소망이 무엇인지 나눌 것을 권면한다. 복음은 과거에 일어난 일에만 국한되지 않는다. 복음은 지금 이 순간 일어나고 있는 일에 대한 좋은 소식이고, 앞으로 일어날 일에 대한 좋은 소식이다. 우리는 구원 받을 것이다!

하나님은 지금도 나를 구원하고 계신다. 이제 나는 다른 사람이 나를 어떻게 생각하는지에 대해 훨씬 자유로워졌다. 나는 하나님이 예수님으로 인해 나를 사랑하시고 용납하시고 만족해하신다는 것을 안다. 때로 실패해도 나는 이미 용서 받은 존재이고, 예수님이 나를 위해 하신 일이 충분하기에 예전처럼 좌절하지 않는다. 나는 매일 예수님을 닮아가는 법을 배우고 있다. 내가 그분을 닮아갈수록 더 많은 사람들이 그분의 성품을 경험하게 될 것이다. 그리고 이로 인해 예수님이 더욱 영광을 받으실 것이다. 나는 예수님을 바로 앞에서 대면할 그 날이 무척 기다려진다. 그때 우리는 예수님과 같이 될 것이다. 옛것은 지나가고 모든 것이 새로워질 것이다! 나는 더 이상 죄로 인해 힘들어 하지 않을 것이다. 나는 온전해질 것이다.

나는 그 날을 고대한다! 그러나 아직 구원하시고자 하는 사람들이 남아 있기에 기꺼이 기다리고 일할 것이다. 혹시 당신이 그런 사람 중 하나인가?

바로 오늘이 구원의 날이다. 바로 오늘이 예수님이 당신을 위해 하신 모든 일에 대해 당신이 반응할 날이다. 바로 오늘이 당신의 이야기가 변화되고, 당신 자신이 변화될 수 있는 날이다. 오직 예수님만이 당신의 삶과 이야기를 보완하실 수 있다. 나는 당신이 이 사실을 깨닫기를 간절히 바란다. 바로 오늘이 예수님께서 당신의 이야기의 영웅이 되실 수 있는 날이다.

당신에게 오늘이 바로 그 날이라면, 그리고 아직 한 번도 예수님께 죄로부터 구원해달라거나 새로운 시작-새로운 심장, 새로운 삶, 새로운 힘, 새로운 미래-을 하게 해달라고 구한 적이 없다면, 지금 그 부르심에 응답하기를 바란다. 당신의 죄를 인정하라. 예수님이 당신을 위해 죽으셨다고 믿는다면 지금 입을 열어 고백하라. 당신을 구원하시는 예수님께, 당신을 인도하시는 예수님께 당신의 삶을 드리라. 당신이 그분의 능력으로 새로운 삶을 살아갈 수 있도록, 매일 그분을 주로 섬기는 삶을 살 수 있도록 성령을 충만하게 부어 달라고 간구하라.

만일 당신이 지금 예수님을 구세주로 영접했다면 이 책을 처음부터 다시 읽기를 권한다. 분명 완전히 다른 시각으로 읽게 될 것이다. 예수의 진리가 새롭게 태어난 당신에게, 이제부터 성령의 인도를 받게 된 당신에게 더 놀랍게 다가올 것이다. 당신의 삶을 바꾸는 원동력으로 다가올 것이다.

### 돌아보고 기도하라

지금까지 자신의 이야기를 나누는 방법에 대해 살펴보았다. 이 방법들의 공통점은 자신이 듣고 있는 이야기를 주의 깊게 생각하며 듣는 것이다. 나는 이런 질문을 자주 던진다.

"혹 더 물어보고 싶은 질문이 있나요?"

우리는 질문을 통해 이야기를 듣는 사람들이 무슨 생각을 하면서 들었는지, 또 무엇을 발견했는지에 대해 알 수 있다. 그리고 복음에 유창한 지체들의 질문을 통해 더 깊은 나눔을 이끌어 낼 수도 있다. 많은 경우, 이야기의 영웅이 예수님이 아닌 이유는 다른 사람의 이야기를 듣고 얼추 비슷하게 따라 하기 때문이다. 복음 안에서 성숙한 지체들은 이런 사람들이 예수님께 집중하도록 이끌어 주기도 한다. 예를 들어, "그래서 예수님을 통해 하나님이 어떤 분이신지 어떻게 알게 되셨나요?"와 같은 질문을 할 수 있다.

니키가 자신의 이야기를 나눌 때, 그녀의 아버지상이 좋지 않다는 사실이 드러났다. 그러나 그녀는 계속해서 남자의 사랑을 갈구했다. 이때 복음 안에서 성숙한 지체들은 다음과 같은 질문을 했다.

"니키, 예수님을 통해 하나님이 당신을 사랑하신다는 사실을 깨달았다면, 그 사실이 당신의 아버지상에 어떤 영향을 끼치고 있나요?"

"이제 당신에게 예수님은 어떤 존재인가요?"

"예수님이 당신의 죄를 위해 죽으셨다는 사실이 당신의 자존감에 어떤 변화를 가져왔나요?"

이밖에도 할 수 있는 질문들이 많다. 이처럼 질문을 통해 예수님이 그들의 이야기의 영웅이심을 더 분명히 알려 줄 수 있다.

안타깝게도 우리 이야기를 들어보면 예수님이 영웅이 아닌 경우가 참 많다. 자신을 그리스도인이라 말하는 사람들의 이야기를 가만히 듣다 보면 그들이 예수님을 전혀 모른다는 사실이 현저하게 드러날 때가 많다. 내 말에 놀라지 말라. 생각보다 흔히 있는 일이다. 만약 당신이 이런 상황을 만난다면 상대방에게 예수님을 인격적으로 만난 경험이 있는지 물어보라. 예수님이 그에게 어떤 의미인지 물어보라. 예수님에 대해 무엇을 믿고 있는지 나누어 달라고 하라. 당신의 복음의 유창성은 바로 이런 지체에게, 예수님을 한 번도 인격적으로 만나본 적이 없는 지체에게 복음을 전하는 것에서부터 시작될 수 있다.

마지막으로 우리는 이야기를 나눈 당사자가 허락하면 모두 그에게 손을 얹고 그의 삶 가운데 주님께서 행하신 놀라운 일에 대해 감사기도를 드린다. 우리 이야기의 영웅은 예수님이어야만 하고, 우리는 우리의 이야기의 영웅 되시는 예수님께 감사의 기도를 드려야 한다.

복음의 유창성은 우리의 이야기를 서로 나누고 그 이야기를 써 주신 분께 감사드리는 것에서 비롯된다.

제5부

GOSPEL FLUENCY

# 타인에게 전하는 복음
THE GOSPEL TO OTHERS

# 13장

## 덜 말하고 더 듣고 배우라

최근에 나는 몇 명의 그리스도인들이 믿지 않는 어느 남자와 대화하는 모습을 지켜볼 기회가 있었다. 놀랍고 슬픈 사실은 그들이 그가 겪고 있는 어려움과 그가 가지고 있는 질문들을 본질적으로 다루지 못했다는 점이다. 그들은 그의 심령 가운데 나오는 고민들을 듣고 그에 맞는 말을 해주기보다는 오히려 자신들이 옳다는 사실을 입증하는데 혈안이 되어 있었다. 결국 그는 예수님에 대한 좋은 소식을 듣지 못한 채 떠났다. 아마 그는 '역시나 종교는 나와 맞지 않다'는 자신의 생각을 더 굳히게 되었을 것이다.

나도 종교는 사양하겠다. 적어도 이 대화 가운데 나타난 종교는 말이다. 우리는 그들보다 더 잘할 수 있다. 아니, 더 '잘해야만' 한다. 이것은 사람의 영혼이 달린 문제이다! 우리는 예수님의 대사이지 않은가.

우리 삶에서 가장 중요한 일은 예수님의 사랑을 전하는 것이다. 우리를 향한 예수님의 사랑이 우리로 하여금 타인을 더 사랑하도록 만든다. 그러나 우리가 그렇게 살지 않는다면 우리의 종교적 자만심이 좋은 소식을 가로막아 버리고 말 것이다. 잠언 20장 5절은 이렇게 말한다.

> "사람의 마음에 있는 모략은 깊은 물 같으니라 그럴지라도 명철한 사람은 그것을 길어 내느니라."

우리는 이해심이 많은 사람들이 되어야 한다. 다른 사람이 우리와 우리의 신념을 이해해주길 바라기 전에 우리가 먼저 타인을 이해하려고 노력해야 한다. 우리는 통찰력 있는 질문을 통해 내면 깊은 곳에 있는 것을 끌어내는 법을 배워야 한다. 우리는 여유를 가지고, 그리고 더 유심히 사람들의 깊은 내면의 갈망이 무엇인지 듣는 법을 배워야 한다. 우리는 그들의 이야기를 알아야 한다. 다시 말해, 우리가 관심을 가져야 할 것은 토론에서 이기는 것이 아니라 그들을 예수님께로 인도하는 것이다.

복음에 유창해지는 것은 말만 하는 것이 아니다. 듣는 것이 더 중요하다. 그리고 듣는 것은 사랑과 인내와 지혜가 필요하다.

### 마음을 열어라

예수님은 듣기의 달인이셨다. 나는 어떻게 하면 다른 사람을 더 잘 이해하고 그들의 말을 더 잘 들어줄 수 있을까를 고민할 때마다 우물가에서 예수님이 사마리아 여인과 나누신 대화를 떠올린다(요 4장 참조).

때는 햇볕이 가장 뜨거운 정오였다. 여인은 다른 사람과 마주칠 일이 거의 없는 시간을 택해 우물가로 왔다. 땡볕에 물을 길으러 나가는 사람은 없으니까. 아마도 그녀는 자신과 관계 맺은 남자들의 부인과 마주치는 것을 피하고 싶었는지 모른다. 그녀는 남편이 다섯 있었고, 지금 함께 사는 남자도 그녀의 남편이 아니었다.

그러나 예수님은 그녀의 잘못을 지적하는 것으로 대화를 시작하지 않으셨다. 오히려 겸손한 자세로 그녀에게 물을 구하셨다. 그리고 그때 그녀는 예수님께 그녀의 영혼을 쏟아냈다. 여기서 우리는 해답을 제시하려는 것보다 겸손히 자신의 부족함을 인정하며 듣는 것이 상대방의 마음을 열 수 있음을 발견할 수 있다. 우리가 듣고 배우려는 태도를 가질수록 상대방의 마음도 열리게 된다.

예수님은 사마리아 여인과 대화를 이어가시기 위해 짧지만 도발적인 질문들을 던지셨다. 그렇게 조금씩 그녀의 깊은 갈망을 끌어내셨다. 예수님은 우리의 마음을 여시는 대가이다. 복음서를 묵상하다 보면 이런 장면들을 자주 보게 된다. 예수님은 상대의 호기심을 자극하는 말로 대화를 이끄셨다. 마음에 넘치는 것들(신념)이 입으로 흘러나오게끔 질문하셨다.

놀랍게도 많은 그리스도인들이 좋은 의도이긴 하나 상대방을 말로 압도하려고 한다. 내가 무엇을 믿는지에 대해, 그리고 상대방이 무엇을 믿어야 한다고 생각하는지에 대해 끊임없이 말하려고 한다. 그러면서 상대방의 생각과 신념과 필요를 자신이 다 파악했다고 착각한다. 우리는 그들이 묻지도 않은 질문에 답을 주려고 하고, 사랑을 갈망하는 그들의 심령에 온갖 정보만 채워 넣으려고 한다.

우리는 늘 듣는 것에 실패한다. 상대방의 마음을 여는 데 실패한다. 그리고 상대방을 진정으로 사랑하고 그와 하나님의 사랑을 나누는 데 실패한다. 이런 우리 때문에 상대방도 자신의 심령 가운데 무슨 일이 일어나고 있는지 살펴볼 기회를 잃는다. 나를 포함해서 우리 모두는 자신이 믿는 것을 입으로 고백함으로써 자신의 믿음이 어디서부터 어긋났는지 알게 된다.

상담 비즈니스가 잘되는 이유가 여기에 있는 것 같다. 오늘날에는 누군가의 이야기를 귀담아 들어주는 사람이 없다. 사람들은 자신의 마음 가운데 일어나고 있는 일들을 입으로 고백해야 하는데 그렇게 할 수 없어 상담자에게 돈을 주고라도 들어달라고 부탁을 한다. 그러나 그것은 해결책이 되지 못한다. 내가 만난 대부분의 상담자들은 그리스도인들이 자신들의 입을 닫고 귀를 열어 사람들의 이야기를 들어준다면 자신들의 역할이 줄어들 것이라고 말했다.

예수님은 여유를 가지고 우리 이야기를 들어주시고 우리 마음의 문을 열어 주신다. 사마리아 여인은 예수님께 자신의 마음을 털어놓았다. 그때 예수님은 그녀가 자신의 행실뿐 아니라 잘못된 믿음도 고백하도록 이끄셨다. 그때까지 그녀는 잘못된 곳에서 사랑을 찾고 있었고, 하나님께서 그녀와 어떤 관계를 갖길 원하시는지 잘못 알고 있었다. 예수님은 그녀가 진정 갈구하는 것을 충족시켜 주셨다. 오직 그분만이 영원히 마르지 않는 샘으로, 끊이지 않는 영의 샘물로 그녀를 인도하실 수 있었다. 오직 그분만이 그녀의 영혼을 만족시키는 생수였다.

그녀가 그토록 구했던 사랑이 바로 앞에 있었다. 그녀가 진정 예배해야 할 하나님은 이 산이나 저 산에 계신 하나님이 아니라 그녀가 가는 곳마다 동행해주시는 분이었다. 하나님은 끊이지 않는 샘물처럼 사람들의 심령을 채우기 원한다고 말씀하셨다.

그녀는 예수님을 믿었고, 도시의 모든 사람에게 예수님을 전하기 위해 뛰어갔다. 좋은 소식을 접한 사람은 이렇게 반응해야 한다. 다른 누군가에게 좋은 소식을 전해야 한다. 예수님에 대한 좋은 소식을 정말 이해한다면, 내면의 가장 깊은 갈망을 충족시키는 그 복음을 이해한다면, 그것을 전하지 않고는 견딜 수 없다.

### 덜 말하고 더 들으라

우리는 복음으로 인해 변화되어 가면서 자연스레 그 변화에 대해 이야기하길 원한다. 매우 좋은 현상이다. 사실 복음에 유창해지기 위해서는 예수님이 당신을 위해 무엇을 하셨는지, 무엇을 하고 계신지를 다른 사람들과 주기적으로 나누어야 한다. 우리의 이야기들은 복음의 구원의 능력을 드러내는 강력한 도구이다.

그러나 동시에 우리가 듣기를 거부한다면, 예수님에 대한 좋은 소식이 내 삶에 어떻게 적용되는지에 대해 나눌 수는 있어도 복음을 타인의 상황에 맞게 적용할 수는 없다. 즉, 타인이 처해 있는 상황과 환경 가운데 복음이 어떻게 필요한지를 완전히 무시한 채, 좋은 소식만 전파하는 자가 될 수 있다. 물론 그렇다고 예수님에 대한 좋은 소식이 더 이상 좋은 소식이 아닌 것은 아니다. 사마리아 여인의 이야기를 끝까지 읽어 보면, 그녀의 이야기에 관심을 갖게 된 마을 사람들도 직접 예수님을 만나야 했음을 알 수 있다. 그녀가 자신의 이야기를 들려주는 것만으로는 부족했다. 그들도 예수님께 나아가야 했다. 그래서 그녀는 그들을 예수님께로 인도했다.

우리가 해야 할 일은 예수님이 우리 삶 가운데 어떻게 역사하시는지 증거 하는 동시에 예수님에 대한 진리를 다른 사람들의 마음의 간구에 적용하기 위해 그들의 이야기를 경청하는 것이다. 예수님이 그들의 개별적인 필요와 갈망을 채우실 수 있도록 그들을 예수님께로 인도해야 한다. 우리는 이 사명을 감당하기 위해 우리의 영혼을 잠잠하게 하고, 좋은 질문으로 사람들의 마음을 열고, 잘 들어주어야 한다.

프란시스 쉐퍼(Francis Schaeffer)는 이렇게 말했다.

"만일 누군가와 한 시간을 보내야 한다면 처음 55분은 그의 마음과 생각을 어렵게 하는 것이 무엇인지 알아내기 위해 질문을 던질 것이다. 그리고 마지막 5분 동안은 진리를 전할 것이다."

나는 그리스도인들에게 예수의 복음이 정말 누군가의 심령에 뿌리내리기를 원한다면 말을 많이 하기보다 더 많이 들으라고 권면한다.

우리는 하나님 안에서 만족과 성취를 발견하도록 창조되었다. 모든 인간은 하나님을 갈망한다. 모든 인간에게는 영원한 것에 대한 염원이 있다. 그래서 늘 더 특별하고 더 나은 영원한 무언가를 또는 누군가를 갈망한다. 이것은 하나님을 향한 갈망이다(전 3:11). 심령의 부르짖음과 영혼의 근본적인 바람은 더 나쁜 것이 아니라 더 나은 것이다. 일시적인 것이 아니라 영원한 것이다. 치유와 구원과 회복으로 이끄는 것이다. 이것들은 오직 예수님만이 주실 수 있다.

우리는 모두 예수 그리스도를 갈망한다. 모든 사람이 무의식 가운데 그분을 찾는다. 갈망과 갈증을 만족시켜줄 무언가를 찾는다. 그러나 안타깝게도 헛된 것에서 그것을 찾는다. 잘못된 우물에서 영혼의 물을 길으려고 한다. 그들은 예수님을 바라보아야 한다. 그런데 믿는 우리가 그들의 이야기에 귀 기울이지 않는다면, 그들은 예수님이 어떻게 그들의 목마름을 해소해주실 수 있는지 알 수 없다.

우리는 경청해야 한다. 그러면 성령님의 도우심으로 그들의 마음의 갈망과 영혼의 깨어짐과 공허함을 파악할 수 있다. 그리고 그들이 어떻게 하면 영혼의 생수이신 예수님을 우물가에서 만날 수 있는지 알려 줄 수 있다.

### 위로 귀 기울이기

나는 누군가와 대화할 때면 늘 성령님께 도움을 청한다. 그분의 다른 이름이 '보혜사' 아닌가(요 14:26).

"성령님, 제가 천천히, 차분하게 대화에 임하도록 도와주세요."

"침묵 가운데 당신이 일하고 계심을 신뢰하게 도와주세요. 지금 이 사람의 이야기와 성령님의 음성을 잘 들을 수 있도록 도와주세요."

어떤 성경 버전은 '보혜사'가 '상담가'(counselor)로 번역되어 있다. 나는 누군가의 이야기를 들을 때마다 성령님께 그의 깊은 내면의 갈망을 들을 수 있는 능력을 달라고 간구한다. 우리의 대화 가운데 성령님이 상담가가 되어 달라고 초대한다. 성령님께 본질적인 문제점이 무엇인지 들을 수 있는 귀를 달라고, 상대방이 처해 있는 상황 가운데 예수님에 대한 진리가 좋은 소식으로 전해질 수 있도록 지혜를 달라고 구한다.

최근 비행기를 타고 이동하는 중에 근심으로 가득 찬 어느 여인 옆에 앉게 되었다. 물론 처음에는 상냥한 그녀가 이런 상태인지 전혀 몰랐다.

나는 비행기로 이동할 때마다 하나님께 여쭈어 본다.

"하나님, 제가 기내에서 어떻게 시간을 보내길 원하세요? 쉴까요, 밀린 업무를 할까요, 아니면 누군가와 구원에 대한 대화를 나눌까요?"

보통 이륙하고 몇 분이 지나면 명확히 알게 된다. 그날 주님은 내가 누군가와 대화하기를 원하셨다. 그래서 나는 옆에 앉은 그녀에게 물었다.

"집을 떠나는 길이세요, 아니면 집으로 돌아가는 길이세요?"

"사실 둘 다에요. 집은 시애틀인데 지금은 새 보금자리가 될 뻔한 곳으로 가는 중이거든요. 제 남편과 아들들이 지금 먼저 가 있어요. 조금 복잡하네요."

나는 속으로 '성령님, 도와주세요. 제가 잘 들을 수 있게 도와주세요'라고 기도드렸다. 그녀는 계속해서 말했다.

"제가 시애틀에서 직장생활을 계속 해야 해서 가족이 다 함께 이사하지 못했어요. 더욱이 저희가 이혼 소송 중이라 저는 그냥 시애틀에 눌러앉게 되었어요. 지금 아들들을 만나고 이혼 서류에 서명하러 가는 길이에요. 그리고 바로 다시 돌아와야죠."

나는 그녀에게 어떻게 해서 이혼을 하게 되었는지 조심스레 물었고 그녀는 자신의 이야기를 들려주었다. 나는 계속해서 기도하며 그녀와 성령님께 귀를 기울였다. 이처럼 대화 가운데 성령님의 음성에 귀 기울이는 것을 나는 '위로 귀 기울이기'(listening up)라고 한다. 그녀의 입에서 이야기가 막힘없이 흘러나왔다. 댐이 터질 때가 된 것이었다.

상대방은 누군가가 진정 자신의 이야기에 관심이 있다는 것을 느끼면 마음을 열어 그 속에 있는 것을 털어놓는다. 이것은 단순한 대화 기술이 아니다. 나는 하나님의 영이 우리보다 앞서 일하신다고 확신한다. 성령님은 우리가 그분을 의지할 때, 사랑, 희락, 화평, 오래 참음, 자비, 양선, 충성, 온유, 절제와 같은 열매를 우리 삶에 주신다(갈 5:22-25). 우리가 이런 열매들을 맺으며 하나님의 임재 안에 살아가면, 사람들은 우리가 뭔가 다르다는 것을 감지하고 자신의 삶을 나누게 된다.

비행기에서 만난 그녀는 자신이 바람을 피웠다고 솔직하게 말해주었다. 그리고 화가 난 남편이 SNS상에 그녀의 이미지를 어떻게 망쳐 놓았는지, 그리고 어떻게 친구들 사이에서 이간질

했는지에 대해서도 말해주었다. 그녀의 남편은 아들들마저도 엄마에게 등을 돌리게 만들었다. 그녀는 스스로를 수치스럽게 여겼고 의기소침해져 있었다. 나는 그녀의 이야기를 한참 동안 들으며 그녀가 자신과 자신의 가정에 가져온 아픔과 수치를 뉘우치고 있다는 것을 느꼈다. 그녀는 죄책감을 느끼고 있었을 뿐 아니라 그 무게에 짓눌려 있었다. 더욱이 남편의 분노와 아들들의 반응이 그녀의 마음을 어렵게 하고 있었다.

그녀는 모든 것을 정상으로 돌이켜 놓고 싶어 했다. 용서와 치유와 화해를 원했다. 우리 예수님은 그녀에게 주실 좋은 소식을 갖고 계셨다.

대화 도중에 그녀가 내게 물었다.

"당신은 참 좋은 분 같아요. 제 이야기만 계속 주저리주저리 늘어놓는데 다 들어주시네요. 참 대화하기 편한 분 같아요. 그런데 뭐 하시는 분이에요?"

그녀는 생전 처음 만난 사람이 자신의 이야기를 들어주고 관심을 가져준 것에 놀란 듯했다. 나는 그녀에게 내가 어떤 사람인지, 아니 예수님이 어떤 분이신지에 대해 이야기해주었다. 그리고 나는 예수님을 알고 사랑하며 그분이 그녀의 이야기를 관심 있게 듣고 계시다는 사실도 전해주었다. 그러자 그녀는 지금까지 종교에 관심이 없었는데 최근 시애틀에서 교회를 몇 군데 알아보고 있었노라고 말해주었다. 그녀는 자신에게 도움이 필요하다는 것을 깨닫고 도움의 손길을 찾고 있었던 것이다.

앞에서 언급했듯이 나는 성령님께서 우리보다 앞서 행하시며 이러한 만남을 위해 사람의 마음을 준비시킨다고 확신한다. 하나님이 구원자이심을 확신하면 내가 구세주가 되어야 한다는 부담감에서 자유로울 수 있다. 우리가 할 일은 그저 부르신 자리에서 성령 충만함으로 경청하고, 성령님이 이끄시는 대로 말하는 것이다. 상대방이 무엇을 갈망하는지, 무엇 때문에 아파하는지, 그리고 왜 예수님이 필요한지를 발견하기 위해 경청하라.

나는 그녀가 죄책감과 수치심을 느끼는 이유가 그녀 스스로 자신의 죄를 어떻게 해보려고 하기 때문이라고 말해주었다. 그리고 나서 아담과 하와 이야기를 들려주었다. 그들이 어떻게 스스로의 죄를 수습하려고 했는지를, 그들이 어떻게 서로를 탓했는지를, 그리고 그들의 관계가 어떻게 파괴되었는지를 이야기해주었다.

"당신과 당신 남편은 둘 다 죄가 가져오는 아픔을 경험적으로 알고 있어요. 죄는 생명의 주관자이신 하나님에 대한, 그리고 삶을 보호하시고 조성하시는 그분에 대한 위반이에요. 지금 두 분은 그 위반에 대한 값을 치를 누군가를 찾고 있어요. 성경은 이 값을 '속죄'라고 말해요. 우리는 누군가가 죄에 대한 값을 치러야 한다는 것을 알고 있어요. 그래서 우리가 죄를 짓거나 누가 우리에게 죄를 지으면 누군가 또는 무언가가 속죄해주기를 바라게 되죠.

만약 우리 자신에게서 속죄를 찾는다면 우리는 자학을 하면서 분노로 가득 차게 될 거예요. 수치와 죄책감의 지배를 받을 거예요. 반대로 다른 사람에게서 속죄를 찾는다면 그에 대한 분노로 그가 죗값을 치르길 바라게 될 거예요. 그런데 두 가지 상황 모두 죄를 본질적으로 다루는 게 아니에요. 이렇게 한다고 해서 죄가 사라지는 건 아니에요. 아마 더 많은 파멸을 낳을 거예요. 많은 경우에 우리는 더 나은 행실과 열심, 아니면 다시는 그러지 않겠다는 맹세로 스스로를 속죄하려고 해요. 그러나 그것은 완벽주의, 일중독, 조작, 교만과 같은 다른 형식의 파괴를 낳을 뿐이에요. 실패하면 좌절과 우울까지 더해질 거예요."

나는 계속해서 말했다.

"지금 당신에게 필요한 것은 당신의 죄를 진정으로 속죄할 수 있는 대상이에요. 죄의 무게를 감당할 수 있는 분, 당신의 죄를 용서할 수 있는 분, 죄가 더 이상 당신을 지배하지 못하도록 당신을 죄에서 자유케 해줄 분이 필요해요. 당신은 예수님이 필요해요."

나는 예수님이 어떻게 십자가 위에서 그녀의 죄를 감당하셨는지에 대해서 들려주었다.

"우리는 아무리 노력해도 죄책감을 떨칠 수 없고 수치를 가릴 수 없어요. 그것은 오직 예수님만이 하실 수 있는 일이에요. 당신 남편도 당신의 죄에 대한 속죄를 찾고 있기에 당신을 미워하는 거예요. 아직 예수님을 모르기에 당연한 것이지요. 그는 예수님을 만나기 전까지 당신이 저지른 일에 대한 대가를 당신이 치르기를 바랄 거예요.

당신이 예수님께 나아가 용서를 구하지 않는다면 죄의 무게와 남편의 분노의 짐을 계속해서 짊어지게 될 거예요. 믿음으로 예수님께 나아가 그분의 용서하심을 받아들이세요. 그러면 죄 사함을 경험할 거예요. 그리고 당신의 죄와 남편의 분노가 떠오를 때마다 그 생각들을 가지고 예수님께로 나아가세요. 그 죄책감과 수치를 예수님께로 올리세요. 남편의 분노의 무게도 예수님께 드리세요. 당신은 감당할 수 없지만 예수님은 감당할 수 있으세요. 이미 십자가에서 감당하셨어요. 그 무게를 없애시려고, 당신의 상처를 치유하시려고 그분은 십자가에 달려 돌아가셨어요."

이후 우리는 복음이 어떻게 용서와 치유, 소망을 가져다주는지, 그리고 어떻게 우리가 상처준 사람, 또 우리에게 상처준 사람에 대한 사랑을 가져다주는지 계속해서 나누었다. 마지막에 그녀가 이렇게 말했다.

"하나님과의 상담시간을 공짜로 얻은 것 같네요. 그분이 우리의 좌석을 이렇게 배치하신 것이 분명해요."

나도 동의했다. 하나님은 그렇게 일하신다.

당신의 자아와 추정을 내려놓고 듣는 귀를 갖는다면, 내 목소리를 높여야 하고 내가 늘 옳아야 한다는 강박관념을 내려놓고 듣는 귀를 갖는다면, 하나님은 당신을 통해서도 이런 역사를 이루실 것이다. 하나님이 당신의 삶에 허락하신 사람들의 이야기에 귀를 기울이고, 성령님의 음성에 귀를 기울여 보라. 그때 당신은 사람들의 깊은 영혼의 갈망에 복음을 심어 줄 법을 알게 될 것이다.

많은 사람들이 '다른 우물'에서 헤매고 있다. 듣는 귀를 가지고 사랑을 가지고 영혼의 갈증을 해소하실 예수님께로 그들을 인도하라.

### 그들의 이야기를 듣고 배우고 사랑하라

사람들의 갈망을 듣는 실력을 키우면서 동시에 그들의 전반적인 인생 이야기에도 귀를 기울이는 연습을 해보라. 우리는 앞장에서 어떻게 우리의 이야기를 나누고, 어떻게 예수님이 우리 이야기의 영웅이 되실 수 있는지에 대해 나누었다. 우리가 누군가의 심령에 복음을 유창하게 말하기를 원한다면, 먼저 그 사람이 어떤 이야기 틀 속에서 인생을 살고 있는지 주의 깊게 살피며 경청할 필요가 있다. 그들의 복음 이야기는 무엇인가? 그들의 영웅은 누구인가?

모든 사람에게는 '자신이 믿는 복음 이야기'가 있다. 그 복음 이야기가 하나님 나라에 대한 복음이나 예수 그리스도에 대한 좋은 소식이 아닐지라도 그들에게는 그것이 복음이다. 모든 사람이 믿는 복음 이야기에는 창조, 타락, 구원, 그리고 새 창조의 줄거리가 있다. 물론 이런 단어들로 표현하지는 않겠지만 말이다. 모든 사람의 심령에는 영원에 대한 간절한 바람이 있기에, 하나님에 의해 이 줄거리로 각인되는 것이다.

생각해보면 이런 줄거리는 모든 좋은 소설이나 연극, 영화에 포함되어 있다. 우리의 노래와 시조에서도 흘러나온다. 시트콤, 드라마, 광고를 봐도 이런 줄거리가 텔레비전을 뚫고 뛰쳐나온다.

'복음에 유창한 귀'는 친구들의 이야기와 문화의 이야기가 진리인 하나님의 이야기와 맞아 떨어지는지 감지할 수 있다. 어떻게 하면 그런 귀를 가질 수 있을까? 하나님께서 우리 삶에 허락하신 사람들의 이야기를 들으면서 네 가지 악장에서 나타나는 근본적인 질문이나 갈망이 무엇인지 살펴보자. 그것이 무엇인지 알면 이야기를 경청할 때 그들이 이 질문에 어떻게 대답하는지 집중해서 들을 수 있다.

> 창조: 그들은 자신들의 정체성, 또는 삶의 목적과 의미를 무엇에서 발견하는가?
> 타락: 그들이 삶의 근본적인 문제는 누구, 또는 무엇인가?
> 구원: 그들은 자신들의 구세주로 누구, 또는 무엇을 바라보는가?
> 새 창조: 그들이 추구하는 궁극적 변화는 무엇이며 그들은 미래에 대한 어떠한 소망을 가지고 있는가?

하루는 친구가 전화해 직장에서 해고 되었다고 전했다. 그는 아직 예수를 믿지 않았다. 우리는 점심약속을 하고 즐겨 가던 타코마(Tacoma)의 어느 멕시칸 식당에서 만났다. 그에게 안부를 물으니 "별로지, 뭐"라고 대답했다.

"그럴 만도 하지. 직장도 잃고 돈 걱정도 해야 하니 말이야."

그런데 순간 성령님이 내게 이렇게 말씀하시는 것 같았다.

"다 안다고 생각하지 말고 왜 힘든지 물어보렴. 귀 기울여 경청하렴."

그래서 나는 "왜 힘든지 물어봐도 될까?"라고 그에게 물었다.

"당연히 내가 직장을 잃어서 힘들다고 생각할 거야. 식구들 입이 몇 갠데 돈 걱정을 안 하겠어. 하지만 그래서 힘든 게 아니야. 내가 진짜 힘든 이유는 더 이상 내가 누구인지 모르겠어서 그래."

그때 다시 한 번 성령님께서 "계속 질문해보렴" 하고 귀띔해주시는 것 같았다.

"그게 무슨 말이야?"

"내 직장이 내 정체성이었다는 걸 이제야 깨달았어. 일이 사라지니까 내가 더 이상 누구인지 모르겠어."

"무슨 말인지 알 것 같아. 나도 몇 년 전에 비슷한 어려움을 겪었거든. 나도 내 직장과 내 성과를 통해 내 정체성과 삶의 목적을 찾으려고 했어. 우린 모두 인생의 다른 부분에서 비슷한 경험을 하는 것 같아."

"그래, 네 말이 맞는 것 같아. 다른 직장을 구하면 되지만 거기서도 언제 잘릴지 모르니까 그게 가장 힘들어. 보장된 게 하나도 없어. 안정적인 것이나 의지할 만한 것도 없어."

나는 "이해할 수 있을 것 같아"라고 대답한 후 다시 천천히 말을 이어갔다.

"네가 몬타나(Montana) 주 목장에서 자랐잖아. 그런데 지금까지 네가 거기서 어떻게 자랐는지 한 번도 들어보지 못한 것 같아. 유년기 때 네 삶이 어땠는지 이야기해줄 수 있을까?"

"당연하지. 우리 아버지는 목장 주인이셨어. 그런데 사실 난 아버지와 함께 시간을 보낸 적이 거의 없어. 아버지가 소를 몰지 않는 날에는 우리와 함께 저녁을 드시긴 했지만 말이야. 나는 내가 열여덟 살이 되면 아버지와 함께 목장에서 일하게 될 줄 알았어. 그런데 내가 열여섯 살 때 아버지가 돌아가셨어."

나는 그 순간을 영원히 잊지 못할 것이다. 성령님이 내 귀에 대고 이렇게 소리치시는 것 같았다.

"방금 들었니? 그가 아버지를 일찍 여의였구나. 농장 일을 통해 아버지의 사랑과 인정을 받으려고 했는데 그것이 이루어지기 전에 아버지가 돌아가셨구나. 그래서 이제는 직장을 통해 인정을 받으려고 하는데 그만 직장도 잃고…."

친구의 이야기에서 창조 이야기는 무엇인가? "나는 아버지의 인정과 사랑을 대신할 것을 찾는데 그것은 일이야. 내 정체성은 내 직장에 있어"이다.

타락 이야기는 무엇인가? "아버지는 돌아가셨고 나는 직장을 잃었어. 그리고 다른 직장을 얻는다 해도 언제 잘릴지 몰라. 의지할 수 있는 게 아무것도 없어. 영원한 것도 없어"이다.

구원의 이야기는 무엇인가? "나는 나를 사랑해줄 아버지가 필요해. 내가 한 일을 칭찬해줄 아버지가 필요해."

새 창조의 이야기는 무엇인가? "나를 영원히 떠나지 않는 아버지를 원해. 나를 자랑스럽게 여겨주는 아버지를 원해"이다.

자, 이제 복음이 어떻게 이 친구에게 좋은 소식으로 다가갈 수 있는지 보이는가? 나는 성령님의 도우심으로 그것을 보았다. 그리고 그 좋은 소식을 친구에게 전해주었다.

"네가 바라는 것들은 모두 좋은 거야. 영원히 널 떠나지 않는 아버지의 사랑을 원하는 것, 그리고 열심히 일해서 그분의 마음을 흡족하게 해드리는 것, 이 모든 것이 그래.

그래서 나는 지금부터 네 완벽한 아버지가 되길 원하시는 분에 대해 전하려고 해. 그분은 바로 하나님이야. 하나님은 너를 사랑하셔. 그리고 영원하시지. 하나님은 너를 위해 아들 예수를 이 땅에 보내셨어. 예수님은 이 땅에서 완벽한 인생을 사셨고, 그 완벽한 삶을 네 죄와 맞바꾸셨지. 예수님은 너를 용서하기 위해, 그리고 너를 하나님 아버지께서 인정하시고 사랑하실 수 있는 존재로 만들기 위해 십자가에 달려 돌아가셨어. 이제 예수님을 믿으면 네 죄는 사해지고 완벽한 아버지이신 하나님의 사랑을 받게 되는 거야. 또한 예수님은 죽은 지 사흘 만에 부활하셔서 죽음의 권세를 이기셨어. 자, 네가 하나님 아버지의 사랑과 인정을 영원히 누릴 수 있도록 모든 임무는 완수되었어.

예수님을 믿는 믿음을 통해 너는 영원하신 아버지, 너를 영원히 실망시키지 않으시는 사랑하는 아버지를 얻게 되는 거야."

친구는 "이런 이야기는 처음 들어 봐. 나는 루터교에서 자랐는데 예수님에 대한 이야기를 이렇게 들어보지는 못했어"라고 대답했다. 그는 자신의 아픔과 갈망에 대한 좋은 소식을 들어야 했다.

이제 그는 아버지이신 하나님과 예수님이 자신을 위해 행하신 일에 대한 인식을 가지게 되었다. 나는 그가 예수님을 영접할 그날을 기다리며 기도하고 있다.

우리가 사람을 구원하지 않는다는 사실을 기억하라. 하나님이 구원하신다. 우리는 듣고 배우고 사랑하며 복음을 나누는 일을 하는 것이다.

# 14장

## 먼저 보여 주고 다음에 말하라

 참된 이야기, 하나님의 이야기를 보면 하나님께서 그분을 나타내는 가시적인 형상을 이 땅에 두길 원하셨다는 것을 알 수 있다. 그러나 아담과 하와는 실패했다. 이스라엘도 실패했다. 오직 한 분 예수님은 실패하지 않으셨다. 그분은 진정한 하나님의 형상, 성육신 하신 하나님이었다. 이제는 교회인 우리가 그분의 몸이 되었다. 하나님은 교회를 통해, 우리를 통해 세상 구석구석을 그분의 임재로 가득 채우길 원하신다(엡 1:22-23). 우리는 단순히 죄와 사탄과 죽음'에서' 구원 받은 것이 아니라 지금 바로 이곳에서 하나님의 목적을 '위해' 구원 받았다. 즉, '무엇에서' '무엇을 위해' 구원 받은 것이다.

우리는 하나님의 능력으로, 하나님의 목적을 위해 구원 받았다. 그 이유는 하나님의 존재를 세상에 드러내 그분께 영광을 돌리기 위함이다. 우리는 세상에 하나님의 성품을 드러내는 하나님의 '전시품'이다. 또한 하나님이 누구신지 또 무엇을 행하셨는지 복음을 통해 선포하는 하나님의 '선언문'이다.

베드로는 소아시아 지역(현재 터키 지역)에 흩어져 있던 하나님의 사람들에게 이렇게 말한다.

> "그러나 너희는 택하신 족속이요 왕 같은 제사장들이요 거룩한 나라요 그의 소유가 된 백성이니 이는 너희를 어두운 데서 불러 내어 그의 기이한 빛에 들어가게 하신 이의 아름다운 덕을 선포하게 하려 하심이라"(벧전 2:9).

그리고 12절에서 이렇게 덧붙인다.

> "너희가 이방인 중에서 행실을 선하게 가져 너희를 악행한다고 비방하는 자들로 하여금 너희 '선한 일을 보고' 오시는 날에 하나님께 '영광을 돌리게' 하려 함이라."

소아시아의 그리스도인들은 하나님이 택하신 백성답게 서로를 가족처럼 사랑하며 살라고 부름 받은 사람들이었다. 그들이 하나님의 원수였을 때 아버지께서 그들을 사랑하신 것처럼 사랑하며 살라고 부름 받은 사람들이었다. 그들은 성령에 의해 세상으로 보내져 사람들과 하나님 간의 관계를, 그리고 사람들 간의 관계를 회복시키는 하나님의 왕 같은 제사장들이었다. 그리고 예수님이 왕으로 다스리시는 삶의 모습이 어떤지 천하에 보여 주는 거룩한 나라였다.

우리도 그렇다. 이것이 우리의 정체성이다. 이것이 우리의 부르심이다. 당신의 삶을 통해 이 세상에 하나님 아버지의 사랑을 보여 주고, 성령님의 치유하심과 회복의 능력을 보여 주고, 아들이신 예수님의 희생적인 섬김을 보여 주라. 하나님이 어떤 분이신지 세상에 보여 주라.

베드로는 이어서 이렇게 말한다.

> "그러나 의를 위하여 고난을 받으면 복 있는 자니 그들이 두려워하는 것을 두려워하지 말며 근심하지 말고 너희 마음에 그리스도를 주로 삼아 거룩하게 하고 너희 속에 있는 소망에 관한 이유를 묻는 자에게는 대답할 것을 항상 준비하되 온유와 두려움으로 하고…"(벧전 3:14-15).

베드로는 모든 사람이 소아시아의 그리스도인들을 반갑게 맞아 주지 않을 것을 알고 있었다. 어떤 사람들은 그들을 거부하거나 핍박할 것이다. 또 어떤 사람들은 그들로 인해 하나님을 만나 찬양할 것이다. 그러나 베드로는 이러한 반응에 상관없이 복음에서 흘러나오는 삶을 살라고 권면하고 있다. 다시 말해, 그들에게 복음이 아니면 설명할 수 없는 삶, 예수님에 대한 진리를 나누지 않고서는 도저히 이해되지 않는 삶을 살라고 권면하고 있다. 바로 사람들이 왜 그렇게 사냐고 물을 때, 그들에게 예수님을 전하는 삶을 말이다.

당신의 삶을 통해 예수님에 대한 진리를 보여 주라. 당신의 입술을 통해 예수님에 대한 진리를 선포하라. 보여 주고 말하라.

### 드러내라

행동은 가르쳐서 배우는 것보다 '보고 배운다'는 말이 있다. 부모라면 모두 이 말에 공감할 것이다. 우리의 자녀들은 우리의 말을 듣고 행동하기보다 우리의 행동을 보고 그대로 따라하는 경향이 강하다.

삶으로 보여 주는 모습이 분명 말보다 설득력 있다. 때론 말과 반대로 행동하는 사람들이 있기에 우리는 말보다 행실에 더 중점을 둔다.

우리는 과연 세상에서 어떤 모습을 보여 주고 있는가? 때때로 나는 '복음적 은유'(Gospel Metaphors)를 통해 우리 소그룹이 복음을 삶으로 드러내는 연습을 하도록 한다. 방법은 다음과 같다. 먼저 복음에 대해 묵상하는 시간을 함께 갖는다. 그 후 예수님이 행하신 일을 통해 하나님에 대해 무엇을 알게 되었는지 생각해보라고 한다. 그러고는 예수 안에서 발견한 하나님의 이름, 속성, 활동을 드러내는 단어들을 떠올려 보라고 한다. 이렇게 하면 아마 변호인, 희생자, 치료자, 용서하는 자, 상담자, 평화의 왕, 회복시키는 자, 구원자 등 끝이 없을 것이다. 이때 떠오른 단어들을 나눌 때, 그 내용을 모두 화이트보드나 메모지에 적어둔다. 그러고 나서 그중 단어 하나를 골라 함께 이야기한다.

만일 '회복자'라는 단어를 선택했다면 이렇게 말할 수 있다.

"하나님은 우리에게 행하신 일을 통하여 그분이 어떤 분인지를 보이셨어요. 이제 우리도 세상 사람들에게 하나님이 어떤 분이신지 행동으로 보여 주어야 해요. 그렇다면 우리가 어떻게 해야 하나님이 예수님을 통해 우리 동네나 지역사회에 회복을 가져 오시는지 보여 줄 수 있을까요?"

우리는 이에 대하여 다음과 같이 이야기했다.

- 우리가 함께 이 지역을 걸으면서 어느 부분에 회복이 필요한지 성령님께 구하고, 알려 주시는 것을 회복시켜나가면 좋겠어요.
- 지역사회에서 깨진 관계를 어떻게 개선해나갈지에 대해 연구해 보면 어떨까요?
- 우리 소그룹 안에서 시작해도 될 것 같아요. 우리 안에서의 깨어짐은 없나요? 우리의 관계는 어떤가요? 우리의 마음 상태는 어떤가요? 우리 자신부터가 먼저 회복을 경험하고 있는지 돌아보면 좋을 것 같아요.

이외에도 많은 아이디어가 있을 것이다. 이어서 몇 가지 단어를 더 선택해 하나님의 성품을 구체적이고 실질적으로 보여 줄 수 있는 방법들을 물색해나갈 수 있다. 사도 바울은 우리가 하나님의 일을 세상에 보여 주는 살아 계신 하나님의 영으로 쓴 편지라고 했다. 복음적 은유이다.

이러한 노력의 결과로 나는 망가진 울타리가 수리되는 것을(회복자), 갈 곳 없는 사람들을 위해 집이 리모델링되는 것을(친절) 보았다. 나는 마약거래나 성매매를 위해 사용되던 공터가 공동 텃밭으로 변신하는 것을(구원자), 서로의 빚을 갚아주는 모습을(용서) 보았다. 대학교 등록금이 모금되는 것을(제공자), 부모 없는 아이들을 돌보는 모습을(아버지) 보았다. 이처럼 나는 하나님의 성품을 드러내는 수많은 일들을 목격해왔다. 우리가 복음 안에서 하나님을 알아갈수록 이 일들이 더 많이 일어난다. 우리는 축복의 통로이다. 우리가 하나님이 어떤 분이신지 세상에 실질적으로 보여 줄 때마다 우리를 통해 그분의 영광이 드러날 것이다.

앞에서 설명한 내용을 떠올릴 때마다 나는 어느 주일 오전에 미셔널 커뮤니티와 함께 우리 집에서 브런치를 먹었던 그날이 생각난다. 그때 교회를 다니지 않는 이웃들도 함께 했는데, 대화는 점점 우리 동네의 좋은 점과 나쁜 점으로 흘러가기 시작했다. 그러다가 누군가가 우리 집 반대편에 사는 아저씨에 대해 언급했다. 그는 자기 집 앞에만 '허가증 없이 주차금지'라는 표지판을 세워 놓았다. 우리 동네는 주차 공간이 넉넉하지 못했는데, 문제는 다른 이웃들은 허가증을 받을 길이 없었다는 것이다. 아마도 그는 특별한 '빽'이 있었던 것 같다. 또 다른 문제는 그 표지판 주위에는 가로등도 없고 큰 나무의 가지마저 그것을 가리고 있어 주차공간을 찾는 운전자들의 눈에는 그 표지판이 거의 눈에 보이지 않는다는 점이었다.

동네 주민인 우리는 그 자리에 주차를 하면 안 된다는 사실을 알았지만, 다른 동네에서 방문하는 우리의 친구들은 그것을 알 리가 없었다. 혹시라도 그곳에 주차를 했다가는 당장 그 차 앞 유리에 이렇게 써진 종이가 붙었다.

"글도 못 읽어? 멍청하게 여기에 주차했으니 글을 모르는 게 분명해."

그는 다시 한 번만 더 주차하면 어떤 일이 일어날 것인지에 대해서도 상세하게 적어놓았다. 이 얼마나 끔찍한가! 풀로 붙인 그 종이를 떼어내는 것도 보통일이 아니었다.

놀랄 것도 없이 우리의 대화는 점점 더 부정적으로 흘러갔고, 이런 말까지도 나왔다.

"제가 알기로 그는 군인 출신이래요. 완전 살인무기에요. 어쩌면 그 집 지하실에 시체가 여럿 있을지 몰라요!"

나는 더 이상 듣고 있기 불편해 "여러분, 본인도 없는 자리인데 이제 그런 이야기는 그만 합시다"라고 말했다.

그가 대화 자리에 없었던 이유는 친구가 없어서이기도 했고, 그 시간에 교회 주일 오전예배를 섬기고 있었기 때문이기도 했다. 그렇다. 그는 목사였다. 그러나 그 사실이 믿지 않는 이웃들에게는 전혀 도움이 되지 않았다. 오히려 그의 행동으로 인해 많은 이웃들이 그리스도인에 대한 좋지 않은 인상을 갖게 되었다.

나는 계속해서 말했다.

"여기 계신 분들 중에 그분을 잘 아는 분은 없는 것 같아요. 재이니와 저도 이제야 그분을 조금씩 알아가고 있어요. 사실 지난주 금요일 저녁에 저희 집에 초대해서 만나 뵈었는데 아주 친절한 분이셨어요."

내 말을 들은 이웃들의 얼굴에 놀라움과 의심이 가득했다. 그들은 아마도 이렇게 생각했을 것이다.

'제프, 지금 무슨 짓을 한 거야? 그 사람이랑 밥을 먹다니!'

"우리 부부는 그분을 알아갈수록 그분이 왜 그렇게 행동하시는지에 대해 조금씩 이해하게 되었어요. 오해하지 말고 제 말을 끝까지 들어주세요. 그분의 행동은 분명히 옳지 않아요. 그런데 지금까지의 제 경험으로 보면 상처받은 사람이 상처를 주더라고요. 그분은 살면서 상처를 많이 받으셨던 것 같아요. 다시 말하지만 저는 지금 그의 행동을 정당화 하려는 게 아니에요. 저도 그런 행동이 참 싫어요. 하지만 그분이 이 자리에 없는데 우리가 계속 그분 이야기를 하는 건 옳지 않은 것 같아요. 저는 언젠가 그분이 우리에게 행한 일에 대해, 우리에게 준 상처에 대해 사과하는 날이 오기를 기도하고 있어요."

나는 스스로를 변호할 수 없는 그를 위하여 '변호인'이 되어 주었다. 심판을 받아 마땅한 그의 변호인이 되어 주었다. 나는 그저 예수 그리스도 안에서 하나님이 나를 위하여 하신 일을 했을 뿐이다. 예수님이 우리의 진정한 '변호인'이시다. 지금도 그분은 하나님 아버지 앞에서 우리를 변호하고 계신다. 우리는 우리 죄로 말미암아 정죄 받아 마땅한 존재들이다. 그러나 예수님은 그런 우리를 위해 더 나은 찬사의 말을 부어주신다.

우리는 복음을 드러내야 한다. 그래서 나는 그를 변호함으로써 하나님에 대한 복음의 그림을 보여 주었다. 나는 내 할 말을 다 했고, 대화는 또 다른 주제로 흘러갔다. 물론 몇몇 사람들은 내 발언 때문에 불편해했다. 특히 에이미(Amy)가 그랬다. 그녀는 문제의 아저씨 바로 옆집에 살았다. 지난 몇 년 사이에 우리 부부와 각별한 사이가 된 그녀는 아직 예수님을 믿지 않았.

다음 날, 에이미가 나에게 물었다.

"제프, 어제는 왜 그랬어요? 그 아저씨가 얼마나 나쁜지는 천하가 다 아는 사실이에요. 우리 모두가 피해를 봤잖아요. 이해가 안 되네요. 왜 그 아저씨를 감싸준 거죠?"

### 선포하라

나는 우리가 의도적으로 하나님을 드러내는 삶을 살면 우리가 왜 그렇게 사는지에 대해 말할 수 있는 기회가 더 자주 생긴다는 것을 발견했다. 자비와 사랑이 가득한 삶, 본인의 스케줄을 바꾸면서까지 타인의 이야기를 들어주고 섬기는 삶, 자신의 돈을 써가며 타인을 먹이고 돌보는 삶, 타인을 보호하고 세워주는 말 한마디, 이 모든 것은 해명이 필요한 행동들이다. 복음을 떠나서는 이해가 되지 않는 삶이기 때문이다.

그러나 우리의 해명을 가만히 들어보면, 왜 우리가 그렇게 사는지 묻는 이들에게 예수님을 전하는 메시지가 전혀 없다.

도널드 휘트니(Donald Whitney)는 「영적 훈련」에서 이렇게 말한다.

언젠가 미국 북서부에서 열린 부흥회에서 누군가가 그리스도인이 된 이야기를 들은 적이 있다. 그는 예수님을 만난 후 직장상사에게 그 사실을 전했다. 그러자 상사는 "정말 좋은 소식이군! 지금까지 나는 당신을 위해 수년간 기도하고 있었다네!"라고 말했다. 그러나 그는 마냥 기뻐할 수 없었다. 대신 "왜 그 사실을 말하지 않았죠? 사실 내가 지금까지 복음에 관심이 없었던 이유는 바로 당신 때문이었어요"라고 말했다. 그러자 상사는 "어떻게 그럴 수 있지? 나는 그리스도인의 삶을 살려고 최선을 다했는데 말이야"라고 대답했다.

"맞아요. 당신은 모범적인 삶을 살았어요. 그런데 단 한 번도 자신이 그리스도 때문에 그렇게 산다고 내게 말해주지 않았어요. 그리스도 없이 행복하게 사는 당신을 보면서 나도 그리스도 없이 그렇게 살 수 있다고 생각했단 말이에요."[1]

복음적인 설명 없는 우리의 도덕적인 삶이 지금까지 얼마나 많은 사람들에게 예수님이 필요 없다는 증거로 제시되었을까? 우리는 착한 사람으로만 살아서는 안 된다. 왜 우리가 그렇게 살아가는지에 대해 세상에 말해야 한다.

바울은 로마의 교회에게 이렇게 말한다.

> "그런즉 그들이 믿지 아니하는 이를 어찌 부르리요 듣지도 못한 이를 어찌 믿으리요 전파하는 자가 없이 어찌 들으리요 보내심을 받지 아니하였으면 어찌 전파하리요 기록된 바 아름답도다 좋은 소식을 전하는 자들의 발이여 함과 같으니라"(롬 10:14-15).

우리는 복음을 드러내는 우리의 손과 발, 얼굴뿐 아니라 복음을 전파할 입도 함께 들고 세상으로 가야 한다.

최근 텍사스 주에 있는 어느 대형 교회에서 설교할 기회가 있었다. 나는 우리의 삶을 통해 하나님을 보여 주고, 우리의 입술로 하나님을 선포하자고 전했다. 그 과정에서 앞에서 말한 휘트니의 책 내용을 인용하며 재차 강조했다.

"예수님이 받으셔야 할 칭찬을 우리가 받지 맙시다. 우리가 예수님의 영광을 빼앗지 맙시다."

예배 후, 한 자매가 내게 다가와 설교가 좋았다고 말하면서 자신과 자신의 남편이 이웃을 사랑하기 위해 얼마나 노력하고 있는지 들려주었다. 그녀는 자기 동네 주민들 간의 관계가 얼마나 얽히고설켜 있는지, 서로를 얼마나 싫어하고 불신하는지, 그럼에도 불구하고 자신들은 그들을 얼마나 섬기고 사랑하는지에 대해 들려주었다. 그들 부부가 이웃을 어떻게 사랑하고 있는지에 대해 들으니 나도 위안이 되었다. 한번은 어느 이웃이 그녀에게 "당신은 왜 아무도 좋아하지 않는 사람에게 친절한 거예요?"라고 물었다고 했다. 나는 분명히 그녀가 방금 설교에서 들은 대로 그녀 안에 있는 소망의 이유인 예수님에 대해 말해 주었을 것이라고, 복음을 그 이유로 말했을 것이라고 생각했다. 그러나 그녀는 이렇게 말했다.

"그때 우리는 그냥 착하게 살려고 그런 것뿐이라고 대답해 주었어요. 착하게 사는 게 어렵지 않잖아요?"

나는 그녀를 빤히 쳐다보았다. 하도 어이가 없어서 표정 관리가 잘 안되었다. 그녀는 내 반응을 조금 불편하게 느끼는 것 같았다.

"그게 다인 거예요? 더 이야기한 건 없나요?"

나는 그녀에게 설명을 덧붙일 기회를 주고 싶었다.

"네, 그게 다인데요. 저는 '착하게 사는 게 어렵나요?'라고 말했어요."

나는 우리의 대화를 그렇게 끝낼 수가 없었다. 그래서 조심스레 권면했다.

"다음에는 예수님이 당신을 어떻게 변화시키셨는지에 대해 나눠보세요. 예를 들어 이렇게 말할 수 있을 것 같아요.

'하나님이 저희 부부를 참 사랑하세요. 사실 저희는 사랑을 받을 수 없는 존재였어요. 그런데 하나님이 그분의 아들 예수님을 보내셔서 우리 죄를 위해 십자가에서 죽게 하셨어요. 그분이 우리를 먼저 사랑하셨기 때문에 우리도 이웃을 사랑하는 거예요.'

당신의 이웃이 예수님을 알지 못하고, 하나님의 사랑도 경험하지 못한다면 그곳은 영영 무너진 곳으로 남을 수밖에 없어요. 친절만으로는 동네가 변화되지 않아요. 예수님이 필요해요. 당신의 행실을 통해 이웃이 예수님의 친절과 자비를 경험하는 것은 참 좋아요. 하지만 당신의 입술을 통해 그 친절의 이유가 예수라고 말하지 않는다면, 거기서 오직 당신 부부만 다른 사람을 사랑하며 살아가게 될 거예요. 당신은 이웃이 진정 예수님의 사랑을 알기를 바라나요?"

"물론 그렇죠!"

"그렇다면 다음에는 친절을 베푸는 이유가 바로 예수 때문이라고 입술로 선포하길 권면해요."

나는 그녀가 그렇게 하길 바란다. 그리고 당신도 기회가 생길 때마다 그렇게 하길 바란다. 우리는 모두 예수님을 닮은 삶을 살아간다. 그런데 그렇게 살아가는 이유를 입술로 말하지 않는다면 우리 스스로 예수의 영광을 빼앗는 것이다. 우리의 선한 행실의 모든 영광은 오직 그분의 몫이어야만 한다.

## 머뭇거림을 극복하라

예수님을 전할 때 많은 사람들이 두려워하거나 불안해한다. 복음을 전하는 것은 결코 쉬운 일이 아니다.

여러 이유가 있다고 생각한다. 첫째로 7장에서 언급했듯이 우리는 영적 전쟁 중이고, 우리의 대적은 우리가 예수님에 대해 말하지 못하도록 수단과 방법을 가리지 않고 방해한다. 우리에게 조롱과 멸시에 대한 두려움을 심어 입을 열지 못하게 한다. 둘째로 많은 경우에 우리는 사람을 중요시 여기는 것보다 그 사람이 나에 대해 어떻게 생각하는지를 더 중요시 여긴다. 사람들의 거부가 두려워서 우리는 입을 다문다. 당신 자신에 대한 다른 사람의 의견보다 그 사람 자체를 더 사랑하기를 기도한다. 셋째로 대부분의 그리스도인들이 복음을 전할 때 성령님이 어떻게 담대함을 주시는지 알지 못한다. 복음을 전해본 적이 없기 때문이다. 하나님은 우리가 믿음으로 나아갈 때 우리에게 꼭 필요한 것을 놀랍게 채워 주신다. 넷째로 많은 그리스도인들이 복음을 잘 모르거나 알더라도 다른 성도들과 나누는 것을 연습하지 않는다. 그래서 복음에 유창하지 못하다.

나는 당신이 이 책을 통해 복음이 무엇인지 깨닫길 바란다. 그리고 이 책이 당신에게 복음에 더 유창해질 수 있는 여러 도구를 제공할 수 있길 기도한다.

그런데 나는 우리의 침묵의 다섯 번째 이유가 가장 염려스럽다. 대부분의 그리스도인들이 그들의 이웃, 친구, 가족이 예수님을 믿지 않으면 지옥에 간다는 사실을 믿지 않는 것 같다. 심판의 날은 분명히 온다. 지옥은 실존한다. 예수 그리스도를 믿는 믿음 외에 하나님과 영원한 생명을 누릴 수 있는 길은 결코 존재하지 않는다.

예수님에 대한 좋은 소식을 전하는 것은 정말로 중요하다. 그러나 그들이 믿도록 만드는 것은 우리의 몫이 아니다. 그것은 성령님께서 하시는 일이다. 우리의 사명은 복음 이외엔 설명이 불가능한 삶을 살고, 또 기회가 닿는 대로 소망의 이유이신 예수님을 전하는 것이다. 때론 사람들이 신뢰하고 있는 것보다 예수님이 어떻게 더 좋으신지 보여 줄 수도 있다. 아니면 그들의 이야기를 경청한 후, 하나님의 참된 이야기로 그 이야기의 빈 공간을 채워 소망과 치유, 구원을 찾을 수 있도록 도와줄 수도 있다. 아니면 그들의 이야기를 잘 경청함으로써 그들의 깊은 내면의 갈망이 무엇인지 알아내고 어떻게 예수님만이 그 갈증을 해소하실 수 있는지, 왜 다른 그 무엇도, 그 누구도 그렇게 할 수 없는지 보여 줄 수도 있다. 아니면 재이니처럼 자신의 삶의 열매가 자신의 믿음의 뿌리와 연결되었다는 사실을, 그리고 자신의 믿음을 더 나은 뿌리에 두어야 한다는 사실을 가르쳐 줄 사람이 필요할 수도 있다. 어떤 수단을 사용하든 어떤 방법을 사용하든 그들은 예수님에 대해, 복음의 좋은 소식에 대해 들어야 한다.

다시 내 이웃의 심문으로 돌아가 보자. 에이미는 나를 못마땅하게 여겼다.

"제프, 어제는 왜 그랬어요? 왜 그 아저씨를 감싸준 거죠?"

"에이미, 그에게는 변호인이 필요했어요. 그래서 제가 그렇게 한 거예요. 그는 그 자리에 없었기에 스스로를 방어할 수 없었잖아요. 제가 말했듯이 그의 행실은 잘못 되었어요. 하지만 저는 하나님이 저를 위해 행하신 일로 인해 그렇게 잘못을 저지른 사람도 변호할 수 있는 법을 배우게 되었어요. 지금도 예수 그리스도는 하나님 앞에서 저를 위해 변호하고 계세요. 저는 죄인이에요. 저는 잘못을 저질렀고 그 죄 때문에 죽어 마땅해요. 그러나 예수님이 제 죄를 위해 십자가에서 죽으시고 부활하셨어요. 그리고 하나님 아버지 우편에 앉으셔서 저를 변호하고 계세요. 제가 들어 마땅한 심판의 말이 아닌 훨씬 좋은 말을 해주고 계세요! 제가 갈 자격이 없는 곳에서 저를 대변해주고 계세요. 예수님이 그곳에 계시기에 저는 지금뿐 아니라 영원토록 하나님 안에서 살아갈 수 있게 되었어요. 예수님이 제 변호인이시기에 나 역시 변호인인 거예요."

이 말을 듣고 그녀는 이렇게 말했다.

"난 도무지 당신을 이해할 수 없어요, 제프!"

"나도 알아요. 언젠가 당신도 예수님을 만나기를 소망해요."

"그건 잘 모르겠네요. 나는 결코 믿지 않을 것 같아요."

나는 기도할 수 있다. 보여 줄 수도 있다. 선포할 수도 있다. 그러나 구원하지는 못한다.

구원은 하나님의 몫이다. 그렇기 때문에 나는 계속해서 듣고 사랑하고 축복하고 나누고 기도할 것이다.

15장

## 사랑과 지혜를 키우라

이 책도 이제 막바지에 다다랐다. 이 책을 통해 당신이 예수 그리스도의 좋은 소식을, 그리고 하나님의 선하심과 은혜와 긍휼을 더 알아가길 바란다. 또한 복음에 더욱 유창해지기를, 모든 말을 복음적인 귀로 들을 수 있기를 기도한다. 나의 가장 큰 소망은, 당신이 이 책을 읽기 전보다 예수님을 지금 더 사랑하는 것이다. 복음의 유창함은 먼저 자기 자신에게 이루어져야 한다. 그렇지 않으면 자신을 통해 타인에게 흘러갈 수 없다. 거듭 강조하지만, 사람은 자신이 가장 사랑하는 것에 대해 말한다.

당신이 예수님을 더 사랑하는데 내가 도움이 되었기를 기도한다. 영혼을 향한 사랑이 자라났기를 기도한다.

다만 내가 우려하는 것이 하나 있다. 그것은 이 책에서 소개한 도구들과 아이디어들이 치유하는 약이 아닌 '망치'로 사용되는 것이다. 많은 사람들이 사랑하기 위해 주어진 이 도구들을 배려 없이 거칠게 휘둘러서 상대방에게 상처를 입히곤 한다. 때로 우리는 새로운 진리를 배울 때, 그 진리를 서로에게 그대로 말하기만 하면 된다고 착각한다. 그러나 바울은 오직 사랑 안에서 참된 것을 하라고 말했다(엡 4:15).

바울은 그가 가르친 진리와 하나님의 은사들을 어떻게 사용할 것인지에 대해 고린도 교회 성도들에게 이렇게 말한다.

"내가 사람의 방언과 천사의 말을 할지라도 사랑이 없으면 소리 나는 구리와 울리는 꽹과리가 되고 내가 예언하는 능력이 있어 모든 비밀과 모든 지식을 알고 또 산을 옮길 만한 모든 믿음이 있을지라도 사랑이 없으면 내가 아무것도 아니요 내가 내게 있는 모든 것으로 구제하고 또 내 몸을 불사르게 내줄지라도 사랑이 없으면 내게 아무 유익이 없느니라"(고전 13:1-3).

복음에 대한 정확한 지식, 복음을 믿는 믿음, 복음을 전하는 능력을 다 갖추었어도 '사랑'이 없을 수 있다. 만약 그렇다면 우리의 선포는 무의미하다. 복음의 핵심은 하나님의 사랑이다. 입으로는 하나님의 사랑에 대해 말하면서 실제로 사랑하지 않는다면, 우리 입술에서 나오는 소리가 우리 삶의 꽹과리 같은 소음으로 묻히게 될 것이다.

몇 년 전에 나는 복음 전파에 열정을 가진 청년을 만난 적이 있다. 그는 늘 공원에서 나무상자 위에 올라가 여러 방법으로 사람들에게 복음을 전했다. 사실 전도라기보다 쇼에 가까웠다. 그는 영리한 방법을 사용했다. 그는 사람들이 스스로 자신의 실패를 인정하게 한 다음, 은혜가 필요함을 느끼게 했다. 예를 들어, 그는 사람들에게 거짓말한 적이 있는지, 무엇을 훔친 적이 있는지, 음란한 생각을 품은 적이 있는지, 남을 미워한 적이 있는지 물은 다음, 그렇다고 대답하면 모두가 하나님의 계명을 어겼다고 거듭 강조했다. 그러고 나서 죄의 삯은 사망이고 하나님의 은사는 그리스도 예수 우리 주 안에 있는 영생이라고 선포했다(롬 6:23). 그는 복음에 대해 조금 더 자세히 말한 후에 사람들에게 반응할 것을 촉구했다.

분명히 말하지만, 나는 이런 방식의 전도를 비난하는 것이 아니다. 물론 이렇게 전도하는 사람들을 볼 때 의문과 우려가 생기는 것은 사실이다. 가장 큰 우려는 '복음을 전하는 동기'가 무엇인지에 대한 것이다.

어느 날, 나는 청년에게 왜 그런 방식으로 전도를 하게 되었느냐고 물었다.

"언젠가 하나님 앞에 설 텐데, 그때 주변 사람들에게 복음을 다 전했으니 더 이상 제게는 아무 책임이 없다는 것을 확신하고 싶어서요."

나는 그의 대답을 들으며 생각했다.

'그들을 사랑해서 전하는 것이 아니었구나. 자기 자신을 구원하기 위해 하는 것이었구나.'

그의 동기는 잃어버린 양을 향한 사랑이 아니라 자기 합리화였다. 그래서 나는 다시 물었다.

"이 공원의 사람들을 아나요? 그들을 사랑하나요?"

그는 공원에서 만나는 사람들을 알지도, 또 그들을 사랑하지도 않는 것 같아 보였다. 우리는 노방전도에 대한 서로의 생각을 나누었지만 그것이 이 예화의 핵심은 아니다. 나는 그에게 물었다.

"이웃을 사랑하나요?"

질문을 받고 그가 조금 놀라는 것 같았다.

"사실 사랑하지 않아요."

"여기 있는 사람들을 아나요?"

"아니요."

"당신의 친구들 중에 그리스도인이 아닌 친구가 있나요?"

"없어요."

나는 그에게 이렇게 말해주었다.

"먼저 사람을 알고 사랑하기를 권면하고 싶어요. 그러고 나서 그들에게 예수의 사랑을 먼저 보여 주고 말로 전해보세요."

후에 그는 내가 말한 대로 그의 이웃들을 더 알아가고 사랑하게 되었다. 나는 그 청년 안에 사랑과 긍휼이 자라는 것을 지켜보았다. 담대함과 믿음이 자라는 것도 지켜보았다. 그는 여전히 복음을 전하고 있다. 이제는 사랑과 긍휼로 가득 찬 심장으로 말이다. 지금 그는 예수의 사랑을 보여 주고 전하는 어느 교회의 목회자로 섬기고 있다.

당신은 사람을 사랑하는가? 더 구체적으로 당신과 다른 삶을 살고, 당신이 믿는 것을 믿지 않는 사람을 사랑하는가? 그렇지 못하다면 그런 사람을 사랑할 수 있도록 하나님의 마음을 구하라. 그분께 당신의 이웃을, 직장 동료를, 식구를, 친구를 향한 사랑을 달라고 구하라. 당신의 마음을 그분의 사랑으로 채워 달라고, 그분의 시선과 마음으로 사람을 바라볼 수 있게 해달라고 구하라.

이것을 꼭 기억하라. 당신이 아직 죄인이었을 때에 하나님은 그분과 원수 되었던 당신을 사랑하셨다. 예수님은 당신의 죄를 용서하시기 위해, 하나님의 자녀로 삼으시기 위해, 그리고 성령님을 통해 당신의 심령 가운데 하나님의 사랑을 부어주시기 위해 고난 받으시고 십자가에 달려 돌아가셨다. 그러므로 당신은 마땅히 영혼을 향한 마음을 달라고 구해야 한다. 그때 당신은 하나님의 사랑이 당신이 상상한 것보다 크고 당신이 아는 것보다 깊다는 것을 발견하게 될 것이다.

자, 이제 다 구했으면 준비하라.

물론 하나님은 그분의 마음을 서서히 부어주실 것이다. 그 마음의 엄청난 무게로 당신을 한번에 뭉개지 않으실 것이다. 그러나 당신이 구하면 반드시 당신을 변화시키실 것이다. 하나님은 나를 변화시키셨고 지금도 변화시키고 계신다. 나는 하나님의 사랑을 알아갈수록 길을 잃고 아파하는 수많은 영혼들을 향한 마음이 거룩한 부담감으로 다가왔다.

지금 내 심장은 그들을 향한 하나님의 심장으로 인해 사로잡혀 있다. 하나님께 순복한다면 당신의 심장도 분명 이렇게 사로잡힐 것이다.

나는 하나님께 영혼을 향한 마음을 달라고 구하면 구할수록 더 많은 아픔과 열정을 느꼈다. 더 많은 가슴앓이를 했다. 더 많이 울고 더 많은 환희를 누렸다. 더 많은 슬픔을 느끼고 더 많은 기쁨을 발산했다. 타인의 눈물이 더욱 눈에 들어오고 타인의 웃음소리가 더욱 귀에 들려왔다. 영혼의 깨어짐의 깊이와 기적 같은 회복을 보았다. 그리고 나는 사랑이 항상 따듯하고 보송보송한 것이 아니라는 것도 알게 되었다. 때로 사랑은 아픈 것이었다. 그러나 하나님의 사랑이 내 안에 부어질수록 하나님과 영혼을 향한 내 사랑 또한 자라났다. 그 사랑으로 영혼을 더 조심스럽게, 부드럽게, 지혜롭게 대하고픈 마음이 생겼다.

사랑은 '지혜'를 통해 구현되기 때문이다. 나는 그 경지까지 다다르고 싶다.

### 지혜를 받으라

지혜는 단순한 지식의 축적이 아니다. 은혜 없는 지식은 교만을 부르고, 교만은 우리 삶과 타인의 삶을 파괴한다. 지혜란, 우리가 알맞은 시간에, 올바른 동기로, 올바른 방법으로, 올바른 일을 할 수 있게 지식을 적용하는 것이다. 그래서 지혜는 자비롭고 자애롭고 친절하고 온화하다.

베드로는 소아시아의 성도들에게 그들 속에 있는 소망에 대한 이유를 묻는 자들에게 어떻게 대답할지 준비해놓으라고 권면한다. 그들의 경건한 삶을 복음으로 해명할 때, 온유와 두려움으로 하라고 권면한다(벧전 3:15). 그는 복음을 전하는 최고의 설교자로 예수님을 가리킨다(벧전 3:18-22).

마찬가지로 바울은 골로새 교회에게 이렇게 말한다.

> "외인에게 대해서는 지혜로 행하여 세월을 아끼라 너희 말을 항상 은혜 가운데서 소금으로 맛을 냄과 같이 하라 그리하면 각 사람에게 마땅히 대답할 것을 알리라"(골 4:5-6).

지혜는 시기적절하다. 지혜는 은혜롭다. 지혜는 치유하고 생명을 보존한다. 지혜는 삶을 파괴하는 것이 아니라 더 낫게 하고, 허망하게 하는 것이 아니라 더 풍요롭게 하고, 더 시큼하게 하는 것이 아니라 더 맛나게 한다.

지혜는 선물이고 우리 중에 지혜로운 자들은 축복이다. 지혜롭게 행하는 자와 그렇지 않은 자는 확연히 그 차이가 드러난다. 야고보는 이렇게 말한다.

> "오직 위로부터 난 지혜는 첫째 성결하고 다음에 화평하고 관용하고 양순하며 긍휼과 선한 열매가 가득하고 편견과 거짓이 없나니 화평하게 하는 자들은 화평으로 심어 의의 열매

를 거두느니라"(약 3:17-18).

솔로몬 왕을 기억하는가? 그는 한 가지 소원이 있었다. 그는 하나님께 다른 것이 아닌 지혜를 구했다. 그러자 하나님은 지혜뿐 아니라 다른 모든 것을 더하여 주셨다. 지혜는 많은 축복의 열매를 낳는다. 그래서 수많은 사람들이 멀리서부터 솔로몬의 지혜를 듣기 위해 그를 찾아왔다. 나는 복음의 진리는 거부해도 복음의 열매들은 경험하고 싶어 하나님의 사람들 곁에 머무르길 원하는 사람들을 본 적이 있다.

"너희 중에 누구든지 지혜가 부족하거든 모든 사람에게 후히 주시고 꾸짖지 아니하시는 하나님께 구하라 그리하면 주시리라"(약 1:5).

나는 지혜가 부족함을 알기에 거의 매일, 때로는 하루에도 몇 번씩 하나님께 지혜를 구한다. 예수님이 내 삶을 변화시키시기 전에, 그분에게 지혜를 달라고 구할 수 있다는 사실을 알기 전에, 나는 정결하지 못했고 이기적이었고 교만했고 분노로 가득 차 있었다. 그러나 예수님이 이런 내 마음을 새롭게 하셨다. 그분의 사랑을 내게 부어 주셨고, 내 동기를 정결케 해주셨다.

이 모든 것은 내 행위로써가 아닌 전적인 하나님의 은혜였다. 그럼에도 나는 지혜가 부족했다(사실 지금도 지혜가 부족하다. 하나님께서 나를 위해 베풀어 주실 것들이 여전히 많다). 하나님은 지혜가 부족하거든 그분께 구하라고 말씀하셨다. 그러면 지혜를 주겠다고 약속하셨다. 나는 이 말씀을 믿고 간구했다.

이후로 많은 그리스도인들과 비 그리스도인들이 나를 찾아와 지혜를 구했다. 이로써 나는 복음을 전할 기회를 더 많이 갖게 되었다. 하나님께서 주신 지혜를 나눌 수 있는 기회뿐 아니라 그 지혜의 열매를 내 삶 속에서 볼 수 있게 되었다.

### 지혜의 시작

내가 우리 동네에 사는 불친절한 아저씨를 옹호했을 때 이의를 제기했던 에이미가 그런 친구들 중 하나였다. 비록 그녀는 계속해서 복음을 거부했지만 우리는 여러 가지 주제를 가지고 소통을 이어갔다.

하루는 그녀가 자신이 근무하는 학교의 십대 남학생들에게 나를 조심스레 소개했다. 교사인 그녀는 저소득층 아이들에게 보다 나은 교육환경을 제공해주기 위한 전략을 구상하는 팀에 속해 있었다. 그 팀의 고민거리 중 하나는 여학생들을 대하는 남학생들의 태도였다. 남학생들은 상당히 무례했고 부적절하게 행동했다. 이런 상황은 심지어 수업에도 지장을 주어 학교 전체의 위기상황으로까지 치달았다.

이 학교 재학생의 85퍼센트가 아버지가 없는 편부모 가정에 속해 있었다. 이것은 그들에게 좋은 남성상을 심어줄 사람이 거의 없다는 것을 의미했다. 그래서 에이미가 속한 팀은 '토요학교'라는 것을 만들어 매주 주제를 정해 가르쳤다. 하루는 에이미가 나와 내 친구에게 일일교사로 와서 남성상에 대해 강의해 줄 수 있느냐고 물었다. 나는 그녀에게 많은 남성들 중에 왜 우리를 지목했는지 물었다.

"저는 지금까지 당신이 아내와 자녀들, 그리고 이웃에게 어떻게 대하는지를 봐왔어요. 또 당신이 얼마나 여성들을 존중하는지도 보았고요. 당신은 좋은 남성상의 본보기에요. 당신이라면 남학생들에게 메시지를 효과적으로 전달할 수 있을 것 같아요."

나는 이 일이 하나님께서 내게 수년간 지혜를 주셨기에 가능한 일이었다고 확고히 믿는다. 이렇게 나와 내 친구에게 반나절 동안 공립학교의 십대 남학생들에게 좋은 남성상에 대해 이야기할 기회가 주어졌다. 얼마나 놀라운 기회인가! 우리는 학생들과 함께 남성상에 대한 많은 원리와 예를 나누었다. 그리고 학생들에게 자신이 생각하는 가장 완벽한 남성상은 누구인지, 왜 그렇게 생각하는지를 물었다. 학생들은 간디(Ghandi), 마틴 루터 킹(Martin Luther King, Jr.), 마이클 조던(Michael Jordan), 말콤 엑스(Malcom X) 등 여러 사람의 이름을 나열했다. 우리는 그 많은 남성들에게서 존경할 만한 특성을 찾아 말하는 학생들이 대견했다.

"또 다른 예는 없나요?"

그 순간 어떤 학생이 "예수요"라고 말했다. 나는 '그렇지! 예수님 이야기가 언제 나오나 했네!'라고 속으로 외쳤다. 그 학생에게 왜 예수님을 꼽았느냐고 묻자 이렇게 대답했다.

"지금까지 언급한 남자들은 오로지 자신의 신념을 위해 살았잖아요. 누군가는 그 신념을 위해 죽기도 했고요. 그런데 예수는 단순히 자신의 신념을 주장하지 않았어요. 그분은 사람들을 위해 기꺼이 죽었어요. 물론 우리가 말한 남자들 중에도 죽임을 당한 사람들이 여럿 있어요. 하지만 예수는 스스로 죽기를 선택했어요. 그리고 자기 편 사람들만을 위해 죽지 않았어요. 자신을 대적하는 사람들을 위해서도 죽었어요. 죄인들을 위해, 악한 사람들을 위해 십자가에서 죽었어요. 그리고 그 당시의 사람들만 아니라 우리를 위해서도 죽었어요. 우리를 용서하기 위해 자신의 삶을 내려놓았어요. 우리를 구원하기 위해서요. 누가

뭐래도 제게는 예수가 최고의 남자에요!"

그 학생에게는 지혜가 있었다. 꼭 정답을 말해서가 아니라 그것을 이야기하는 방법이 지혜로웠다. 우리가 그 교실 안에서 예수님에 대해 말할 수 있었던 것은 하나님께서 우리에게 지혜를 주셨기 때문이다. 그 지혜는 우리가 받은 교육에서 나온 것이 아니었다. 하나님께로부터 온 것이었다.

궁극적으로 하나님의 지혜는 예수 그리스도를 통해 나타났다. 사도 바울은 "예수님이 하나님의 지혜"라고 말했다(고전 1:24,30). 예수님이 진정한, 더 나은 지혜이다. 또한 우리도 예수님을 통해 하나님의 지혜를 '얻게' 된다.

잠언서는 가장 지혜로운 것이 '지혜를 얻는 것'이라고 말한다(잠 4:5,7). 그리고 지혜를 얻기 위해 지혜가 필요하다고 이야기한다. 다시 말해, 지혜를 이해하고 적용하기 위해 지혜가 필요하다는 것이다. 그러니 지혜가 있어도 지혜가 없으면 그 지혜는 무용지물이 된다.

어떻게 하면 이렇게 살 수 있을까? 예수님에 대한 좋은 소식을 은혜롭게, 사랑을 담아, 그리고 부드럽게 보여 주고 전할 수 있는 지혜를 도대체 어디서 구할 수 있을까?

우리에게는 예수님이 필요하다! 만일 당신이 하나님의 지혜를 원하는데 아직 예수 그리스도 안에 있는 하나님의 지혜를 받아들이지 않았다면, 바로 지금 예수님께 당신의 삶을 순복하길 바란다. 예수님이 그분의 삶과 죽음과 부활을 통해 당신에게 행하신 일을 받아들이라. 당신의 죄를 용서해 달라고, 당신을 깨끗하게 씻어 달라고, 그리고 성령님을 통해 당신 안에 거해 달라고 구하라.

당신은 이미 이 모든 것을 구했다고 생각할 수 있다. 하지만 지혜란 하나님께 지속적으로 구해야 하는 것임을 잊지 말라. 당신은 아직 지혜가 부족하다. 지혜가 충분한 사람은 없다. 우리는 모두 매순간 대면하는 수많은 상황들과 어려움들, 기회들을 이겨나가기 위해 하나님의 지혜가 필요하다. "너희 중에 누구든지 지혜가 부족하거든 모든 사람에게 후히 주시고 꾸짖지 아니하시는 하나님께 구하라 그리하면 주시리라"는 말씀을 믿고 하나님께 지혜를 구하라. 그러면 예수 그리스도를 당신에게 주실 것이다.

예수님을 받아들이라. 그러면 당신은 삶의 모든 방면에 필요한 모든 것을 받는 것이다. 예수님만이 매일의 삶의 가장 좋은 소식이다.

자신의 지식과 능력에 신뢰를 두지 말라. 이 책이나 다른 책에서 보고 배운 원리나 응용만을 가지고 자신을 변화시키려 하지 말라. 당신에게 필요한 것, 내게 필요한 것, 우리 모두에게 필요한 것은 예수님이다. 예수님이 지혜의 시작이며 지혜의 마지막이다. 이것이 이 책의 핵심이다.

예수님을 만나면 지혜를 얻는다. 그리고 지혜에 다른 모든 것까지 더해 주신다. 예수님은 그 누구보다 좋으신 분이다. 그래서 그분을 만나면 그분을 전하고 싶어질 것이다.

## 나가는 글

　내가 첫 저서인 「포화상태」를 집필한 목적은 모든 남자와 여자, 어린아이가 선교적 삶을 살아가는 사람들의 말과 행동을 통해 매일매일 예수님을 만나는 비전을 나누는 것이었다.

　나는 사람들의 삶에 복음의 열매를 맺게 할 씨를 뿌리고 싶었고, 그 열매가 모든 사람에게, 그리고 모든 하나님의 사람의 가정과 일터, 심지어 휴가지에까지 퍼져 나가는 것을 보길 원했다. 나는 하나님의 사람들이 교회를 '다니는 것'이 아니라 바로 '자신들이' 교회라는 사실을 깨닫길 원했다. 그리고 바로 그런 하나님의 사람들을 통해 하나님의 강력한 임재가 모든 이에게 임하는 것을 꿈꾸었고 지금도 꿈꾸고 있다. 하나님의 사람들은 어딜 가든지 하나님이 함께 하신다는 것을 믿기에 그들을 만나는 사람들은 언제 어디서든 하나님의 사랑을 보고 들을 수 있다.

나는 하나님의 사람들이 복음에 유창해지지 않으면 이것이 불가능하다는 것을 깨달았다. 우리 주변의 사람들이 매일 복음을 들으려면 우리가 먼저 매일의 삶 가운데 복음을 은혜롭게, 지혜롭게, 그리고 사랑스럽게 적용하는 방법을 배워야 한다는 것을 깨달았다. 내가 이 책을 쓴 이유가 바로 여기에 있다. 교회는 복음에 유창해지는 것이 시급하다. 우리는 우리의 일상 가운데 예수님에 대한 진리를 적용하는 법을 익혀야 한다.

자, 이제 책을 다 읽었으니 완벽하게 준비가 되지 않았는가?

틀렸다. 스페인어 문법책을 읽었다고, 스페인어 단어들을 외웠다고, 스페인 문화를 익혔다고 해서 스페인어를 유창하게 구사할 수 있는 것이 아닌 것처럼, 책 한 권 읽었다고 복음에 유창해지는 것은 아니다.

복음을 아주 많이 말하고 들어야 한다. 그리고 복음에 푹 빠지고 사랑해야 한다. 그러니 이 책을 내려놓고 다음 과제로 넘어가지 말라. 훈련은 지금부터 시작이다.

우선 당신의 머릿속에서 예수님에 대한 진리를 수없이 반복하라. 진리의 복음을 통해 드러난 그분의 깊은 사랑이 당신의 심령을 적시도록 성령님께 구하라. 당신의 생각을 주기적으로 사로잡아 예수님께, 그리고 그분 안에서 새롭게 된 당신의 삶에 순복하게 하라. 예수님을 사랑하는 사람들, 매일의 삶 가운데 예수의 진리를 적용하며 성장하기를 원하는 사람들과 함께 하라. 그들과 많은 시간을 보내라. 그리고 그들에게 당신의 삶과 마음에 대해 솔직히 말해달라고 부탁하라. 단지 하나의 자기개발 기술이 아닌 예수님을 당신에게 전해줄 사람에게 순복하라. 물론 당신도 그들에게 예수님을 전해야 한다. 그분만이 세상의 소망이시다! 그분만이 마음을 변화시키신다! 오직 예수만이 우리를 구원할 수 있는 유일한 이름이다.

서로에게 예수님을 전할 때, 그분께서 끊임없이 공급하시는 은혜와 지혜와 사랑을 가지고 하라. 그분께 이런 선물들을 받을 때마다 그분이 주시는 것과 하시는 일에 대하여 그분께 영광을 돌리라. 우리는 성능이 좋은 것에 대해서 말하게 되어 있다. 그렇다면 예수님처럼 성능이 좋은 것도, 복음처럼 성능이 좋은 것도 없다. 그러니 계속해서 예수님을 말하라. 사람은 자신이 사랑하는 것에 대해 말하게 되어 있다. 그러니 예수님에 대한 사랑이 계속해서 자라나게 하라. 복음은 모든 믿는 자에게 구원을 주시는 하나님의 능력이다. 하나님의 사랑이다. 그러니 부끄러워하지 말라! 당신 자신에게 말하라. 당신 친구들에게 말하라. 가족들에게 말하라. 모든 사람에게 그들을 위한 좋은 소식이 있다고, 그들을 영원히 변화시킬 좋은 소식이 있다고 말하라.

하나님은 그들을 사랑하신다. 예수님은 그들을 위해 사셨고 죽으셨고 부활하셨다. 그러므로 그들의 삶은, 그들의 삶의 모든 부분은 영원히 변화될 수 있다. 당신도 마찬가지다. 잊지 말라. 예수보다 더 좋은 대화의 주제는 없다. 그리고 예수보다 우리의 모든 필요를 채워줄 존재도 없다.

그러니 우리 함께 삶의 모든 일상 가운데, 매일 모든 장소에서 예수님을 적용하는 법을 배워가도록 하자. 바로 지금 시작하는 것이다.

복음에 유창해지는 훈련은 지금부터이다.

## 역자 후기

전쟁이 벌어졌다. 장정들을 전장으로 보낸 성 안의 백성들은 숨죽여 기다렸다. 며칠씩이나 전장에서 소식이 들려오지 않았다. 생사의 갈림길에서 백성들은 불안에 떨었다. 소망이 없는 것 같았다. 이윽고 저 멀리 흙먼지를 일으키며 누군가가 말을 타고 달려왔다. 성 안의 파수꾼이 잽싸게 성벽에 올랐다. 달리는 말 위에서 전사가 외쳤다. "유앙겔리온! 좋은 소식이다!" 전쟁에 승리한 것이다. 백성들은 그제야 안도의 숨을 내쉬며 서로 부둥켜안고 기쁨과 감격의 눈물을 흘렸다.

싸움에서 승리한 전사들이 성으로 돌아왔을 때, 그들은 모두 놀랐다. 백성들이 여전히 두려움에 떨고 있었기 때문이다. 그들은 아직 승리에 대한 소식을 듣지 못한 사람들처럼 여전히 불안에 떨며 숨죽여 살고 있었다. 어떤 이들은 아직 싸움이 한참인 양 전장으로 보낼 창과 검과 갑옷을 바삐 만들고 있었다.

전사들은 그들에게 전쟁에서 승리했다고 연거푸 알려 주었지만 백성들은 고개만 끄덕일 뿐 아랑곳하지 않고 하던 일을 계속했다.

비극적이지 않은가. 우리의 신앙생활이 이렇지 않은가. 우리의 교회가 이렇지 않은가. 복음은 좋은 소식이다. 이미 전쟁에서 이겼다고 알리는 좋은 소식이다.

그러나 오늘날 복음이 교회 안에서 진정 '좋은 소식'으로 다가오지 않는다. 이미 예수님이 전쟁에서 승리하셨다는 소식을 귀로 듣고 머리로 알고 있어도 그저 내가 살던 삶을 계속 살아간다. 여전히 두려움, 불안, 원망, 불평 가운데 살아간다. 여전히 내 두 손으로 나 스스로를 구원하려고, 내 노력으로 아버지의 인정을 받으려고 발버둥 친다. 비극적이다.

그리스도인들이 복음에 유창하지 못하기 때문에 생겨나는 비극이다. 나는 소그룹 인도자로, 성경 교사로, 예배 인도자로 교회를 섬겨 오면서 이 비극이 교회 공동체에 가져오는 세 가지 현상을 관찰했다.

첫 번째, 여전히 우리 스스로 전쟁에서 이기려고 발버둥 친다는 것이다. 여전히 자신의 선한 행실로 전쟁에서 승리하려고 아등바등한다. 여전히 두려움, 불안, 원망, 분노 가운데 살아간다. 마치 좋은 소식을 듣지 않은 것처럼, 마치 예수의 승리가 내 삶과 아무 상관이 없는 것처럼 말이다.

바울은 복음을 "모든 믿는 자에게 구원을 주시는 하나님의 능력"이라고 표현한다(롬 1:16). 복음은 능력이다. 이 능력은 죽음 이후의 삶에만 영향을 끼치는 것이 아니라 오늘 우리의 삶에도 영향을 끼친다. 예수 그리스도께서 이미 죄와 사망과 사탄의 권세를 이기셨다면, 그 승리는 우리의 사후뿐만 아니라 우리의 매일의 삶, 일상도 변화시키는 능력이 있다.

그러나 많은 그리스도인들이 복음을 단순히 '지옥 면죄부'나 '천국행 티켓' 정도로만 생각한다. 복음이 나를 지옥에서 구출할 능력은 있어도, 지금 내가 겪고 있는 상황에서 구출할 능력이 있다고는 믿지 않는다. 나와 우리 가족과 우리 공동체를 변화시킬 능력이 복음 안에 있다고 믿지 않는다. 우리는 복음을 믿지 않는다. 많은 그리스도인들이 복음을 이론으로만 안다. 쏟아져 나오는 설교, 서적, 훈련 프로그램을 통해 성경에 대한, 복음에 대한 지식은 차오르지만, 그 복음이 내 삶에 어떻게 적용되어야 하는지 그 복음이 지금 내게 어떤 능력으로 다가와야 하는지 모른다. 안다고 하지만 진정 복음을 모른다.

또한 우리는 복음을 믿지 않기 때문에 서로에게 복음을 말하지 않는다. 복음을 믿는다고 하면서도 우리 삶의 상황 가운데-경제적 어려움, 가족 간의 불화, 대인관계, 직장문제-복음이 아닌 다른 것을 적용하려 한다. 이때 우리가 복음이 아닌 다른 것을 제시한다면, 진정한 생명이 아닌 다른 것을 제시한다면, 우리 영혼의 갈증은 해소되지 않을 것이고, 우리는 삶 가운데 일하시는 하나님의 능력을 경험하지 못할 것이다.

바울은 고린도의 성도들에게 우리 안에 계신 예수님이 영광의 소망이라고 말한다.

> "이 비밀은 만세와 만대로부터 감추어졌던 것인데 이제는 그의 성도들에게 나타났고 하나님이 그들로 하여금 이 비밀의 영광이 이방인 가운데 얼마나 풍성한지를 알게 하려 하심이라 이 비밀은 너희 안에 계신 그리스도시니 곧 영광의 소망이니라"(골 1:26-27).

그러나 우리는 예수님이 아닌, 복음이 아닌 다른 것에 우리의 소망을 둔다.

예레미야서를 묵상하면 이스라엘 백성이 생명 없는 나무 조각들을 숭배하며 창조주 하나님을 저버린 모습을 볼 수 있다. 그들은 생명 없는 것에서 생명을 찾았다. 선지자는 애통하는 마음으로 동족의 멸망을 예언하며 그들에게 회개하고 여호와께 돌아가자고 외친다. 중요한 사실은 하나님은 이스라엘 백성을 다시 받아 주셔야 할 아무 이유나 의무가 없으셨다는 것이다. 그들은 유일한 하나님을 떠났기에 심판과 저주를 받아 마땅했다. 그것이 '공평한' 처사였다. 그러나 하나님은 다시 돌아오라고 우상을 버리라고 생명의 주관자이신 여호와만을 사랑하고 섬기라고 안타깝게 말씀하셨다. 이스라엘은 우상숭배로 외도한 '악한 배우자'였지만 하나님은 당신이 '더 나은 신랑'이라며 돌아오라고 말씀하셨다. 이것이 은혜이다. 이것이 유일한 소망을 주는 생명의 복음이다.

스스로를 그리스도인이라고 말하는 우리는 어떠한가. 우리는 우리의 소망을 어디에 두는가. 무엇에게서, 누구에게서 생명을 구하는가. 하나님 아버지만을 사랑하고 경배하는가, 아니면 우리 손으로 만든 나무 조각 같은 우상들을 사랑하고 섬기는가. 하나님보다 더 사랑하고 의지하고 소망을 두는 그것이 우리의 우상이다.

우리는 예수 그리스도의 죽음과 부활로 인해 영원한 생명과 하나님의 자녀라는 새로운 정체성을 얻었고 기쁨과 소망과 능력 가운데 살아갈 수 있게 되었다. 이것이 복음이고 우리가 하나님만을 사랑할 수밖에 없는 이유이다. 이것이 진정 좋은 소식이다. 그러나 우리는 이 좋은 소식을 믿지 않고 전하지 않는다.

두 번째로 복음을 믿지 않을 때 생기는 또 하나의 현상은 '교회 생활'과 '교회 밖에서의 삶'을 구분하는 것이다. 다시 말해 일요일은 주님의 날, 월화수목금토는 내 날, 이렇게 세상적인 삶으로 선을 긋고 구분하는 것이다. '교회'는 일주일에 한두 번 다녀오는 곳이고 그 밖의 모든 삶은 교회와는 상관없는 '내 삶'이라고, '세상'이라고 생각하는 것이다. 이것은 복음의 진리와 일치하지 않는 생각이다.

바울은 에베소의 성도들에게 이렇게 말한다.

> "그의 능력이 그리스도 안에서 역사하사 죽은 자들 가운데서 다시 살리시고 하늘에서 자기의 오른편에 앉히사 모든 통치와 권세와 능력과 주권과 이 세상뿐 아니라 오는 세상에 일컫는 모든 이름 위에 뛰어나게 하시고 또 만물을 그의 발 아래에 복종하게 하시고 그를 만물 위에 교회의 머리로 삼으셨느니라 교회는 그의 몸이니 만물 안에서 만물을 충만하게 하시는 이의 충만함이니라"(엡 1:20-23).

교회는 머리 되시는 그리스도의 '몸'이다. 그리스도께서 이 몸을 통해 이루고자 하시는 일은 바로 '만물을 충만하게 하시는' 일이다. 다시 말해 교회는 세상을 그리스도의 충만함으로 채워 나가는 사명을 가지고 잉태되었다.

교회가 교회당 안에만 머물면 이 사명을 감당할 수 없다. 교회가 주일에만 반짝하고 마는 이벤트라면 이 사명을 감당할 수 없다. 교회가 사람을 안으로만 끌어들이는 자석이라면 이 사명을 감당할 수 없다. 뿐만 아니라 매일의 삶 가운데 복음의 능력을 경험하며 살 수도, 다른 이들에게 좋은 소식을 전할 수도 없다. 복음을 알지 못하고 믿지 못하면 그것을 교회당 밖의 삶에서 적용할 수 없는 것이다.

성경은 우리가 하나님의 성전이라고 말한다. 예수 그리스도를 믿는 믿음을 통해 성령 하나님께서 내 안에 거하시며 나를 통해 일하시기 때문에 교회는 특정 장소나 조직, 시스템이 아닌 '하나님의 영을 지닌 사람들' 그 자체이다. 우리 한 사람 한 사람이 하나님의 영이 거하시는 성전이라는 사실을 믿는가? 우리가 다니는 모든 곳, 그곳이 집안이든 회사든 학교든 그 어디든 간에 하나님의 영이 거하시는 사람들이 함께 하는 곳이 바로 교회이다. 이 사실을 믿지 않기 때문에 많은 자칭 그리스도인들이 이중적인 삶을 산다. 교회 안에서는 가면을 쓰고 거룩한 척하지만, 교회당 문을 나서는 순간 가면을 벗어던지고, 가정에서, 일터에서, 학교에서, 일상에서 그리스도와 전혀 상관없는, 복음의 능력을 전혀 드러내지 않는 삶을 산다.

교회생활과 삶이 분리되고, 결과적으로 말과 행동이 다른, 주말과 주중이 다른, 교회 건물 안과 밖에서의 삶이 전혀 다른 그리스도인으로 전락하고 마는 것이다. 예수님도 교실 안에서 제자들을 훈련하지 않으셨다. 제자들과 함께 먹고 자고 생활하시면서 삶의 모든 방면에서 그들을 훈련하셨다. 그러나 우리는 성경공부, 제자훈련 과정을 수료증을 따기 위한 하나의 과정, 또는 더 많은 사역을 하기 위한 관문 정도로만 생각한다. 성경을 '공부하는' 것으로만 알지 진리의 말씀을 어떻게 삶에 적용하고 어떻게 '순종'해야 할지는 모른다. 공부하지만 믿지 않는다. 공부하지만 순종하지 않는다. 교회를 우리의 좁은 울타리 안에 가둔다.

세 번째로 교회가 만년 갓난아기들을 돌보는 고아원으로 전락했다는 것이다. 안타깝게도 교회가 점점 백화점이나 문화센터로 변해 가고 있다. 사람들은 자신의 필요를 충족시키기 위해 교회를 찾고, 교회는 사람들이 떠나지 않도록 그들의 필요를 충족시켜 주는 것에 혈안이 되어 있다. 사람을 위한, 사람에 의한 교회가 되어버린 것이다. 결과적으로 교회는 사람이 떠나는 것이 두려운 나머지 복음을 말하지 않는다. 대신 듣기 좋은 소리, 감동 있고 재미있는 이야기를 전한다. 복음을 구체적으로 삶에 어떻게 적용해야 하는지 가르치지 않는다. 그 과정이 너무나 불편하고 아프기 때문이다. 날마다 마음의 할례를 받는 것이 힘들고 부담스럽기 때문에 우리는 그것을 말하지 않고 사람들이 듣고 싶어 하는 것만을 말한다. 물론 교회는 부족한 사람들이 모이는 곳이다. 우리는 모두 부족하다. 그러나 수년이 지나도 아무런 삶의 변화, 아무런 영적 성장이 없다면 문제가 있는 것이다.

이 책의 저자인 제프 밴더스텔트 목사님이 에베소서 4장을 인용하며 이 부분을 다룬 설교를 들은 적이 있다.

"우리가 다 하나님의 아들을 믿는 것과 아는 일에 하나가 되어 온전한 사람을 이루어 그리스도의 장성한 분량이 충만한 데까지 이르리니 이는 우리가 이제부터 어린아이가 되지 아니하여 사람의 속임수와 간사한 유혹에 빠져 온갖 교훈의 풍조에 밀려 요동하지 않게 하려 함이라 오직 사랑 안에서 참된 것을 하여 범사에 그에게까지 자랄지라 그는 머리니 곧 그리스도라"(엡 4:13-15).

본문에서 바울이 말하는 "참된 것"을 ESV(English Standard Version) 성경은 "speak the truth in love"라고 번역하고 있고, 목사님은 여기서 "truth"는 바로 예수 그리스도의 복음이라고 말했다. 결국 성도가 그리스도의 장성한 분량까지 자라기 위해서는 서로가 서로에게 복음을 말해주어야 한다는 것이다. 우리 일상의 모든 상황 가운데 복음을 말하고 적용해야 한다는 것이다.

많은 경우에 교회는 복음이 아닌 다른 것을 성도들에게 준다. 경제적인 어려움을 겪는 이들에게는 제테크 강의를 추천한다. 관계로 힘들어 하는 이들에게는 올바른 소통법 강의를 추천한다. 자녀양육으로 고민하는 이들에게는 자녀심리학을 추천한다. 하지만 이런 것들로는 사람을 변화시키지 못한다. 그들에게 복음을 주지 않는다면, 복음 안에서 그들의 실체를 직면하도록 도와주고 복음 안에서 그들에게 참 소망을 주지 않는다면, 우리는 '범사에' 그에게까지 자라날 수 없다. 교인 수는 늘어날지라도 그 교회는 장년이 되어서도 엄마 젖을 찾는 영적 갓난아기들로 가득 찰 것이다.

또한 베드로는 모든 성도가 "왕 같은 제사장"이라고 말한다.

> "그러나 너희는 택하신 족속이요 왕 같은 제사장들이요 거룩한 나라요 그의 소유가 된 백성이니 이는 너희를 어두운 데서 불러 내어 그의 기이한 빛에 들어가게 하신 이의 아름다운 덕을 선포하게 하려 하심이라"(벧전 2:9).

예수 그리스도를 믿는 믿음으로 다시 태어난 그리스도인의 새로운 신분 중 하나는 '제사장'이다. 제사장의 역할은 하나님과 백성 사이를 잇는, 즉 백성을 하나님께로 인도하는 것이다. 우리를 어둠의 나라에서 건지셔서 하나님의 빛으로 들어가게 하신 이의 '아름다운 덕', 즉 복음을 선포하는 것이 모든 그리스도인의 신분이요 사명이다. 이 사명은 특정 소수의 사람에게만 주어진 것이 아니다. 목사, 장로, 소그룹 인도자에게만 주어진 것이 아니라는 말이다.

우리는 특정 소수의 사람이 다수를 떠먹여야 하는 교회 시스템을 만들었다. 그러나 하나님의 뜻은 모든 성도가 매일의 삶 가운데 서로에게 복음을 먹여 주고 복음으로 서로를 세워 주는 것이다. 현재 우리의 시스템은 성도들이 일주일에 한두 번, 한두 명에게 겨우 복음을 받아먹는, 굶주리는 아이들로 가득한 고아원이 되어버렸다. 복음을 가르치고 전하는 일이 특정 소수만의 일이라고 인식되면서 나머지 무리들은 말 그대로 무리들로 겉돌게 되었다. 주일 예배만으로는 제자를 만들지 못한다. 일주일에 설교 몇 편 듣는 것으로는 제자를 만들지 못한다. 문제풀이식 성경공부만 가지고는 제자를 만들지 못한다. 매일 복음을 적용해야 제자를 세울 수 있다.

우리는 젖먹이를 젖먹이로 내버려 두고도 아무런 책임을 느끼지 못한다. 교회 안에 사람은 많은데 왜 그들이 변하지 않고 그리스도의 장성한 분량까지 자라지 않는지에 대해 고민하지만 그 이유를 모른다. 사실 이유는 명확하다. 복음을 가르치지 않기 때문이다. 그 '아름다운 덕'을 타인의 삶 가운데, 내 삶 가운데 선포하는 법을 가르치지 않기 때문이다. 그것이 지금 내 삶과 어떤 상관이 있는지 가르치지 않기 때문이다. 복음을 적용하는 법을 모르기 때문이다.

안타까운 교회의 현실을 바라보면 마음이 찢어진다. 희망이 없어 보인다. 그러나 우리에게는 소망이 있다. 바로 예수님이다, 복음이다.

복음은 구호가 아니다. 아무 생각 없이 외우는 주문이 아니다. 하나의 책자로, 그림으로 국한되어 있는 것이 아니다. 복음은 오늘을 변화시킬 수 있는 하나님의 능력이다. 교회는 잘 계획된 프로그램으로, 또는 몇 명의 스타 설교자로 인해 변화되지 않는다. 교회를 변화시킬 수 있는 유일한 길은 복음을 삶에 적용시키는, 즉 복음에 유창한 사람들을 만드는 것이다. 나는 지금 이 능력을 경험하고 있다.

이 책의 내용을 주변 사람들과 나누면서, 그들과 함께 복음을 나누면서 나는 그들의 믿음과 삶이 변화되는 것을 지켜보았고 지금도 지켜보고 있다. 하나님이 진정 '아빠'라는 사실을 새로 깨닫고 전에 없던 기쁨과 감사와 자유를 누리는 사람, 직장과 커리어가 인생의 소망이라고 여기다가 유일한 소망이신 예수와 그분 안에서 우리에게 주어진 영원한, 썩어 없어지지 않을 하나님의 자녀라는 정체성을 깨닫고 삶의 목적을 재발견한 사람, 교회와 예수님에 대해 마음이 닫힌 채로 살아가다 구원이 내 노력이 아닌 아버지의 전적인 은혜로 주어졌음을, 그래서 본인도 담대하게 하나님을 아버지라고 부를 수 있음을 깨닫고 처음으로 신앙을 고백한 사람을 말이다. 이처럼 내 힘으로 할 수 없는 놀라운 일들을 아버지께서 예수 그리스도의 복음을 통해 이루고 계신다. 우리 하나님은 이렇게 일하신다. 무엇보다도 하나님은 이 책을 통해 내 심령을 변화시켜 주셨다.

한때 나는 내 글로 사람을 변화시킬 수 있다고 믿었다. 나의 가르침으로, 나의 예배 인도로 사람을 변화시킬 수 있다고 믿었다. 그래서 사람이 변하지 않으면 좌절하고 분노하고 원망했다. 내가 사람을 변화시켜야 했기에 성경공부를 인도하든 소그룹 모임을 인도하든 예배를 인도하든 모든 기대와 책임과 부담을 나 자신에게 두었다. 그러면서 나는 서서히 으스러지기 시작했다.

그러나 이 책을 통해 성령님께서 내 마음 가운데 구원의 주인이 누구인지 다시 한 번 각인시켜 주셨다. 내가 하는 것이 아니라 그분이 하시는 것이라고 속삭여 주셨다. 그리고 내 성과와 상관없이 나는 하나님 아버지께서 극진히 사랑하시는 아들이라는 사실을 기억하게 하셨다. 그것은 나에게 진정 좋은 소식이었다. 나에게 복음이었다. 그리고 그 복음이 천국행 티켓일 뿐 아니라 나의 오늘을 변화시킬, 나의 일상을 변화시킬 하나님의 능력이라는 사실을 보여 주셨다.

나는 예수님을 더 사랑하게 되었다. 내가 본래 진노의 자식이었고 하나님의 대적이었다는 사실, 그런 나를 위해 주님이 죽으셨다는 사실, 나를 홀로 버려두지 않으시고 성령을 내 안에 보내셔서 나로 하여금 그 능력으로 죄를 이기고 오늘을 살아가도록 하셨다는 사실, 언젠가 다시 오셔서 죄와 아픔이 없는 아버지의 집으로 나를 이끄실 것이라는 사실, 이 모든 사실을 깨닫고 나니 예수님에 대한 사랑을 고백하지 않을 수 없었다. 만나는 사람마다 이야기하지 않을 수 없었다. 아내에게, 부모님에게, 우리 소그룹 지체들에게, 함께 예배하는 성도들에게, 심지어 미용실 원장님에게, 나는 내가 사랑하는 예수님에 대해 말하지 않고는 견딜 수 없게 되었다.

또한 나는 삶의 모든 상황과 문제를 복음의 렌즈를 통해 바라보기 시작했다. 아주 조금씩 복음에 유창해지기 시작한 것이다.

소망이 있다. 구원을 이루시는 분이 주님이기 때문이다. 우리를 빚어 가시는 분이 주님이기 때문이다. 그분은 우리를 죄의 형벌에서 구원하셨고, 오늘도 우리를 죄의 능력에서 구원하고 계시고, 장차 죄가 없는 아버지 집으로, 영원히 거할 집으로 우리를 인도하여 구원하실 것이다. 그분은 오늘도 우리와 함께 하신다. 이 모든 일을 행하신다.

이 책을 통해 내가 경험한 아버지의 사랑이 당신의 심령을 온전히 적시기를 기도한다. 당신 안에서 시작된 복음의 유창성이 당신의 행실과 입술을 통해 가정으로, 학교로, 일터로, 이웃에게로, 그리고 교회로 흘러가기를 기도한다. 복음은 모든 믿는 자에게 구원을 주시는 하나님의 능력이다. 당신이 이 사실을 진정 믿고 삶으로 체험하기를 기도한다. 오늘도 우리를 구원하고 계시는 하나님의 능력이 당신의 삶 전체를 사로잡고 변화시키기를 기도한다.

모든 상황 가운데 예수님을 기억하라. 예수님을 말하라. 예수님을 적용하라. 그리고 예수님을 믿어라.

그리고 무엇보다 이 책을 통해 당신이 예수님을 더 사랑하기를 소망한다.

# 주

## 4장

1. Angus Stevenson, ed., *Oxford Dictionary of English*, 3rd ed. (Oxford: Oxford University Press, 2010), 272.
2. Craig Bartholomew and Michael Goheen, *The Drama of Scripture: Finding Our Place in the Biblical Story* (Grand Rapids, MI: Baker Academic, 2014); Bartholomew and Goheen, *The True Story of the Whole World: Finding Your Place in the Biblical Drama* (Grand Rapids, MI: Faith Alive, 2009); Justin Buzzard, *The Big Story: How the Bible Makes Sense Out of Life* (Chicago: Moody, 2013).
3. *The Story-Formed Way*, https://saturatetheworld.com/story-formed-way/; *The Story of God*, https://saturatetheworld.com/story-of-god; *The Story of God for Kids*,

## 6장

1. Tim Chester, *You Can Change: God's Transforming Power for Our Sinful Behavior and Negative Emotions* (Wheaton, IL: Crossway, 2010), 80.

## 10장

1. '삶의 리듬' 중 다른 하나는 '이야기'이고, 이 책의 4장과 여러 부분에서 다루는 내용이다. 일과 쉼에 대해서도 간접적으로 다루고 있다. 삶의 리듬에 대해 더 알길 원한다면 https://saturatetheworld.com/everyday-rhythms, 그리고 *Saturate: Being Disciples of Jesus in the Everyday Stuff of Life*(Wheaton, IL: Crossway, 2015)의 15장을 참고하라.
2. 1985년, 이 네 가지 맛에 감칠맛(umami)이 더해졌다. 연구 결과에 따르면 혀가 감지할 수 있는 맛이 일곱 가지 이상 더 있다고 한다. 그것은 칼슘, 코쿠미(kokumi), 톡 쏘는 맛(piquance), 시원한 맛, 메탈릭한 맛(metalicity), 지방, 그리고 이산화탄소이다. 이처럼 하나님은 우리에게 다양한 맛을 느낄 수 있는 감각을 허락하셨다.

## 11장

1. 「하나님의 이야기」(Story of God)를 예수님을 믿지 않는 이들과 나눌 때 도움이 된다. 우리는 스스로 다 안다고 생각하기에 많은 부분을 놓치곤 한다. 하지만 성경을 처음 접하는 이들은 새로운 눈과 귀로 들으며 성경을 경험하기 때문에 기존 신자들에게 새로운 질문, 생각, 관점을 줄 수 있다.
2. *Creation to Christ chronological* Bible study, http://ntmbookstore.com/chronological-bible-study-s/2033.htm.
3. https://orality.imb.org/resources/?t=13.

4   *The Story-Formed Way*, https://saturatetheworld.com/story-formed-way/; *The Story of God*, https://saturatetheworld.com/story-of-god; *The Story of God for Kids*, https://saturatetheworld.com/story-of-god-for-kids.

5   모든 성경 본문을 통해 예수님을 소개하는 팀 켈러 목사의 설교가 도움이 되었다. 에드먼드 클라우니(Edmund Clowney)의 책과 강의도 유용했다. 그의 저서 *The Unfolding Mystery: Discovering Christ in the Old Testament*, $2^{nd}$ ed. (Phillipsburg, NJ: P&R, 2013)로 소그룹 공부를 하면 도움이 될 것이다.

6   Tim Keller, "Excerpts from a Sermon: *Gospel-Centered Ministry, 1 Peter 1:1-12 and 1:22-2:12*," available online at https://issuu.com/gospeldelta/docs/tim-keller-gospel-centered-ministry/6.

## 12장

1   Brian Godawa, *Hollywood Worldviews: Watching Films with Wisdom & Discernment* (Downers Grove, IL: IVP, 2011), 71.

## 13장

1  Jerram Barrs, introduction to Francis A. Schaeffer, *He Is There and He Is Not Silent*, 30th Anniversary Edition (Wheaton, IL: Tyndale House, 2001), xviii.

## 14장

1  Donald S. Whitney, *Spiritual Disciplines for the Christian Life*, revised and updated edition (Wheaton, IL: Tyndale House, 2014), 133.

일상에서 복음이 유창해질 때까지
## 복음의 언어

| | |
|---|---|
| 1판 1쇄 | 2018년 1월 30일 |
| 1판 10쇄 | 2025년 4월 10일 |

| | |
|---|---|
| 지은이 | 제프 밴더스텔트 |
| 옮긴이 | 장성은 |
| 발행인 | 조애신 |
| 편집 | 이소연 |
| 디자인 | 임은미 |
| 마케팅 | 전필영 |
| 경영지원 | 전두표 |

| | |
|---|---|
| 발행처 | 도서출판 토기장이 |
| 주소 | 서울시 마포구 동교로 71-1 2F |
| 출판등록 | 1998년 5월 29일 제1998-000070호 |
| 전화 | 02-3143-0400 |
| 팩스 | 0505-300-0646 |
| 이메일 | tletter77@naver.com |
| 인스타그램 | togijangi_books_ |

**ISBN**    978-89-7782-390-7

• 이 책은 저작권 법에 따라 보호를 받는 저작물이므로 무단 전재와 무단 복제를 금합니다.
• 이 책의 전부 또는 일부를 이용하려면 반드시 저자와 도서출판 토기장이의 동의를 받아야 합니다.

도서출판 토기장이는 생명 있는 책만 만듭니다.
"우리는 진흙이요 주는 토기장이시니 우리는 다 주의 손으로 지으신 것이니이다" (이사야 64:8)